딸클럽이
보인다

청소년 필독도서

한국학술정보(주)

팬클럽(fan club)의 사전적 의미는 특정의 연예인이나 스포츠 선수나 예술가 등을 열렬히 좋아하는 사람들이 조직한 클럽을 말한다. 공식적인 팬클럽은 체계적으로 짜여져 있으며 임원진의 지시에 따라 각 행사가 있을 때마다 사서함을 듣거나 핸드폰이나 이메일을 통해 통보한다. 그리하여 모여진 팬클럽 인원들은 소품(풍선이나 옷)이나 통일된 구호나 응원을 통해 하나임을 알려준다.

비공식적인 팬클럽은 소수인원으로 미약하게 알려져 있지만 활동하는 데에 있어선 자유롭게 구애받지 않아 좋다. 그렇지만 요즈음 인터넷 홈페이지를 통해 많이 넓혀 가는 추세로 서로 카페에서 많이 만나 약속을 정하고 일정에 맞춰 진행해 나간다.

특정인을 대상으로 비판이나 비평을 하기 위해서는 감정적인 인신공격까지 번지지 말아야 할 것이며 문제의 본질에 국한해서만 논쟁과 비판이 이뤄져야 한다는 것이다. 타인을 평가한다는 것처럼 어려운 일도 없기 때문에 주장한 말에 대한 책임이 동반한 냉정한 비평이 이뤄져야 한다는 것이다.

또한 비판의 대상이 되는 뮤지션이나 인물은 바른 지적과 비판에 대해서는 감정이 상하더라도 겸허하게 수용하는 자세가 필요하다는 것이다. 비판자들도 항시 자신만 공격수인 것은 아니다. 언젠가 자신도 공격받을 수 있다는 걸 명심해야 할 것이다.

그리고 안티 사이트는 특정 대상을 난타하면서 욕설을 배설하는 저열한 쓰레기의 장으로 추락해서는 안 된다는 것이다. 논리가 부족하고 설득력이 떨어지는 주장은 한낱 공허한 표현이 될 수밖에 없다. 안티든 패러디든 비평, 비판함에 있어 그에 대한 논조가 뚜렷하게 제시되어야 설득력이 생기고 공감대가 형성된다고 볼 수 있다.

연예 스타와 기획사와 미디어가 독점해 온 대중문화 권력의 '3두 체제'가 붕괴되고 있다. 그런 변화 중심엔 '오빠부대'로 폄하되던 팬클럽들이 있다. 수동적 소비자로만 여겨져 온 팬들이 인터넷 혁명을 업고 집단화하면서 기존 대중문화 권력을 견제하는 '제4의 권력'으로 떠오르고 있는 것이다.

이 책에서 다루어진 팬클럽 활동 사례들은 누구나 겪을 수 있는 일이기에 팬클럽에 처음 가입하고자 하는 청소년과 팬클럽에 관심이 많아 연구를 하고 싶은 청소년에게 널리 활용되고 또 일반인에게는 청소년들이 팬클럽 활동을 이해할 수 있어 인생을 살아가는 또 하나의 지혜를 얻는 데 도움이 되기를 바란다.

목 차

제1부

나와 팬클럽

1. Fan club 명: pwot(서태지와 아이들)

김은영

1) 가입 동기

가장 기본적으로는 같은 기호를 가진 사람들과 함께하고 싶고 그런 사람들의 존재를 확인하고 싶었기 때문일 것이다. 물론 구체적으로는 혼자가 아니라 서태지의 음악을 사랑하는 사람들과 '함께' 음악을 좀 더 즐기고 멀리 있는 것만 같은 '서태지와 아이들'이란 대중스타를 조금이라도 더 가까이 느끼고 싶어서일 것이다.

2) 활동일지

공연이나 방송 활동이 있으면 함께 가서 응원을 하고 팬클럽에서 정기적으로 갖는 모임에 참여해서 여러 가지 영상자료를 보거나 다른 회원들과 정보교환을 하고 스크랩한 여러 가지 자료를 돌려보기도 한다. 그 외 사진전이나 기타 행사에 참여해서 회원들과 친목을 쌓는다.

3) 득과 실

팬클럽이란 것에 가입을 하지 않았다면 용기 있게 공연을 보러 간다거나 그 외 여러 가지 행사에도 참여하지 못했을 것이고 '서태지와 아이들'이란 대중스타를 향한 마음을 접고 말았을 것이다. 그것은 무엇보다 그 시기에 적절한 놀이라든지 스트레스를 해소할 방법이 없던

만큼 특별한 경험이었다는 것과 함께 나름대로 바람직한 문화경험이었을 것이다. 그리고 팬클럽이 아니었다면 전혀 관계가 없었을 많은 사람들과 인연을 쌓을 수 있었다는 것도 또 하나의 사회집단에 참여할 수 있었다는 경험과 중요한 득이었다고 생각한다. 다만 실이었다면 좀 더 가까이 있는 또래집단이라든지 학교생활 등에 보다 충실할 수 없었다는 것이다.

4) 바람직한 Fan club 운영방안

팬클럽은 대중스타의 팬들의 모임이니 만큼 일단은 그 대중스타를 위한 모임일 것이다. 하지만 그 운영에 있어서 대중스타가 중심이 아니라 그 대중스타를 사랑하는 사람들인 팬들이 중심이 되어야 한다. 그 팬클럽만의 운영방침, 운영자들의 팬클럽에 대한 애정이 확실하지 않으면 팬클럽의 유지가 힘들 뿐만 아니라 구성회원들도 만족할 수 없다. 스타를 사랑하는 애정만큼 자신의 팬클럽에 대한 애정과 신뢰가 있어야 모두가 이상적으로 생각하는 팬클럽 운영이 될 수 있다. 그 팬클럽만의 개성, 모두가 합의할 수 있는 운영방침, 믿을 수 있는 운영진 이 3박자가 고루 갖춰졌을 때 팬클럽은 성립될 수 있고 회원들도 믿고 활동할 수 있을 것이다.

2. 달라지는 팬클럽, 바로 알아야 할 팬클럽

김의공

대중문화는 그 사회를 대변하는 큰 축이라 할 수 있다. 대중문화는 시대적 흐름과 그 궤를 같이한다고 볼 수 있는데 그때그때의 정치적 상황과 대중문화는 하나의 흐름 속에 다양한 모습으로 표출되곤 한다. 한 시대 속에 그 시대를 표현하는 대중문화를 주도함에 있어 이전에는 단순한 하나의 주체만이 그 흐름을 주도하였다고 할 수 있지만 이제는 말 그대로 대중 스스로가 주도자의 입장에 있다는 것이 하나의 변화된 모습이라 하겠다.

그 주도자의 가운데는 우리의 청소년들이 있고 청소년들을 중심으로 한 '팬클럽'을 우리는 주목해야 할 것이다. 왜냐하면 이제는 청소년의 문화를 그냥 지나쳐 버리기엔 그들의 문화가 이 사회에서 차지하는 비중이 너무도 커져버렸기 때문이다.

팬클럽~! 사전적 의미로 얘기하면 '특정의 연예인이나 스포츠 선수나 예술가 등을 열렬히 좋아하는 사람들이 조직한 클럽'이다. 그렇다. 팬클럽은 순수하게 특정인을 선호하는 사람들의 모임이다. 이제는 어느 연예인, 운동선수, 예술가 등의 공인에 국한되어 있지 않고 평범한 직장인들 사이에 하나의 인간관계 또는 조직 문화 활성화 등의 방안으로 조직되어 있는 모임도 우리는 볼 수 있다. 그러나 문제는 시간이 가면 갈수록 팬클럽이 생겨나게 된 그 순수한 의도와는 다른 문제를 양산하고 있다는 데 있다. 어느 가수를 관리하고 있는 기획사와 팬클럽 사이에서 벌어지는 법정 소송의 문제, 지나친 호기심과 도를 넘어

선 행동으로 인하여 스토커적 성향에 부담을 느끼는 공인들, 국민의 지지와 관심을 잘못 이해하여 순수한 응원 집단에서 상업주의 물들어 가는 듯한 모습을 보이는 이들…… 아마도 이런 것을 집단이기주의에서 비롯되는 것들이 아닌가 한다.

집단 이기주의 또는 군중심리 가운데 있으면 우리는 이성적이고 상식적인 판단을 하기가 힘이 든 모양이다. 평상시에는 하지 않는 것이 옳다고 생각하지만 집단 가운데 있으면 그렇게 생각해 오던 기준에 대한 경계를 잃어버리곤 한다.

이제 몇 가지의 발췌된 자료를 통해서 현재의 팬클럽이 어디까지 와 있으며 그 문화가 자리하고 있는 곳에 대한 양면을 되돌아보고자 한다.

팬클럽은 더 이상 빠순이·빠돌이 집단이 아니다. 기존의 팬클럽들이 '오빠부대'만으로 비하돼 왔다면 요즘 이들의 움직임은 사회적 파장을 불러일으키는 '시민운동'으로 변화하고 있다. 대표적인 예가 바로 인기가수 GOD팬들의 경우, GOD의 콘서트 장소 변경문제를 놓고 '오빠'들이 좀 더 나은 환경에서 노래를 부를 수 있게 하려는 팬들의 움직임이 화제가 됐다. GOD의 팬들은 나아가 수익성만을 따지는 소속사를 상대로 올바른 공연문화를 정착시키려는 압력단체 역할을 하기도 했다. 이처럼 팬클럽은 사회봉사활동·대중문화개혁운동·소비자주권운동으로까지 활동 영역을 넓혀 스타의 이름을 빌려 직접 문화 현장에 뛰어들고 있다.

때로는 파벌을 형성하고 감정적으로 행동, 라이벌 가수의 테러에 이르는 모습으로만 비춰질지 모른다. 하지만 이런 문화 정치적인 심리는 발전적인 팬덤 모습의 기반이 되기도 한다. 대중음악 평론가 성기완 씨는 "이는 자본주의 사회에서는 스타의 인기가 창출해내는 자본 동원력과 수요가 엄청나기 때문에 팬들이 큰 영향력을 시사한다"고 전한다. 따라서 '팬'이라는 개념은 스타를 있게 하는 존재인 동시에 스타가 만들어 내는 소비재를 소비하는 그룹이자 변화의 주체인 셈이다.

현재 문화연대와 대중음악 바꾸기 위원회(대바위)가 주도하고 있는 '가요순위 프로그램 폐지 운동'에 있어서도 팬들의 움직임은 주체적인 활동으로 큰 역할을 담당하고 있다. 대학로에서 길거리 서명운동에 적극적으로 나서고 있고 방송사에 성명서 제출·온라인 서명운동 등에 동참하고 있다. 과거 방송국 앞에서 진을 치고 있던 팬클럽의 모습은 문제 있는 '대중 문화판' 바꿔보자는 '업그레이드'된 모습이다. 문화연대의 매체비평가 이주혜 씨는 "현재 서태지 매니아와 이승환 팬클럽, 조용필 팬클럽 등이 가세해 운동을 촉진시키고 있다"며 "여러 단체들의 연대로 문제 있는 한국 사회의 대중문화 개혁운동으로 나아가고 있다"고 밝혔다. 시민단체와 가수의 팬클럽은 현재의 대중음악판의 문제를 인식하고 이를 해결하려는 관점에서 결집되고 있다.

"20대 이상의 세대가 구성원인 단체와 젊은 세대인 가수 팬클럽 구성원 모두 현재의 가요계의 문제점에 공감하고 있다는 점에서 견해차를 보이고 있지 않다"라는 이주혜 씨의 말처럼 대중문화를 향유하는 주체가 10대에서 20대, 그 이상으로 영역이 확대된 것도 눈에 띈다. 스타의 뒤를 쫓는 수동적인 모습으로서의 팬이 아닌 적극적이고 능동적인 팬클럽 활동이 팬층의 다양화라는 흐름을 반영하기도 하는 것이다.

3. 공식 팬클럽과 온라인 팬클럽의 가입에서 탈퇴까지

나병준 박윤이 손진주 윤선아

●● 운영자

💗 지상 공식 팬클럽

공식 Fan club의 운영자는 기획사라고 할 수 있다. 기획사에서 자금을 관리하고 팬미팅을 계획하고 팬들을 관리하기 때문이다. 기획사 밑으로 임원들이 있는데 임원들은 20살 이상의 팬클럽 가입자에 한하여 후보신청을 받고 팬클럽 일원들이 그 후보들 중에서 직접 뽑는다.

팬클럽의 임원들은 전국 회장, 부회장이 있고 지역별로 또 회장, 부회장이 있다. 예로 신화창조—'신화'라는 가수의 공식 팬클럽—의 임원진은 전국 회장 1명, 부회장 2명, 각 지역 회장 2명, 부회장 3명으로 이루어져 있다. 임원들은 연예인이 나오는 거의 모든 행사나 촬영장에 따라가서 팬클럽 아이들을 통솔하고 질서를 유지시킨다.

fan club 인원이 워낙 많은지라 통솔하다 보면 목소리도 커지고 욕도 할 수 있는 상황까지 생긴다. 이렇다 보니 가장 일을 많이 하고도 욕먹는 것이 임원들이다. 임원들에게는 fan club 회원들이 가질 수 없는 혜택을 받는다. 바로 연예인과 친해지는 것, 이것을 목적으로 임원되고자 하는 회원들이 많다.

🎵 on line

　on line은 지상 팬클럽과는 많은 차이가 있다. 구성은 운영자 1명, 부운영자 1명, 자게지기, 익게지기, 회탐지기, 홍보지기, 정팅지기 각각 1명씩으로 이루어져 있다. 운영자는 시삽이라는 이름으로 불린다. 시삽은 회원관리, 여러 공지사항과 홈페이지를 관리한다. 부시삽은 시삽이랑 비슷한 일을 하는데 대체로 시삽이 없을 때 부삽이 한다고 보면 된다. 학교에서 회장이 없으면 부회장이 하듯이.

●● 활동기

🌀 지상 공식 팬클럽

[선아의 활동기]

나는 지금 5년째 팬클럽 활동 중이다. 성인이 돼서도 팬클럽 활동을 하고 있는 게 어찌 보면 부끄러운 일이기도 하지만 나는 좋게 생각한다. 팬클럽이기는 하지만 중요한 직책에 있거나 그런 거는 아니다. 그냥 단순한 팬클럽의 일원!! 내가 가입한 팬클럽의 이름은 '신화창조' 현재 청소년들에게 많은 사랑을 받으며 활동하고 있는 '신화'라는 가수의 공식 팬클럽이다.

한때는 빠순이(연예인을 한심할 정도로 맹목적으로 아무런 비판 없이 좋아하는 아이들)라 불릴 정도로 맹목적으로 좋아했던 적이 있다. 신화가 하는 것은 뭐든지 옳은 일이라 생각하고 신화를 욕하는 다른 팬클럽 애들이랑 피 터지게 싸워 본 적도 있다. 팬클럽에 가입하기 전에는 활동이라는 게 없었다.

TV를 보면서 좋아하기만 했는데 팬클럽에 가입하고서는 적극적으로 활동하게 되었다. 팬클럽 활동이라 하니 따라다녔던 것들이 생각난다. 신화 멤버들이 사는 숙소에 가기도 하고 신화가 나오는 시상식장 앞에서 10시간 이상을 기다려 본 적도 있다. 좋아하는 가수를 응원하고 사람만나는 재미에 가기도 한다. 요즘도 가끔 촬영장 같은 데에 다니곤 한다. 얼마 전에 트투 콘서트란 이름으로 열린 콘서트에도 갔었고 케이블 TV에서 방영되는 한 프로의 녹화장에도 갔었다. 10시간 이상을 기다리고 춥고 배고플 때에는 왜 왔냐는 생각도 하지만 좋아하는 가수를 보고 나면 그런 생각은 없어진다.

어른들은 아이들이 가수를 따라다니고 좋아하는 것에 대해서 나쁘게만 생각하시지만 나는 그런 것에 대해서는 좋게 생각한다. 물론 지나치게 좋아하는 것은 좋지 않지만……연예인을 좋아하고 열광하다 보면 여러 곳에서 받는 스트레스를 해소할 수 있다. 공부에 소홀해질까 걱정하시지만 오히려 못하게 막고 억압하다 보면 아이들은 반항심만 생기게 되고 더 공부를 안 하게 된다고 생각한다. 얼마 전에 갔던 촬영장에서는 팬들에 대해서 실망을 했었다. 분명히 학교에 있어야 하는 많은 고등학생들이 와 있었다. 학교에 빠지면서 연예인들을 따라다니는 것에는 결사적으로 반대한다. 요즘 하는 활동은 따라다니는 것보다는 인터넷에서의 활동이 많아졌다.

운영자로 있는 사이트도 있다. 시간에 쫓기다 보니 따라다니기는 힘들고 인터넷으로라도 활동하는 듯싶다. 인터넷 사이트를 돌아다니다 보면 '안티' 사이트가 나온다. 요즘은 안티 사이트에 올라온 글들을 읽고 많은 것을 느끼기도 하고 좋아하는 가수를 비판하는 글도 올리곤 한다. 팬클럽 아이들이 활동하는 것을 보고 예전과 다르다는 것을 느낀다. 예전에는 자기가 좋아하는 가수나 팬클럽이 아니면 무조건적으로 돌리고 서로 욕하기 바빴었다. 물론 요즘도 욕하고 싸우는 일은 빈번히 발생하지만 예전보다는 많이 줄었고 연합 팬클럽도 생기고 맹목적 사랑이 아니라 비판적으로 좋아하는 등 팬클럽의 수준이 상당히 높아졌다.

♡ on line

[진주의 활동기]

내가 가입되어 있는 팬클럽은 랩퍼세상 허니패밀리 팬클럽이다. 중학교 3학년 때 가입해서 지금까지 활동하고 있는데 지금은 팬클럽 시삽이다. 여기서 시삽이라는 건! 지상팬클(공식팬클럽)로 치면 팬클럽 회장이다. 활동을 하는 도중에 시삽이 되었기 때문에 그냥 회원에서 ─〈운영진〉─ 시삽까지 모두 경험할 수 있었다.

우선 회원일 때는 흔히 생각하는 팬클럽 애들처럼 공연 있으면 공연장 앞에서 죽치고 앉아 있고 기획사 앞에서 서성이고 그런 적도 있다. 한번 공연을 보러 가면 4대 통신망(나우누리, 하이텔, 유니텔, 천리안) 팬클과 지상팬클 모두를 만나게 되는데 다들 자기네 패거리들과 어울린다.(다른 쪽에 아는 사람이 없으니까) 이때는 자기가 먼저 정보를 얻기란 쉬운 일이 아니었다.

다른 운영진들이 올린 글을 보거나 사서함을 통해서 정보를 얻어야 했다……(짜증났지) 운영진일 때는 운영진 회의를 나가면서 차츰 다른 통신 팬클 애들이랑 지상애들과 친해지기 시작했다.(공연 때 만나면 무지 반가움) 여기서 운영진은 시삽 부시삽을 도와주는 사람인데 자게지기는 자유게시판정리를 하고 홍보지기는 다른 팬클에 가서 우리 팬클 홍보도 하고 그런다. 운영진은 기획사에서 주최하는 운영진 회의에 참여하게 되는데 그떠 가보면 허니패밀리를 만날 수 있다.

== 시삽일 때

우선 귀찮을 정도로 하는 일이 많다. 공연이 있으면 매니저 언니한테 연락이 온다. 그러면 전체공지를 돌리고 가겠다는 회원들의 신청을 받아서 몇 명쯤 갈 수 있는지 매니저 언니한테 다시 전화를 해 주어야 한다.(간다고 했다가 안 가거나 무작정 찾아와서 끼면 곤란하기 때문.) 왜냐하면 팬클럽 머릿수에 맞춰서 좌석, 의자가 나오기 때문이다. 한두 명 삑사리는 어떻게 끼워 맞추면 되는데 머리가 많으면 불가능하다.

또 시삽은 회원관리를 해야 한다. 한 달에 한 번 회원들을 체크를 해서 연체되거나 전체공지를 읽지 않고 삭제한 사람들 이런 사람들을 강제 탈퇴시킨다. 또 가입한 사람들한테는 팬클럽에서 지켜야 할 공지사항 등을 전달한다. 한 달에 한 번쯤 정모를 해서 영상회를 하거나 회원들의 친목을 돈독하게 만드는 것도 시삽이 할 일이다.

한 달에 한 번 게시판 통계를 내서 순위(위에서 언급한 대로 정팅 참여횟수 등등 통계)에 들은 회원들을 등급업시키기도 한다.(통신게시판은 통계가 무지 치열하다) 하는 일이 많은 만큼 혜택도 많다.(허니패밀리는 내 이름은 아니까 엄청난 혜택이지.) 연예인이 시삽 이름도 알고 전화도 해 주고 전화번호도 알려준다. 가끔씩 만나서 얻어먹기도 함.

4. 청소년의 팬클럽 실태와 여가현황

이재준 정영덕 조정래

우선 우리나라 청소년 놀이 문화가 얼마나 부족한 상태인지 그 사태를 파악한 후에 그들이 스트레스 등을 표출할 분출구의 역할을 대신하고 있는 팬클럽에 대해 조사해 보겠습니다. 무언가 변화무상할 것만 같던 새천년도 어느덧 중반을 향해 맹렬히 다가가고 있습니다. 어릴 적 미래를 꿈꿔 볼 때면 으레 떠올리던 21세기, 최첨단의 technology가 보다 안락하고 쾌적한 환경을 만들어 주리라 믿었던 시간 속을 지난 세기말의 짧았던 흥분과 혼란을 뒤로 하고 어느덧 예년과 다름없는 모습으로 살아가고 있습니다. 정보통신 혁명으로 무언가 바뀐 듯 여기저기 매스컴에선 여전히 시끌벅적하지만 우리의 감성은 아직 20세기를 살아가는지 21세기를 살아가는지 구분을 못하고 있는 모습으로 21세기를 시작하려 합니다.

우리는 문화의 선구자인 팬클럽의 활동과 그들만의 세상 읽기를 통해 청소년 문화의 발전과 체계화를 모색하려 합니다. 그런데 청소년의 놀이 문화가 얼마나 부족하고 또 청소년들이 스트레스를 표출할 만한 분출구가 없기 때문에 팬클럽이 그 역할을 대신하고 있다고 생각해 보았습니다. 그렇기 때문에 우리는 팬클럽에 대한 시민들의 반응을 조사하면서 그들의 이미지를 구체화할 수 있었고 또 팬클럽인 사람을 대상으로 그들의 고충과 역할을 조사, 연구하여 바람직하고 선구적인 청소년 문화를 제안하려는 것이 우리의 주된 목적이라 하겠습니다.

자! 그럼 먼저 청소년 놀이에 대해서 알아보자면 '놀다'라는 단어는

'재미있는 일을 하며 즐긴다. 일이 없이 한가하게 있다. 주색(酒色) 따위를 일삼아 즐긴다.'라는 뜻을 가지고 있습니다. 즉 아이들의 장난에서 어른들의 취미생활 등 여가생활을 위한 대부분의 행위를 총칭한다고 할 수 있습니다. 사람의 삶이란 어차피 희로애락(喜怒哀樂)이라는 4박자가 잘 순환돼야 비교적 행복한 삶을 영위할 수 있는 것이 아닌가 생각해 보았는데…… 그중 눈에 보이는 즐거움을 놀이에 많이 의존하는 것으로 일상에서 쌓이는 스트레스와 피로를 해소하고 생활에 활력을 넣기 위해 놀이는 반드시 필요한 것입니다.

그런데 그것이 청소년이라고 예외일 수 있겠냐는 의문에서 청소년들의 놀이문화에 대한 의식을 조사를 했었고 조사된 자료들을 토대로 토론을 해본 결과 청소년 놀이 문화의 종류나 즐길 수 있는 폭이 너무 적다는 것을 알 수 있었습니다. 놀이의 필요성이나 그와 같은 놀이 의식의 중요성은 부각시키면서 정작 그것에 대한 방책으로 입시에 찌들고 지친 학교생활에서 스트레스를 풀 만한 장소와 여건이 없다는 점에서 몹시 가슴 아팠습니다.

하지만 팬클럽이라는 청소년 자체 내의 선구적인 문화 단체(?)에서는 자신만의 분출구를 통해 스트레스 및 그들 나이에 맞는 특성대로 당당하게 의사를 표현하는 모습 속에서 우리 청소년들의 문화가 그렇게 암울하지만은 않다는 작은 희망을 찾을 수 있어 과제를 하는 내내 그 희망에 기대를 걸고 기쁘게 조사할 수 있었습니다.

다음은 설문지 조사를 통해 시민들의 팬클럽에 대한 반응과 그들의 이미지를 알아보도록 하겠습니다. 우리는 과제를 위해 지난 5월부터 중학생, 대학생 그리고 일반 시민들, 전체 150명을 대상으로 약 한 달 동안 차근히 설문조사를 해보았습니다. 그 설문내용으로 전체 조사인원의 60%가 여성, 나머진 남성으로서 팬클럽에 대한 이미지를 묻는 질문에 대해 많은 사람들이 긍정적인 측면과 부정적인 측면을 똑같이 1위(42%)로 답해 주셨는데 그 질문 내용에는 자신만의 분출구를 통해 스트레스 및 의사표현을 하는 모습이 보기 좋다는 긍정적인 측면과 스타에 목메는 모습이 너무 극성이어서 짜증난다는 부정적인 측면을 답해 주셨고 그 외 2위(8%)로는 기타가 3위(6%)에는 공부는 안 하고 몰려다니는 모습이 불량스러워 보인다는 의견이 4위(4%)는 나도 그렇게 스타를 따라다니고 싶지만 하지 못하기 때문에 동경의 대상이라는 의견에 답해 주셨습니다.

우리는 이 질문을 통해 팬클럽의 현재 모습을 다시 조명해 볼 수 있었고 그들이 시민들의 눈에 그동안 어떻게 비춰지고 있었는지에 대해 알아볼 수 있었던 귀중한 기회였습니다. 그런데 우리가 미리 예측했던 결과와는 다르게 팬클럽이 결코 부정적인 측면만 있는 것이 아니란 걸 조사를 통해 알았기에 팬클럽의 긍정적인 측면을 부각시키고 부정적인 측면을 보안하고 수정해 간다면 보다 문화의 선구자로서 우뚝 서지 않을까 생각해 보았습니다.

그렇다면 팬클럽의 단점은 무엇이고 또 팬클럽의 장점 및 배울 수 있는 것은 무엇인지 설문 조사를 토대로 알아보고 단점은 보안하여 수정하는 방안으로 그리고 장점은 그것의 활성화를 위한 방안으로 활용해 보자는 취지하에 설문 조사를 한 결과 팬클럽을 하면서 주어지는 단점은 구체적으로 어떤 점이 있을 수 있느냐는 질문에는 2위와는 엄청난 격차로 1위를 차지한 내용으로 전체 84% 시민들이 스타에 너무 빠져서 자신의 일을 할 수 없을뿐더러 시간도 너무 많이 빼앗긴다고 대답해 주셨습니다. 그리고 2위(10%)로는 학교생활에 피해를 준다. 차례로 3위(6%)는 금전적으로 많은 부담이 된다고 대답해 주셨습니다. 그렇다면 팬클럽에는 단점만 있느냐? 아니다. 동전의 양면처럼 팬클럽에도 장점이 있다는 시민들의 의견을 정리해 보았습니다. 팬클럽을 통해 배울 수 있는 것이나 그들의 장점은 무엇이 있겠느냐는 질문에 72%의 시민들이 1위로 뽑은 내용으로 같은 것을 좋아하는 공감대의 친구를 사귈 수 있다고 대답해 주셨고 차례로 단결심을 배울 수 있다(18%), 스타와 가까워질 수 있다(10%)고 대답해 주셨습니다.

우리는 이 설문 자료를 토대로 그들이 공감대의 친구들을 사귀고 또 자신들의 의사를 표현하기 위한 방책으로 팬클럽에 가입하는 것을 알 수 있었습니다. 하지만 그것은 그들의 개인적인 시간의 희생과 자신의 사적인 생활들에 대한 희생을 전제로 하기에 주위 사람들에게도 일부러 그렇게 하지는 않겠지만 그래도 은연중에라도 열심히 학교생활에 충실히 하는 다른 학생에게나 금전적인 부담으로 팬클럽에 참여하지 못하는 이에게 눈살을 찌푸리게 하지 않았나 생각해 보았습니다. 하지만 이들의 적극적으로 (공감대의) 친구를 사귀는 모습에서는 우리 젊은이들의 당당하고 멋진 패기가 엿보인 것 같아 주위 사람들의 부러움을 한 몸에 받고 있는 듯했습니다.

앞으로 이렇게 단점은 보완해서 장점으로 승화시킬 수 있도록 노력하고 장점은 더욱 발전시켜 활성화하는 방안을 모색해야 하겠습니다.

다음으로 앞으로 그들의(팬클럽) 활동에 바라는 점은 무엇이 있겠느냐는 질문에는 자기 할 일을 하면서 활동했으면 좋겠다는 의견이 68%로 1위를 차지했고 타 팬클럽과의 상호 협조를 통해 바람직한 팬클럽 문화를 조성하길 바란다는 의견이 26%로 2위, 3위(10%)의 의견으로는 질서를 지키면서 활동했으면 한다. 4위(4%)는 자신이 좋아하는 스타에 목메지 않았으면 한다는 대답을 해 주셨습니다.

이렇듯 우리 시민들은 우선은 개인의 할 일도 똑바로 못하면서 자신의 의사를 표현한다는 것은 설득력이 없을뿐더러 모순이라는 반응으로 자신의 할 일부터 제대로 하고 난 후의 팬클럽 활동은 공감대의 친구를 사귀는 점에서나 협동심과 배려심 등을 배울 수 있다는 점 및 자신의 의사를 표현한다는 점에서 적극 권장하는 것 같습니다. 그러므로 단지 자신의 스트레스를 푼다고 또 자신의 얽매인 의사를 표현한다고 맹목적으로 팬클럽 활동을 한다면 자신도 자신의 정체성을 잃기 쉬울뿐더러 주위에서도 반대의 목소리가 커지므로 반드시 자신의 위치에서 최선을 다하는 모습, 무엇이든 열심히 하는 모습을 보이면서 팬클럽 활동도 해간다면 보다 발전된 자신의 모습과 건전한 팬클럽 문화가 형성될 것 같습니다.

일반인들을 대상으로 실시한 설문조사 중 마지막 질문에는 팬클럽에 대한 전망은 어떠한지를 묻는 물음에 많은 분들이 여러 방면의 스타들의 팬클럽이 생길 것이라고 44%(1위) 시민들이 답해 주셨습니다. 그리고 현재도 많이 이루어지고 있는 부분으로 앞으로 더욱 활성화될 것을 전망한 대답으로 팬클럽도 기업화될 것이라고 38%(2위)의 시민들의 대답이 있었고 남녀노소 상관없이 팬클럽의 회원이 증가할 것이라는 18%(3위)의 의견도 있었습니다.

이상의 설문지의 자료를 통해 추론할 수 있었던 것은 자신만의 분출구를 통해 의사표현을 하는 모습이 보기 좋아 보이기는 하나 스타에 깊이 빠져 작은 사회의 구성원으로서 청소년기에 주어진 책임을 등한시할 수 있다는 우려의 목소리가 있었고 종합적으로 질문에 대한 내용을 요약하자면 팬클럽은 금전적으로도 상당한 부담이 된다는 의견도 많았습니다. 그리고 팬클럽의 장점은 단결심을 기르고 같은 공감대의 친구를 사귈 수 있다는 것과 단점으로는 스타에 너무 빠져서 자신의 일을 할 수 없을뿐더러 시간도 너무 많이 빼앗긴다는 의견이 있었습니다. 또 팬클럽에 대해 전망하자면 앞으로 여러 분야의 다양한 팬클럽이 등장한다는 것과 남녀노소 구분할 것 없이 회원이 증가될 것이라는 것 그리고 팬클럽도 기업화될 것이라는 것들을 전망해 볼 수 있었습니다.

다음의 설문지는 실제 팬클럽 회원들을 대상으로 그들의 고충과 속사정을 낱낱이 파헤치는 설문지인데 그것의 설문 결과를 보기 전에 먼저 우리 멤버 중 이전에 팬클럽의 운영자였던 이재준 씨의 이야기를 들어보겠습니다.

이재준 씨 나와 주세요!

예! 이재준입니다. 저는 1999년 2월부터 2001년 4월까지 약 2년 2개월 정도 이영애 팬클럽에서 회장이라는 이름으로 이영애 팬클럽을 운영, 관리해 왔습니다. 저 같은 경우는 좀 특별한 경우인데 기존에 있던 팬클럽에 가입한 다음 일반 회원부터 점차 직위가 올라가 회장이 된 것이 아니라 제가 팬클럽을 직접 개설하여 1대 회장이 된 조금은 특별한 경우입니다. 조금 더 자세히 말하자면 그때 당시 제가 이영애를 너무나 좋아했습니다. 그래서 이영애에 대한 정보를 좀 더 많이 얻고 싶었고 이영애도 만나보고 싶어서 팬클럽 가입하고 싶었습니다. 그래서 누구나 쉽게 접할 수 있는 PC통신 유니텔에서 이영애 팬클럽을 가입하려고 했는데 아쉽게도 팬클럽은 없었고 그래서 제가 유니텔 측에 이영애 팬클럽을 개설하고 싶다고 의뢰한 뒤 그에 필요한 구비서류 등을 제시하여 1999년 2월 10일에 유니텔에 이영애 팬클럽 FLORA가 탄생했습니다.

처음에는 팬클럽 운영에 대해 알고 있는 지식들이 턱없이 부족했고 또 모르는 것투성인지라 많은 시행착오와 함께 실수도 빈번했었지만 점차 시간이 지나면서 저를 도와줄 수 있는 운영진을 뽑고 회원 수도 하나 둘 늘어가면서 어느 정도 자리가 잡혀 갔습니다. 그럼 여기서 온라인상의 팬클럽 조직도 및 그에 대한 보충 설명 등 팬클럽에 대한 구체적인 설명을 해드리겠습니다.

ᨀ 팬클럽 조직도 및 보충 설명

[참고사항] : 시삽은 system operator의 준말로 일반적으로 컴퓨터 서버를 매일매일 운영
하는 사람을 의미하는 말이다.

대시삽

시삽

부시삽

홍보지기 대문지기 게시판지기 Q&A지기 각 부분지기 등

정회원

준회원

대시삽 – 대표 시삽의 준말로 팬클럽을 총괄적으로 운영 관리하는 사람을 말한다.

시 삽 – 대표 시삽이 하는 일을 도와주고 대시삽과 거의 같은 직위이다.

부시삽 – 부시삽은 각 지기들이 하는 일을 관리하는 역할이다.

각지기 – 온라인통신 팬클럽상에서 자기가 맡은 부분을 관리하는 역할이다.

정회원 – 일반 회원이지만 활동을 열심히 하는 회원이다.

준회원 – 역시 일반 회원이고 처음 가입 시 준회원으로 된다.

ᨀ 온라인(ON-LINE)팬클럽과 오프라인(OFF-LINE)팬클럽에 대한 설명

위 조직도 및 설명에서도 나와 있듯이 온라인(ON-LINE)상 팬클
럽도 오프라인(OFF-LINE)상 팬클럽과 거의 유사한 조직으로 구성

되어 있다. 여기서 말하는 온라인(ON-LINE)팬클럽이란 직접 만나기보다는 PC통신이나 인터넷으로 쉽게 접하고 그 안에서만 활동하는 팬클럽을 의미한다.

이와 반대로 오프라인(OFF-LINE)이란 PC통신이나 인터넷도 같이하면서 직접 만나는 활동이 많은 팬클럽을 의미하는데 대부분의 오프라인(OFF-LINE)팬클럽들은 온라인(ON-LINE)에서 많은 활동을 하면서 오프라인으로 되는 경우가 있다. 대표적인 예로 HOT, 젝키, SES, 핑클, 신화 등이 있다.

팬클럽 회원들의 활동 및 참여 그리고 기획사의 도움

팬클럽을 운영, 유지해 나가는 데 가장 중요한 것이 몇 가지 있는데 그것이 바로 팬클럽 회원의 활동 및 참여와 그리고 기획사의 도움이다. 아무리 팬클럽에 회원 수가 많다고 해도 이 회원들의 활동 및 참여가 없다면 이 팬클럽은 절대로 성장할 수 없을 것이다. 대부분의 대규모 팬클럽들은 이 회원들의 활동과 참여가 많기 때문에 더 성장하고 스타와도 만날 기회도 많아지는 것이다.

그리고 또 하나 중요한 것은 바로 기획사의 도움이다. 온라인이나 오프라인에서 활동을 많이 해도 기획사의 도움이 없으면 당연히 자기가 가입한 팬클럽에서 실망감이 생기거나 자기가 알고 싶은 정보를 얻지 못해 탈퇴를 하거나 유령회원이 될 것이다. 회원들의 활동 및 참여 그리고 기획사의 도움 이 두 가지가 잘 조화를 이룰 때 비로소 제대로 된 팬클럽이 될 수 있다고 생각한다.

❧ 팬클럽의 활동(스타와의 만남) 및 문제점

팬클럽의 활동 중 가장 기본적이면서도 힘든 것이 바로 스타와의 만남이다. 대부분의 팬클럽들은 그 스타를 만나기 위해 많은 힘들 쓴다. 공개방송이나 촬영현장, 콘서트 현장 등을 찾아다니면서 자기가 좋아하는 스타를 한 번만이라도 보려 한다. 물론 그렇지 않은 경우도 있지만 대부분의 팬클럽 가입 목적이 자신이 좋아하는 스타와의 만남 때문일 것이다. 이러한 스타와의 만남이 위에 글처럼 공개방송이나 촬영현장에서만 보면 아무런 문제점이 없을 텐데 자신이 좋아하는 스타를 보기 위해 집에서 가출을 하거나 밤을 지새우면서까지 그 스타의 집 앞에서 자신이 좋아하는 스타를 보려고 한다는 것이 문제이다.

예전에는 서로 라이벌 관계에 있는 스타의 팬클럽 회원끼리 싸움이 일어난 적도 있다. 지금은 팬클럽 문화가 예전보다는 많이 성숙해져서 그런 일은 없지만 더 발전된 팬클럽 문화를 만들기 위해서는 지금보다 더 많은 노력이 있어야 한다고 본다.

❧ 대규모 팬클럽과 소규모 팬클럽의 차이점

대부분의 대규모 팬클럽들은 조직적으로 움직인다. 물론 소규모 팬클럽이나 소모임 같은 경우도 조직적으로 움직이지만 대규모 팬클럽보다 소규모의 팬클럽이 좀 더 가족적인 분위기에서 활동하기에 회원들끼리의 친밀감이나 유대감 등이 대규모의 팬클럽의 회원들보다는 좀 더 끈적하다는 것이 조금 다를 뿐이다.

팬클럽 운영 및 관리

온라인상의 팬클럽 운영은 생각보다 간단하다. 그럼 지금부터 온라인상의 운영 방법과 관리에 대해서 설명해 보겠다.

[운 영]

운영은 대체로 임원진들보다는 부시삽과 각 지기들이 하는 편이다. 앞에 조직도에도 나와 있듯이 팬클럽을 홍보할 수 있는 홍보지기, 온라인상 팬클럽에 대문(이미지)을 만드는 대문지기, 게시판에 남을 비방하는 글이나 광고성 글이 올라왔는지를 확인하는 게시지기 등 팬클럽의 운영은 대체적으로 부시삽과 각 지기들이 하는 편이다. 그리고 어떠한 문제가 생기면 바로 시삽이나 대시삽에게 그 사실을 알리는 역할을 하기도 한다.

[관 리]

관리는 임원진인 대시삽과 시삽이 주로 한다. 대시삽과 시삽은 팬클럽의 회원관리와 공지사항 기획사의 연락 등을 한다. 대규모 팬클럽인 경우는 좀 더 조직적이고 체계적으로 운영·관리하고 있다.

지금까지 이재준 씨의 팬클럽 운영자로서의 의견을 잘 들어보았습니다.

그럼 이번에는 실제 팬클럽들의 이야기를 설문 조사 후 분석한 내용을 살펴보겠습니다.

1. 당신은 어떤 스타의 팬클럽인가요라는 질문을 통해 25명의 팬클럽 중 가수 68% 연기자 22% 붉은 악마 10%의 팬클럽을 대상으로 그들의 이야기를 들어보겠습니다.

2. 팬클럽인 당신의 가입 동기를 묻는 질문에서 적극적인 스타에 대

한 나의 의사표현이라고 답한 팬클럽 회원이 40%로 가장 많은 것을 통해 위에서 이영애 팬클럽의 운영자 이재준 씨가 언급한 내용과 일치한 점을 통해 신세대들의 당찬 모습을 볼 수 있었습니다. 다음 2위(24%)로는 같은 공감대의 친구를 사귀기 위해서라는 대답과 3위(20%)에 스타에 대한 동경이라는 대답이 나왔습니다.

3. 가입 시기는 얼마나 되었냐는 질문에는 6개월 이내의 팬클럽 회원이 28%로 가장 많았고 1년 이내의 팬클럽 회원도 24%로 대부분의 팬클럽 회원이 우리가 설문 조사를 실시하면서 예상했던 것과는 상당히 다르게 수명이 짧다는 조사 결과로 요즘의 반짝 스타들의 일면을 팬클럽 회원들의 가입 여부어 따라 추론할 수 있었습니다. 하지만 1년 이상 팬클럽 활동(20%)을 하고 있는 원로(?) 회원도 많아서 스타를 오래도록 지속적으로 사랑하는 마음을 엿볼 수 있었습니다.

4. 팬클럽에서 당신의 역할은 무엇입니까라는 질문에는 거의 대부분이 일반 회원(준회원=20명)으로 기존에 있는 팬클럽에 가입한 것을 알 수 있었고 실제로 운영자(회장=1명)나 팬클럽 임원진(4명)은 주위에서 쉽게 만날 수 없어서 그들의 실제적인 이야기를 듣는 것에는 많은 아쉬움이 남았습니다.

5. 스타에 대한 정보는 어떻게 얻습니까라는 팬클럽 내의 의사소통(커뮤니케이션)이 어떻게 이루어지고 있는지를 조사하고자 질문한 내용으로서 36%의 회원들은 팬클럽 자체적 혹은 기획사에서 자체적으로 제작하여 배포된다고 대답했고 다른 36%의 회원들은 스스로 잡지나 신문 등에서 발췌한다고 대답해 주셨습니다. 그리고 20%의 기타의 내용으로 인터넷으로 정보를 얻는다는 의견도 많았습니다. 또 소수의 회원(8%)은 친구들과 서로 교환한다고 대답해 주셨습니다. 이렇듯 설문 조사된 것을 바탕으로 추론해 보자면 팬클럽 자체적으로 아직까지

는 조직적, 체계적인 시스템이 구축되지 않아 앞으로 보이지 않는 곳에서의 일반 회원들의 욕구 충족을 위해 더욱 활발한 활동을 기대하고 싶습니다.

6. 팬클럽에 대한 불만 사항은 구체적으로 무엇입니까라는 질문으로 팬클럽 내의 고인 물을 퍼내고자 그들에게 물었습니다. 그런데 의외로 그들은 활동적인 운영자가 없어(34%) 조직적이고 체계적으로 활동을 못하고 있는 현재의 모습을 비평해 주었습니다. 그리고 이렇게 위에서 끌어주는 이 없이 알아서 활동에 참여하다 보니 금전적으로 많은 부담이 든다(24%)는 그들의 애로 사항도 말씀해 주셨습니다.

또 실제로 그들은 자신들의 연예인에 대한 감정을 표출하고자 그리고 더욱 가까이에서 친밀하게 연예인과 친밀해지기 위해서 팬클럽에 가입하게 되었는데 정작 연예인과 많은 시간을 갖지 못해(16%) 아쉽다는 대답과 회장단의 횡포가 심해(16%) 팬클럽의 본질에서 벗어나는 것에 대한 비평의 말씀들을 또 개인적으로 많은 시간과 노력이 든다(10%)라 대답해 주셨습니다.

7. 마지막으로 팬클럽으로서 느끼는 자부심과 앞으로 어떻게 팬클럽이 활동하길 바라는지에 대해 '팬클럽 여러분께 한마디 부탁해 보았는데 다양한 의견들이 나왔습니다. 그 내용으로는 스타의 사생활을 존중해 주자.' '질서를 잘 지키는 팬클럽이 되자.'가 대부분의 의견을 차지했고 기타 의견으로는 '선물을 많이 사주자.' '싸우지 말자.' '열심히 활동하자!' 등이 있었습니다.

위의 설문지를 조사해 본 결과 가수들의 팬클럽이 가장 많음을 알 수 있었고 스포츠 쪽에선 축구 응원단인 붉은 악마가 조직적으로 활동하고 있음을 알 수 있었습니다. 가입 시기는 대략 6개월에서 1년 이상이었고 대형스타의 팬클럽은 스타의 은퇴 후에도 활발히 활동하고 있음을 알 수 있었습니다.

가입 동기는 스타에 대한 의사표현을 위해, 공감대 친구를 사귀기 위해 등으로 신세대들의 적극적인 활동을 엿볼 수 있었고 스타에 대한 정보는 기획사를 통해 또는 스스로 잡지나 인터넷 TV 등을 통해 얻고 있음을 알 수 있었습니다. 팬클럽에 대한 불만 사항으로는 돈과 시간을 많이 빼앗기고 연예인들을 많이 볼 수 없다. 그리고 임원진들의 횡포가 심하다 등으로 조사되었습니다. 회원들이 바라는 점은 예의와 질서를 지키며 활동적인 팬클럽 문화를 만들어 보자는 것이었습니다.

이상 설문조사의 내용 및 분석의 결과는 마치고 이번에는 스타의 은퇴 후에도 활발히 활동하고 있는 서태지 팬클럽의 커뮤니티 사이트의 운영진의 이야기를 들어보겠습니다.(참고로 이 이야기는 실제 커뮤니티 컨설턴트 hope2006 님의 글임을 미리 알려드립니다.) [팬클럽 문화의 선구자-울트라 태지 매니아]

서태지를 아시나요?

너무나 우문(愚問)이라고요?

그럼, 서태지를 좋아하시나요?

여기 서태지와 고락을 함께해 온 서태지의 팬클럽을 만나 보시면 당신의 서태지에 대한 애정도를 알 수 있을 겁니다.

소문난 커뮤니티에 실리고 싶다면……

소문난 커뮤니티는 어떤 기준에 의해서 선정되는 것인지에 대해서 쥔장에게 물어오는 경우가 있다. 선정기준이 '컨텐츠냐? 활동성이냐?

아니면 회원 수냐?'라는 식의 질문을 받을 때가 있다. 개별적인 메일을 통해서 적절한(쥔장이 생각하기에) 답변을 했지만 노파심에서 몇 가지 기준을 밝히면 이렇다.

일단, 균형이다. 특정한 카테고리의 커뮤니티는 가능하면 겹치게 하지 않기 위해 노력한다. 다음으로 고려하는 것이 적극성이다. 아무리 좋은 커뮤니티라도 적극적으로 원하지 않는다면 소개할 의미가 없다는 생각이다. 아울러 중요한 기준이 향후 성장 가능성이다. 이미 소문난 커뮤니티도 중요하지만 앞으로 소문날 여지가 있는 커뮤니티를 프리즌에게 알려주는 것도 중요하기 때문이다.

이번에 소개할 커뮤니티 이러한 조건들을 고려해서 선정했다. 특히 향후 발전 가능성에 많은 점수를 줬음을 밝힌다. 팬클럽이 한 번도 소개되지 않았다는 점과 마스터의 적극적인 의사표현, 앞으로의 가능성 3박자를 고루 갖춘 커뮤니티다. 자 그럼 '울트라 태지 매니아'를 만나 보실까요?

서태지보다 만나기 힘든 마스터

자신을 울트라 태지 매니아라고 소개한 프리즌이 커뮤니티 취재 요청을 해 왔다. 사실 서태지란 이름을 가지고 검색해서 나오는 커뮤니티는 100여 개가 넘는다. 그러나 그중 소개할 만한 커뮤니티는 많지 않다. 이것은 서태지 팬클럽만의 문제가 아니다. 팬클럽이란 이름을 가지고 있는 커뮤니티는 많지만 지속적인 활동을 하고 향후 활동 가능성이 있는 커뮤니티는 드물기 때문이다.

처음 울트라 태지 매니아를 찾았을 때도 그저 그런 커뮤니티라는 생각을 했다. 다른 팬클럽처럼 서태지 사진이 첫 화면을 가득 채우고 있었다. 그러나 그냥 돌아가려는 쥔장의 손길을 잡은 것은 마스터의 공지사항과 방명록이었다. 공지사항을 읽어보니 '어제 방송을 못해서 죄송합니다'라는 공지가 눈에 띄었다. 방명록에는 마스터에 대한 걱정과 방송 잘 들었다는 내용의 글들이 가득했다.

이런 글들과 함께 보게 된 울트라 태지 매니아의 첫 화면에는 다양한 서태지 관련 커뮤니티가 링크되어 있었다. 모두가 서태지와 관련된 정보를 함께 나누는 공간이었다. 이런 방대한 서태지 관련 자료와 함께 돋보이는 것은 울트라 태지 매니아 마스터의 열정이다. 서태지 관련 커뮤니티마다 마스터의 글을 찾는 것은 어렵지 않다. 서태지의 곡으로 자신만의 방송도 한다.(방명록을 검색해 본 결과 상당한 팬들을 확보하고 있다.)

이런 마스터와 인터뷰를 하고 싶어서 'taiji23s'란 아이디로 글을 쓰는 윤세련 마스터에게 쪽지와 메일 게시판을 통해서 연락을 취했지만 끝내 연락이 되지 않았다. 그러나 쥔장은 울트라 태지 커뮤니티를 소개하기로 했다. 서태지 관련 팬클럽을 뒤적이면서 서태지 팬클럽이야말로 흔히 생각하는 스타 팬클럽의 새로운 패러다임을 단들어 가고 있다는 생각에서였다.

팬클럽 문화를 만들어 가는 선구자들

글을 쓰려고 하는데 아침 스포츠지와 주요일간지에 실린 서태지 팬들의 항의로 ㈜태평양 등 4개 광고주들이 〈한밤의 TV연예〉에 광고를 중단하기로 한 기사가 눈에 띄었다. 쥔장 개인적인 견해로는 이번 일은 중요한 사회현상이다. 단순 동호회 수준의 팬클럽을 문화 현상을 이끌어 가는 이익집단으로 자리매김하는 중요한 계기가 된 것이다.(팬클럽의 오보에 대한 저항은 그전에도 많았지만 광고주에 항의해서 광고를 중단시킨 사례는 처음이다.)

이번 사건을 통해 방송의 연예관련 프로그램들은 스타를 기사화하는 데 더욱더 신중해질 것이다. 이번 서태지 팬클럽의 행위에 대한 가치판단은 쉽게 단정적으로 말하기는 힘들다. 그러나 서태지 팬클럽으로 인해 스타들의 권익이 향상될 것은 분명하다.

이번 사건뿐 아니라 서태지 팬클럽은 한국의 팬클럽 역사라고 해도 지나친 말이 아닐 만큼 팬클럽의 변화를 주도해 왔다. 서태지가 은퇴한 이후에도 팬클럽을 유지하여 서태지 컴백의 중요한 역할을 했다. 서태지도 이런 팬클럽에 답례라도 하듯이 자신의 복귀를 팬클럽 게시판을 통해서 공식적으로 발표를 했다. 사실 서태지와 그의 팬클럽에 대한 사회일각에서의 부정적인 시각도 많다. '지나치게 신비주의적으로 흐르는 것은 고도의 상업적인 계산이 아닌가? 서태지로 인해 조퇴가 늘어나서 자라나는 청소년에게 부정적인 영향을 미치고 있다'는 식의 의견이 주류를 이루고 있다.

그러나 서태지로 인해서 한국문화시장의 외연이 확장되고 대중문화에 대한 깊이가 더해진 것을 생각하면 부정적인 측면을 상쇄하고도 남는다. 길 없는 곳에 처음 길을 가는 사람은 많은 위험을 감내해야 한다. 생각지 못한 장애물을 만날 수도 있다. 그러나 그 길을 따라오는 많은 사람들을 위해서 정도를 가야 한다. 서태지 팬클럽이 그동안 팬클럽 문화의 질을 높여 왔듯이 앞으로도 더욱더 겸손한 모습으로 발전해 가길 바란다.

🐚 마스터의 고뇌

쥔장은 사실 연예인을 좋아해 본 일이 없다. 아니 정확하게 말하면 노래나 연기는 좋지만 사람을 열렬하게 좋아하지는 않았다. 그러나 울트라 태지 매니아의 마스터의 글을 읽으면서 누군가를 이만큼 사랑할 수 있고 열정을 불태울 수 있다는 것이 한없이 부러웠다. 마스터의 글을 무삭제로 소개한다.

요즘 더 느끼는 건데 태지 오빠 팬 하기 진짜 힘이 듭니다. 그 이유는 오빠의 스케줄이 하나하나 늘어 갈수록 우리 매니아들이 더 바빠집니다. 일단은 오빠 나오는 잡지 사야지(우리 매니아들은 돈도 많어), 신문 사야지, 얼범 사야지(물론 다들 있겠지만 나처럼 음악캠프 공연 흥분해서 헤드 뱅잉 하다가 가방을 밟아서 음반이 박살이 난 경우) 그리고 그것뿐인가 섹션이나 여러 방송에서 조금만이라도 오빠 애기 나오면 녹화해야지(5분 대기조 요즘은 비디오 리모콘이 손에 쫙쫙 달라붙습니다), 인터넷 서기회, 서사회, 태지존 등의 인터넷관련 사이트에 드나들며 글 남겨야지, 글 읽어 봐야지, 기사 검색해야지, 팬들과 메일 주고받아야지……

그리고 혹시 오빠어 대한 비판적인 글이나 방송 언론들의 어처구니없는 말에 논리 정연하게 맞서야지, 공연 다녀야지, 밤샘 해야지, 이번 주 티티엘 바운스 구하러 뛰어다녀야지, 손수건 구하러 프로스펙스 찾아다녀야지, 게다가 오빠 욕 안 먹게 하려고 자기가 하고 있는 일들을 최선을 다해서 해야지(공부 및 직장 일), 공연 후 쓰레기 치워야지, 질서 지켜야지, 손수건 빨아서 다려야지, 사서함 꼬박꼬박 들어야지(즐거운 비명임), 오빠가 먹는 음식(2%.신라면 순두부찌개에 삼각형 커피우유까지) 다 먹어줘야지. 오빠 머리하고 오빠 입은 옷 사야지,

와~ 태지 오빠 매니아가 되는 길은 멀고도 험하다. 오빠, 그래도 우리 너무 바빠도 오빠가 좋아~

쥔장의 커뮤니티 성공전략 - Hub Community가 되라

단순한 연산의 도구였던 컴퓨터가 인터넷이란 기술을 통해서 많은 사람들의 필수 불가결한 요소화된 것은 너무나 최근의 일이다. 쥔장이 대학을 다닐 때만 해도 인터넷이란 단어도 없었으며 PC통신을 이용하는 사람도 극히 일부였다.

이제 인터넷은 문화가 되었다. 사람들에게 있어서 인터넷은 생활양식이 된 것이다. 이런 인터넷도 많은 변화를 거쳐서 단순한 정보검색을 위한 도구에서 벗어나 개별적인 커뮤니케이션의 주요 도구화되고 있다. 특히나 커뮤니티의 발전은 인터넷을 더욱더 우리생활 속에 깊이 끌어들이고 있다.

초창기 통신의 동호회로 출발했던 커뮤니티는 이제는 인터넷 서비스의 가장 중요한 컨텐츠가 되고 있다. 커뮤니티는 점점 다양화되고 깊이 있어지고 있다. 커뮤니티의 양적인 팽창과 함께 질적인 팽창도 점점 심화되고 있다. 특히 특정 분야의 커뮤니티를 하나로 묶어서 링크화시킨 허브커뮤니티의 등장은 커뮤니티의 질적인 변화를 앞당기고 있다.

무게 중심점을 기점으로 해서 퍼져 나가는 바퀴처럼 하나의 커뮤니티를 중심으로 다양한 커뮤니티 사이트의 커뮤니티를 링크해서 서로 공유하는 것이다. 커뮤니티에서 독점된 정보는 의미가 없다. 커뮤니티가 폭발적으로 늘어가는 이유는 열린 생각 때문이다. 가상의 정보와 지식을 함께 나눌 수 있다는 것이 커뮤니티의 가장 큰 장점이다. 그리고 그 정보와 지식이 가공된 것이 아니라 생활 속의 살아 있는 정보라는 것이다.

커뮤니티를 만들 예정이라면 허브커뮤니티에 도전해 보자. 관심 있는 분야의 커뮤니티를 함께 묶어서 함께 공유하는 공간으로 활용해 보자.

지금까지 커뮤니티 컨설턴트의 의견 잘 들어보셨죠! 그럼 서태지의 은퇴에 대한 시민들의 반응을 경향신문의 깜짝 앙케트 자료와 함께 팬클럽의 선구자답게 서태지의 패션들이 대학 교재에 실린 신문기사 내용도 함께 참고 자료로 기재하겠습니다.

앞의 설문조사 내용 중에 실질적으로 팬클럽의 활동이 가장 활발한 중학생을 대상으로 설문 조사하여 분석한 결과를 첨부하지 않아 그 부분만 따로 기재하겠습니다.

팬클럽 가이드를 제작하기 위해 설문조사를 하고 있습니다. 많은 협조와 부탁을 드리겠습니다.

1. 당신의 성별은? ① 남자 75% ② 여자 25%

2. 당신의 직업은 무엇입니까?

① 초등학생 ② 중학생 100% ③ 고등학생 ④ 대학생 ⑤ 일반인

3. 당신은 팬클럽이라고 하면 어떤 이미지가 떠오릅니까?

① 공부는 안 하고 몰려다니는 모습이 불량스러워 보인다.(15%)

② 스타에 목멘 모습이 너구 극성이어서 짜증난다.(35%)

③ 나도 그렇게 스타를 따라다니고 싶지만 하지 못하기 때문에 동경의 대상이다.

④ 자신만의 분출구를 통해 스트레스 및 의사 표현하는 모습이 보기 좋다.(50%)

⑤ 기 타(   )

4. 앞으로 그들의 활동에 바라는 점은?

① 자기 할 일은 하면서 활동했으면 한다.(60%)

② 자신이 좋아하는 스타에 너무 빠지지 않았으면 한다.(15%)

③ 질서를 지키면서 활동했으면 한다.(25%)

④ 기   타(   )

5. 팬클럽의 단점은?

① 스타에 너무 빠져서 자신의 일을 할 수 없다.(60%)

② 금전적으로도 도움이 안 된다.(35%)

③ 팬클럽 활동을 하면서 시간을 너무 빼앗긴다.(5%)

④ 기   타(   )

6. 팬클럽의 장점 및 배울 수 있는 것은?

① 단결심을 배울 수 있다.(10%)

② 같은 것을 좋아하는 공감대의 친구를 사귈 수 있다.(40%)

③ 스타와 가까워질 수 있다.(35%)

④ 기   타(   ) (20%)

7. 팬클럽에 대한 전망은 어떠한가?

① 여러 방면의 스타들의 팬클럽이 생길 것이다.(50%)

② 남녀노소 상관없이 팬클럽의 회원이 증가할 것이다.(30%)

③ 팬클럽도 기업화될 것이다.(15%)

④ 기타(   ) 5% 모르겠다.

지금까지 여러분들의 정성을 정말 뜻 깊게 팬클럽 가이드를 제작하면서 보답하겠습니다.

진심으로 감사의 인사드립니다. (＿＿＿) 꾸뻑~ 감사합니다.

위의 자료를 토대로 추론해 본 결과 중학생들은 스타에 목맨 모습이 너무 극성이면서 짜증난다는 것을 알고 있었고 자신만의 분출구를 통해 스트레스 및 의사를 표현하려는 모습을 볼 수 있었습니다. 자기 할 일을 하며 팬클럽 활동을 하겠다는 의견이 많았으며 같은 공감대의 친구들을 사귈 수 있어서 좋다는 의견이 많았고 앞으로의 발전방향은 여러 방면의 팬클럽이 생겨나리라는 것과 남녀노소 상관없이 팬클럽이 생겨나리라는 것이었습니다.

[이재준(2002100026)]

우선 이번 팬클럽 보고서 과제를 하면서 나 개인적으로는 감회가 새로웠다.

예전에 팬클럽을 운영하면서 있었던 일들도 생각이 났고 무엇보다도 가장 좋았던 건 이번 과제를 잘할 수 있을 것 같다는 자신감이었다. 내가 직접 경험했었고 팬클럽을 어떻게 운영하고 관리하는지 세부사항까지 알고 있기 때문에 더 자신감이 생겼다.

[정영덕(2002100029)]

정말이지 팬클럽 과제에 대해서 과제를 제시받은 그날부터 매일을 고민했던 것 같다. '나는 팬클럽에 그동안 한 번도 가입이며 그들의 활동에 관심이 없었는데 어떻게 하지?' '만약에 한다고 하더라도 난 사람들과 친하지 않아서 혼자 해야 하는 건가' 등등의 고민들을 매일 학교를 가면서 그리고 집에 오면서 또 친구들을 만나면서까지 한시도 나의 머릿속을 떠나지 않았다. 그래서였는지 지금은 한결 마음이 가벼워졌다. 사실 이 과제의 준비를 꽤 오랜 시간 동안 해 왔었다. 설문조사 항목의 내용이며, 그 대상들이며, 보고서의 양식들이며 그리고 팬클럽에 대한 사전 조사 및 신문기사 등의 정리 등을……

[조정래(2002710034)]

팬클럽에 대해 조사하며 많은 것을 느꼈다. 팬클럽을 더욱 활성화시키는 것이 대중매체라고 생각했다. 그중 요즘은 인터넷의 보급으로 언제 어디서나 스타들의 궁금증을 쉽게 알아볼 수 있게 되었다.

어릴 적 가수 신해철의 노래와 방송을 들으며 즐거워하던 일이 생각난다. 그땐 신해철의 말투와 그의 글들을 달달 외워 내 것으로 만들곤 했다. 훌쩍 커버린 지금 어릴 적의 스타에 대한 막연한 동경보다는 스타들이 불상하다는 생각이 든다. 깜작 가수들의 출현은 그들이 팬들의 성원에 보답할 만한 능력을 갖추지 못하고 있기 때문이라고 생각한다. 기획사는 돈을 벌기 위해 어린 팬들에게 어필할 수 있는 스타를 빠른 시일 내에 만들어 잠깐의 인기와 함께 사라진다.

지덕체라는 말이 있다. 요즘 스타는 어떻게 보면 지덕체를 겸비하지 않으면 반짝 스타로 전락해 버릴 가능성이 너무 크다. 끊임없는 노력이 없이는 이룰 수 있는 것이 하나도 없을 것이다. 팬클럽 문화는 급변하고 있다. 앞으론 어떻게 더 발전할지 궁금해진다.

5. 내게 팬클럽이 있었을 때

백승주

내겐 한번 팬이라는 게 있었다. 인터넷에 한 사이트에 내 카페가 생기기도 했었다. 내가 공연 다닐 때마다 따라와서 응원도 해 주고 음료수나 먹을 것을 갖다 주기도 했었다. 생일이나 무슨 날이면 정성스럽게 포장한 선물을 주었다. 나는 팬클럽을 그다지 좋게 보진 않는다. 쓸데없는 곳에 돈을 쓰고 시간을 활용하지 않는 것 같아서이다. 그래서인지 내 성격이 좀 이기적으로 변한 것 같기도 하다. 어떻게 보면 좋을지 몰라도 나에겐 팬이라는 말 자체가 싫다. 한번은 팬들에게 상당히 실망했던 적도 있다. 내 메일 비밀번호와 여러 사이트의 비밀번호를 알아내서 내가 보기도 전에 보고 지운 팬도 있었다. 이 사실을 알았을 때 너무너무 화가 났었다. 안 그래도 팬을 좋아하질 않았는데⋯⋯이때 이후로 팬이라는 말이 싫어진 것 같다.

6. 팬클럽에 대한 제3자의 입장

안현희

내가 생각하는 팬클럽은 좋다고 생각한다. 그 이유는 팬클럽을 들었을 때 일단 그 스타가 맘에 들거나 좋아서일 것이다. 그래서 팬클럽을 가입하게 되면 그 스타의 일거수일투족 모든 것을 알 수 있게 되고 그 스타의 생활 및 심지어 스케줄까지 알고 그 스타의 좋은 점 나쁜 점 등 모든 것들에 대해서 알 수 있게 된다. 그리고 팬클럽에 대해서 가장 중요한 것은 아주 가까운 자리에서 스타와 만나 말도 하고 웃을 수 있는 팬클럽 회만 많이 누릴 수 있는 팬미팅도 참여할 수 있게 되기 때문에 팬클럽에 대한 내 입장은 좋다고 생각한다. 그 스타가 좋아서 팬클럽에 가입했는데 그 스타를 만나고 나아가 이야기도 나누고 모든 일과 및 사소한 정보까지 알 수 있다면 더 이상의 것이 어디 있겠는가.

7. 엘지 트윈스(야구)

이세운

1) 가입 동기

우선 가장 큰 동기는 어렸을 때부터 아버지께서 야구장에 자주 가서 따라가다 보니 자연스레 아버지께서 좋아하시는 야구에 저도 푹 빠졌습니다. 아버지는 전라도 쌍방울팀을 하셨고 저는 태어난 곳이 서울이어서 엘지트윈스를 가입하게 되었습니다. 또 다른 이유는 야구를 사랑하고 엘지를 좋아하는 사람들과 함께 응원도 하고 즐기고 싶어서 가입하게 되었습니다.

2) 활동기

제가 활동하는 것은 일단 일지트윈스 사랑하는 사람들과 정식모임을 갖고 자기가 좋아하는 선스 옷 같은 거 교환도 하고 자료나 사진 찍은 거 돌려보기도 하고 경기가 있기 전에 정팅에서 만나서 야구장에 먼저 가서 팬클럽사람들 자리 잡아 놓기도 하고 모여서 응원방법 같은 거 연구도 하고 선수 만나보기 등 보기보다 여러 가지 활동을 하고 있습니다.

3) 팬클럽소개

남녀노소 누구든 야구를 진정으로 사랑하시고 야구 중에서도 저희 엘지를 사랑하시는 모든 사람들은 언제나 대환영입니다. 그리고 남자

친구 여자친구와 데이트하기 딱 좋은 장소 야구장 엘지를 응원함으로
써 스트레스도 풀리고 남녀 간에 돈독한 사랑을 쌓을 수도 있다.

4) 팬클럽에 대한 나의 각오

올해 나는 엘지트윈스 홈경기를 매월 두 번 이상 관전할 것을 선서
합니다. 올해 나는 엘지트윈스를 응원함에 있어 그 어떤 딴지나 예상타
순 또는 예상라인업 등을 결코 짜지 않을 것을 선서합니다. 올해 나는
엘지트윈스 코칭스텝진의 선수기용에 관한 모든 결정을 적극 지지할
것을 선서합니다. 올해 나는 엘지트윈스의 성적이 제 기대에 못 미치는
결과로 시즌을 마감한다 해도 결코 마음의 평정을 잃거나 낙담하지 않
을 것을 자랑스런 엘지트윈스팬의 이름으로 엄숙히 선서합니다.

5) 득과 실

팬클럽에 가입하지 않았다면 일단은 같이할 수 있는 사람이 없어서
야구장에도 자주 못 갔을 것이고 엘지를 사랑하는 같은 취미를 가지
신 사람들과 여럿이 만날 기회가 없었을 것이다. 가입함으로 인해 나
와 함께 여럿이 같이 응원을 하고 있다는 것만으로 더욱 힘이 나서
응원도 열심히 하게 될 것이다. 그렇게 같이 응원함으로 인해 스트레
스도 풀고 공부에 지친 나에게 팬클럽은 활력소가 되었다. 잃은 것은
너무 깊어만 가는 팬클럽에 대한 열정으로 인해 잡생각을 하게 되고
다른 일을 하기 힘들게 된다는 것이다.

6) 바람직한 운영방안

모임에 있어서 돈이 중심이 되지 말아야 한다. 팬클럽은 스타가 중심이 아니라 팬이 중심에 서 있어야. 모두가 합당한 운영을 해야 불만이 없을 것이다. 눈에 띄는 독창력이 있어야 함. 진정으로 스타와 자기 자신의 팬클럽을 사랑해야. 신선한 정보, 앞서갈 수 있는 정보 유익하고 알차고 재미있게 운영, 신뢰감 있는 운영이 필요하다.

8. 팬클럽에 관한 조사

김수연

1) 팬클럽 운영자!

팬클럽 운영자는 우선 그 가수에 모든 것을 알아야 한다. 집 주소에서 시작해서 가족 수, 가족이름, 그 가수가 나온 학교, 성장과정 등등 일거수일투족을 다 알아야 운영자라는 이름을 빛내게 된다.

2) 팬클럽 활동기

팬클럽 활동기는 그 가수가 앨범을 내고 활동을 활발하게 시작할 때부터 시작된다. 그 가수의 팬들은 그 가수가 어디에 출연하고 몇 시에 방송을 하는지 다 알고 있다. 그래서 그 가수가 볼 수 있도록 현수막도 준비하고, 소리도 지르고 그 가수에게 자기를 인식시키기라도 하듯이 활발하게 그 가수가 있는 곳은 어디든지 달려간다.

3) 가입에서 활동 탈퇴까지

가입과 탈퇴는 쉽다. 돈을 내고 가입을 하면 정식 팬클럽이 된다. 회비는 한 달에 20000원 정도이다. 그리고 활동을 한다. 그 팬클럽 가입을 한 사람들은 그 가수의 소속팬이라는 것에 굉장한 만족을 느낀다. 그리고 탈퇴도 쉽다. 돈을 내지 않고 그 가수가 활동할 때 따라가지 않고 그 자리에 가지 않는다면 그것은 탈퇴나 다름이 없다.

4) 팬클럽에 대한 나의 인식

나는 팬클럽에 대해 그리 좋게 생각하진 않는다. 그렇다고 아주 나쁘게 생각하는 편도 아니다. 다만 적당히 그 가수를 따르고 스토커 같은 성향만 보이지 않는다면 다행이지만 너무 열광을 해서 그 가수와 사람들의 인식에 나쁘게 비춰지는 그런 회원은 옳지 않아서 그리 좋게는 생각을 하지 않는 편이다.

9. 내가 본 팬클럽의 이모저모

주진경

팬클럽에 가입은 인터넷으로 가능하며 가입한 후에는 운영자에게 연락이 와 한 달 한 번씩 일정액의 운영비를 내고 활동을 할 수가 있다. 운영비는 공연이나 방송활동이 있을 때 쓸 수 있는 소품비나 여러 가지 운영비로 쓰이게 된다.

팬클럽에 가입하는 이유는 자기가 좋아하는 스타에 대한 정보를 빨리 알 수 있고 그 사람의 생일이나 특정한 날에는 함께 있을 수 있다는 것이다. 내 생각으로는 무엇보다 사람들이 팬클럽에 드는 이유는 내가 좋아하는 스타를 두고 모두가 서로 같은 생각을 하고 함께 공유하여 하나가 될 수 있고 힘이 되어주는 사실 때문이라 생각한다.

팬클럽에 가입 연령층은 가지각색이다. 어린아이들부터 어른들까지 가입을 한다. 그러나 스타의 나이가 매우 어린 경우에는 팬클럽에 가입한 연령층의 어른들은 거의 없고 학생들이 주를 이룬다. 하지만 예를 들어 신승훈이나 김건모처럼 유명한 중년 가수들은 팬클럽 가입 연령층이 어린아이들부터 나이 많은 사람들까지 가입이 되어 있다고 한다.

팬클럽은 좋아하는 스타를 두고 서로가 같이 공유하고 함께할 수 있다는 건 좋다고 생각하지만 요즘 청소년들은 만약 이 스타가 수업 시간에도 어디선가 공연이 있다면 학교도 가지 않고 공연을 간다. 스타를 사랑하기 전에 미래의 자신의 모습을 생각하며 자기 자신을 먼저 사랑하고 스타를 사랑해야 한다.

  팬클럽을 잘 운영을 하려면 운영자는 회원들이 믿을 수가 있게 행동을 해야 하며 스타보다는 회원들을 먼저 생각해야 한다. 그래야만 팬클럽이 오래갈 수 있고 탄탄하게 운영될 수 있을 것이다.

10. 내가 본 팬클럽

정권재

저는 fan club에 가입한 적도 없고 요즘 청소년들처럼 좋아하는 가수의 콘서트장에 가서 소리 지르고 열정적인 '팬'은 아니었지만 고등학교 시절 1집 때 「난 알아요」라는 새로운 장르의 '댄스'와 '랩'을 선보인 '서태지와 아이들'이라는 그룹의 가수를 좋아했습니다. 그때 당시 신인답지 않게 뛰어난 무대매너로 우리의 청소년들의 마음을 사로잡던 '서태지와 아이들'이 기억납니다.

2집 때는 「하여가」라는 타이틀로 독특한 헤어스타일과 '갱스터 랩', '힙합 춤'으로 우리 청소년들에게 거의 우상시되었던 기억이 납니다. 대학 진학을 안 하고 자기가 하고 싶은 분야에서 최고로 성공한 '서태지와 아이들' 그들이 '톱스타'가 되어서 연예기자와 인터뷰에서 했던 말이 기억나네요! 연예기자 질문 중에 '팬'들이 서태지와 아이들의 어떤 모습을 보고 이렇게 열정적으로 좋아하는지라는 질문에 서태지는 우리는 단지 우리가 좋아하는 음악에 미쳐 있을 뿐이라고 대답하고 그런 모습을 보고 '팬'들이 우리를 좋아한다고 생각합니다고 대답했던 기억이 납니다.

서태지의 말처럼 자기의 분야에서 성공하고 그 분야에 '미쳤다는 말'을 했을 때 지금까지도 너무 멋지다는 생각을 합니다. 서태지와 아이들의 TV프로그램은 다 녹화해서 다시 보고 테이프도 사다 듣고 했던 기억이 납니다. 그래도 좋아했던 기억만 있을 뿐 그들에 대해서 열정적으로 집착하지는 않았습니다.

그런데 요즘 청소년들을 보면 연예인들에게 너무 집착한 나머지 열심히 공부해야 할 시기에 공부를 소홀히 한다는 생각이 듭니다. 가끔 TV 연예가 중계를 보면 팬들 집에서 밤을 새면서까지 그들을 보겠다는 극성팬들도 있고 가수들의 콘서트장에 가서 공연 모습을 보는 도중에 울고, 질식하는 장면을 볼 때마다 놀래곤 합니다. 어른들 말씀에 '공부에는 때'가 있다고 말씀하십니다. 나중에 성인이 되었을 때 공부 안 한 것에 대해서 후회하는 일이 없도록…… 우리 청소년은 자기 자신부터 자기가 좋아하는 연예인에 대해서 너무 집착하는 일이 없도록 해야겠습니다.

연예인들의 화려한 모습만 보지 말고 그들의 어려운 과정을 겪고 대스타가 된 과정을 본받아서 그 모습을 보고 도전받고 꿈과 목표달성을 위해 노력하는 청소년이 되었으면 좋겠습니다. 우리 모두 자라나는 청소년에게 관심을 갖고 많은 조언을 해 주어야겠습니다. 사회에 진출하고서 연예인을 좋아하는 것은 늦지 않다고……학창시절 공부하는 때에 열심히 해야 한다고 말해 주고 싶습니다.

11. fan club에 관하여

민진아

요즈음 현대 사회에서는 여러 종류의 팬클럽이 있다. 인기 연예인 (가수, 탤런트, 영화배우), 운동선수, 사회의 지도자 계층 등 여러 가지 종류의 클럽이 있다. 팬클럽이 활성화되려면 각양 각층의 사람들에게 높은 지지도와 인정을 받아야 한다.

팬클럽의 장점

1. 문화적 공감대가 형성된다.
2. 자신 원하는 대상을 바라보며 만족을 느낀다.
3. 클럽행사에 참여하여 대인관계를 할 수 있어 좋다.
4. 대형집회를 통해 스트레스 해소 및 시대흐름을 파악할 수 있다.

팬클럽의 단점

1. 시간소요 및 물질적 소요비용이 많다.
2. 일시적 현상으로 끝날 수 있다.
3. 일부 광적인 사람들로 인하여 피해를 볼 수 있다.
4. 연령이 10대 20대 중심이어서 상업성이 우려된다.
5. 다른 팬클럽과의 이해부족 및 공동체가 무너진다.

12. 팬들이 생각하는 팬덤

태지매니아 ID 예리

서태지와 아이들이 데뷔한 지 10주년이 되었다는 것은 어쩌면 그들의 팬 외에는 그다지 큰 의미가 없을지도 모릅니다. 서태지와 아이들은 이미 은퇴했고 이제는 각 멤버가 솔로로 독립해 활동하고 있으니까요. 그런데 왜 그들의 팬들은 아직도 서태지와 아이들을 기념하고 추억하는 걸까요? 이들을 통해 우리 대중문화의 한 단면을 살펴봤습니다.

이제 서태지와 아이들은 없다. 96년 1월 이후 서태지와 아이들이라는 이름의 그룹은 역사 속에서나 찾을 수 있는 존재가 되었다. 그들이 매번 앨범을 들고 나왔을 때다다 우리 가요계가 들썩거리고 사람들은 서태지와 아이들이 갖고 나온 음악장르를 궁금해했었다. 새로운 패션과 새로운 화제, 그리고 새로운 기록들. 언젠가 서태지와 아이들 멤버 중 하나가 말했듯이 '한 나라의 문화를 일개 그룹이 좌우하는' 상황이 벌어졌다.

그리고 96년 1월 9시 뉴스와 신문 헤드라인으로 서태지와 아이들의 은퇴가 보도되었다. 그들이 살았던 집 앞에서 얼굴이 빨개지도록 우는 아이들을 클로즈업하거나 자살, 가출의 우려가 있다는 호들갑. 대부분의 언론보도는 팬클럽 아이들의 집단 히스테리를 단속하라는 내용으로 채워졌다.

그렇지만 어른들이 우려하던 일은 일어나지 않았다. 오히려 어린애들이 성명서를 발표하고 보도 자료를 내면서 어른들을 다독였다. '우리는 그렇게 대책 없는 아이들이 아니에요. 우리도 생각하고 판단할 줄 안답니다. 우리가 서태지와 아이들을 좋아하는 이유는 이런 우리의 가능성을 그들이 알아주었기 때문이에요.' 스타에 종속되지 않는 스타와 같은 길을 걸으려 노력하는 '팬덤'의 첫 시작이었다.

그렇게 또 6년이 지났다. 그 사이 그들의 인기요인은 철저히 분석되고 벤치마킹 되었다. 서태지와 아이들을 모방한 아류들이 쏟아져 나왔지만 서태지와 아이들을 완전히 닮은 그룹은 나올 수 없었다. 그룹의 리더였던 서태지의 작사, 작곡 능력이나 그룹이 생겨났던 시점 혹은 시류 등 여러 가지 원인들이 분석될 수 있겠지만 가장 큰 원인은 바로 팬들에게 있지 않나 생각한다.

스타가 자신의 이미지에 안주하지 않도록 요구하고 더 나아가서 자신들만의 문화를 만들어 내어 그것을 당당하게 즐길 줄 아는 사람들, 대중문화를 만드는 주체가 스타에서 팬들로 옮겨온 것이다.

팬들이 만들었던 문화도 다양하다. 어떤 소속이 있는 것도 아니고 주로 카페나 인터넷 게시판을 통해 소통하면서도 오프라인에서 정말 많은 행사와 활동을 벌였다. 이제는 사라진 그룹이지만 그들을 좋아했었다는 것, 그들을 우리가 선택했다는 자부심이 바로 우리가 새로운 문화를 만들어 내는 동력이자 계기가 아닐까 생각한다.

시대유감이 공윤의 심의에 걸리지 않았다면, 서태지가 음악적인 실험을 계속하지 않았다면, 컴백홈이 저작권협회의 불성실한 관리 때문에 문제가 되지 않았다면 우리가 과연 우리 가요계나 대중문화에 관심을 가졌을까? 그리고 그 모든 불합리에 저항할 수 있었을까?

우리는 10년 동안 끊임없이 우리 스스로에 대해 대답해야 했고 그런 만큼 우리들이 무엇인가에 대해 고민해 왔다. 그런 과정이 우리를 단련시켰고 성숙하게 만들었다. 그렇다고 해서 우리가 무슨 대단한 일을 한 것은 아니다. 우리는 우리 나름대로의 소통 방식과 놀잇거리를 찾는 중이다. 그 계기는 분명 스타였지만 중요한 것은 '나의 즐거움'이다. 이것이 10년 동안 우리가 서태지와 아이들을 좋아하면서 여기까지 있었던 이유이다.

13. 서태지와 아이들 10주년 기념 공연 기획단

공연이 시작되기 몇 시간 전 그러니까 밤 12시가 조금 넘은 시각에 만난 이들은 며칠 밤을 꼬박 새우는 강행군으로 인해 지칠 대로 지쳐 있었다. 인터뷰가 끝나면 마지막 점검을 위해 공연장으로 가봐야 한다는 그들에게 질문을 던지는 것이 못내 미안했지만 그럼에도 불구하고 매 질문마다 또박또박 답변을 해 주는 그들의 눈빛은 살아 있었다.

Q 이번 행사를 마련하게 된 배경이나 계기가 있다면?

A 92년에 서태지와 아이들이 데뷔했으니 10년째가 됐죠. 서태지와 아이들이 데뷔했을 때 대부분의 팬들이 10대들이었죠. 지금은 대부분 20대, 30대 초반이 되었어요. 저희는 그들과 같이 나이를 먹고 같은 역사를 살아왔죠. 서태지와 아이들을 통해서 우리들 팬은 우리나라 대중문화, 대중가요의 역사를 같이 만들어 왔다고 생각합니다. 우리가 이런 공연을 하는 것 역시 새로운 문화이죠. 10년 전 그들이 주었던 문화적 충격, 그 힘이 지금 우리들로 하여금 스타가 없이도 팬들이 모여 공연을 만들도록 했다고 생각해요. 올해 초부터 10주년을 기념할 만한 뭔가 필요하지 않겠냐는 이야기가 팬사이트들 게시판에서 나왔어요. 아시겠지만 저희는 공식 팬클럽이 존재하지 않거든요. 그래서 몇몇 팬클럽들이 인터넷상에서 논의를 하고 '한번 모여보자' 해서 양현석, 이주노, 서태지 팬클럽 분들이 2월부터 본격적으로 공연을 고민하기 시작했어요. 30여 개 팬클럽들이 연합으로 준비하고 있습니다.

Q 공연 타이틀 'We are history'의 의미는?

A 서태지와 아이들 은퇴 앨범 마지막에 'They are history'라는 말이 있어요. 'They are history'라고 지었다가 서태지와 아이들뿐 아니라 서태지와 아이들의 팬들의 역사를 아우른다는 의미어서 'We are history'라고 지었습니다.

Q 서로 다른 팬클럽들이 모여 행사를 준비하는 데 따른 어려움은 없었나?

A 첫 회의 때부터 편집, 흥보, 공연 기획 등으로 팀을 나누어 준비에 착수했기 때문에 큰 어려움은 없었고 이런 큰 공연을 준비할 때면 어디서나 나올 의견 차이는 저희도 당연히 있었습니다. 하나의 목적을 위해 움직인다는 생각은 같았기 때문에 서로를 이해하며 진행해 나갔습니다. 돈과 시간이 모자랐다는 것, 그래서 머릿속에 있던 것들이 다 표현되지 못했다는 것 말고는 큰 어려움은 없었습니다.

Q 공연의 규모가 꽤 큽니다. 5000석 정도 되는 체육관에 초대 가수들도 여러 명 나오고…… 혹시 서태지와 아이들의 도움 같은 것은 없었나?

A 그랬다면 아마 우리 팬들이 싫어했을지도 모르겠어요. (웃음) 이번 행사는 순수하게 팬들의 힘으로 이루어졌다는 게 제일 큰 의의이구요. 공연이나 10주년 기념 홈페이지는 저희가 기획했지만 구체적인 준비들은 예전에 서태지와 아이들 공연을 담당해 주시던 팀에서 많이 도와주셨습니다. 그리고 그동안 팬들이 크고 작은 행사들을 많이 만들어 왔기 때문에 노하우가 좀 있었습니다.

Q 서태지와 아이들의 팬들은 국내 최초의 팬덤을 형성했다는 평가를 받고 있다. 그렇다면(여타의 다른 팬 집단과 구별할 수 있는) 서태지와 아이들 팬들만의 특징이 있다면?

A 처음에는 소위 빠순이라 손가락질을 받는 것은 똑같았겠지만 시간이 지나면서 이건 아니라는 자기성찰과 각종 시행착오의 과정을 통해 의식 수준의 성장이 있었다고 볼 수 있죠. 또 하나의 특징이라면 팬들이 자발적으로 공동체를 만들어냈다는 점입니다. 그러다 보니 구속받는 것이 없이 자신들이 하고 싶은 활동이나 그 공동체의 분위기 같은 것을 만들어 내기 때문에 주인의식 혹은 책임의식도 생기고 따라서 해야 할 것과 하지 말아야 할 것의 구분이 명확해지는 것이 특징입니다. 그리고 서태지와 아이들이 활동할 당시에 가요계의 제도나 규칙에 저항했던 일이 많아요. 그들이 왜 그랬을까? 무엇이 문제일까를 고민하게 되다 보니 근본적인 문제까지 생각하게 되었고 그래서 '시대유감'의 공윤 심의 저항운동이나 얼마 전 저작권 협회 앞에서의 시위 등도 이뤄냈던 것이고, 그것이 우리의 장점이고 또 힘입니다.

기본적으로 어떤 가수를 좋아한다는 마음은 똑같겠죠. 우리가 다른 가수의 팬들과 달라 보이는 것은 서태지와 아이들이 다르기 때문에 그런 것입니다.

Q 자신들의 모습이 팬덤 현상이라고 불려지는 것에 대해 어떻게 생각하는가?

A 언론이나 사회에서 우리를 '미친 아이들'로 규정하는 것에 대해 크게 신경 쓰지 않습니다. 몇 년 전까지만 해도 민감했지만 미치지 않고서야 이렇게 며칠씩 밤을 새워 뭔가를 준비할 수 있겠어요? 미쳤다는 말을 들을 수 있다는 게 오히려 기분 좋습니다. 젊어서 한 번쯤은

무언가에 미칠 정도로 열정을 쏟아 붓는 것이 필요하다고 생각해요. 기왕 미치는 것 어설프게 미치는 것보다 확실하게 미쳐야 하지 않을까요? 그게 후회도 없겠죠. 시간이 흐른 후에 이런 열정이 사라질지도 모른다는 생각이 들면 사실 두렵기는 해요. 하지만 나중에 돌이켜 봤을 때 최선을 다했었다는 생각이 든다면 그걸로 좋을 것 같아요.

Q 서태지와 아이들이 여러분을 만들었다고 생각하는가? 아니면 여러분들 스스로 만들어졌고 또한 서태지와 아이들이라는 현상을 만들었다고 생각하는가?

A 처음에는 서태지와 아이들이 우리를 만들었지만 시간이 갈수록 우리가 서태지와 아이들을 만들었다고 생각해요. 이주노 씨의 인터뷰 내용 중 "우리가 처음에는 미처 생각하지 못했는데 팬들이 바라는 기대치가 있었고 그것을 반영하게 되었다"는 내용이 있습니다. 즉 처음에는 서태지와 아이들이라는 가수가 이끌어 갔지만 그들에게 팬들이 원하는 바가 차츰 투영되기 시작한 거죠. 그러면서 서태지와 아이들과 팬들 사이에 상호 커뮤니케이션을 통해 톱니바퀴처럼 유기적으로 맞물려 서로 발전한 것 같아요. 지금의 우리가 없었다면 많은 사람들이 인정하는 서태지와 아이들도 없겠죠.

Q 여러분들의 순수한 팬덤이 현 제도권 문화 속에서 인정받고 또 올바른 방향으로 가기 위해 필요한 것은 무엇이라 생각하는가?

A 그러기 위해서는 두 마리의 토끼를 잡아야 할 겁니다. 자신이 해야 할 일을 해야지만 이런 활동도 할 수 있고 인정받을 수 있겠죠. 제 경우에는 부모님께서 처음에는 못마땅해하셨지만 나중에는 당신들의 예전 모습을 발견하시고 이해해 주셨어요. "우리는 이런 사람입니다"라고 외

치면 뭐하겠어요. 자연스럽게 받아들이도록 하는 것이 중요하죠.

우리에 대한 인식이 바뀌었으면 좋겠어요. 우리가 인디밴드들과 함께 소규모 클럽 공연을 주최하면 '서태지가 하드코어 하니까 너희들도 하냐?'라는 반응이 나온다든가 하는 점이요. 우리가 서태지와 아이들을 좋아해서 모이고 그들이 좋아하는 것에 관심을 갖긴 하지만 어디까지나 계기일 뿐 무조건 추종하지는 않아요. 낙숫물에 바위가 뚫리듯이 우리가 조금씩이라도 변화하는 모습을 보여주면 주변 사람들이 바라보는 시선도 변할 것 같아요. 지금까지 해 왔던 대로만 한다면 될 것 같습니다.

Q 예전 서태지와 아이들의 느낌과 지금의 느낌을 비교하자면?

A 실제로 서태지 씨를 보면 정말 좋을까? 혹시 실망하지는 않을까? 하는 생각을 했었는데 지금 그에 대한 느낌은 정말 가까운 사람, 속내를 털어놓을 수 있는 친구라는 생각이에요. 예전에 봤으면 못 느꼈을 법한 감정이겠죠. 10년 전에 봤을 때에는 범접할 수 없는 우상이었지만 지금은 많은 일들을 함께 겪어서 그런지 정서적 공감 같은 것이 있어요. 작년 일본에서 있었던 섬머소닉 락 페스티벌 때 서태지 밴드가 등장하니 가슴이 찡하고 눈물이 핑 도는 게……그렇게 반가울 수가 없더라고요. 이런 감정 이해하기 힘드실 거예요.

Q 앞으로도 이 같은 행사들은 계속될 것인가? 혹시 계획된 것이 있나?

A 이번도 그렇지만 모든 공연을 준비할 때마다 이제 다시는 안 한다고 다짐하지만 딱 한 달만 지나고 나면 또 하고 싶어져요. 앞으로도 이런 행사는 또 하게 될 것 같습니다. 20주년 기념행사도 하게 되겠죠? 팬들의 연합 캠프 같은 것도 구상 중인데 아직 구체적인 것은 없습니다.

14. 박찬호의 팬입니다

정미숙

우선 박찬호로 결정한 이유는 팬 연령대가 다양하지만 제일로 팬이 많은 연령대는 내 또래인 20대 중반이 많은 것 같다. 신랑감 1위로 뽑힌 박찬호이기에 결혼 정령기인 20대 중반 여성들에게 톱인기라고 한다. 나 역시도 건강하고, 돈 많고, 순진 덩어리인 박찬호를 사랑하기에 박찬호 팬클럽에 관하여 보고서를 쓰게 되었다. 우선 팬클럽도 여러 가지이지만 대표적인 팬클럽 이름은 '클럽61'.

박찬호의 등번호가 61번이기에 이런 이름을 지은 것 같다. 회원이 되면 박찬호 사인볼, 모자, 티셔츠, 가방 등 용품을 받고 회원 20명에게는 박찬호 경기를 볼 수 있는 기회도 준다. 연회비는 2간 5천 원이며 전국 LG25 매장에서 가입이 가능하다. 우선 박찬호의 팬이라면 그의 프로필은 기본적으로 알고 있다.

이 름: 박찬호(Chan Ho Park)
생년월일: 1973년 6월 29일(음력)
출 생: 충남 공주시
본 적: 충남 공주군 계룡면 기산리 400번지
주 소: 충남 공주시 산성동 147번지
거 주: 미국 캘리포니아 주 비버리힐스
가 족: 박제근, 정동순 씨의 3남 1녀 중 셋째
종 교: 불교, 별명: 코리안 특급, 순둥이, 체격: 185cm, 95kg
허 리: 34인치/허벅지: 26인치, 발길이: 295cm 시력: 좌우 1.5
혈액형: O형 취미: 스키, 노래, 농구.

학   력: 공주중동초등 – 공주중 – 공주고 – 한양대   2학년   수료 – 한양대학교
         명예졸업장수여 (2000)
소   속: 텍사스 레인저스 (2002) – LA다저스 (1994 – 2001)   등번호: 61번
연   봉: 1, 420달러 (5년 계약)

　박찬호의 팬이라면 본적에서부터 연봉까지 자세하면서 기본적으로 많은 걸 다 알고 있어야 진정한 박찬호의 팬이라고 생각한다. 박찬호는 거의 외국에서 지내기 때문에 그가 한국으로 오는 날이면 팬들은 긴장하고 설레며 그를 맞이한다. 요즘 팬들은 옛날처럼 스타를 귀찮게 하거나 괴롭히지 않는다. 점점 팬클럽의 수준도 높아지는 것 같다. 그를 일반 극성팬으로부터 보호하고 그가 편안히 느낄 수 있도록 최대한 노력한다. 그가 한국으로 온다는 소리가 들리면 팬클럽의 사람들은 바빠진다. 그의 일정과 모든 걸 파악하고 그가 있는 곳이라면 어디든 간다. 가서 그가 편안히 지낼 수 있도록 도와준다.

　내가 성장할 때에 스타를 좋아하긴 했지만 팬클럽까지는 들어보지 못했다. 그저 멀리서만 좋아했을 뿐. 하지만 요즘은 과감해지고 적극적이어서 그 스타가 날 알아주길 바라며 끝없이 그 스타에게 베푼다. 정말 팬클럽의 힘은 위대하다. 박찬호를 좋아한다는 이유 하나만으로 처음엔 몇 명 정도 모인다. 지금은 셀 수 없는 무리들이 박찬호를 동경하며 지지한다. 언론의 힘은 무서우면서도 강하다. 예를 들면 HOT나 서태지 팬들도 그러하다. 무슨 일만 나면 팬클럽끼리 똘똘 뭉쳐 그 스타를 옹호해 주고 문제를 해결한다. 박찬호도 똑같다. 하지만 팬클럽, 팬들이 없었다면 아마 박찬호는 지금까지 존재해 있지 않을 수도 있다. 박찬호 그는 정말 위대하다. 모든 여성들은 박찬호를 사랑할 것이다. 만인의 연인……

15. 팬클럽명: JBF(JTL)

함승아

1) 가입 동기

내가 중학교 때부터 좋아하던 가수가 있었다. 처음에는 HOT의 맴버였지만 해체한 후 JTL이란 이름으로 다시 나왔다. JTL을 좋아하는 사람들끼리 얘기도 통하고 다시 새롭게 변신한 그들의 모습을 기대되기 때문에.

2) 활동일지

콘서트공연을 보러 간다. 팬클럽끼리 하는 정모에 참석한다. 자료를 수집한다.

3) 득과 실

우선 팬클럽 활동을 하다 보면 학업에 충실할 수 없다. 좋은 점은 가까이서 그들을 볼 수 있고 팬클럽활동을 하면서 재미있는 추억을 만들 수 있다. 콘서트장 같은 곳에 가면 좋아서 악을 쓰면서 소리를 지르지만 나름대로 스트레스도 해소된다.

4) 바람직한 팬클럽 운영방안

자기가 좋아하는 가수 말고 다른 가수가 나왔을 때 같이 경청할 수 있는 그런 팬클럽이 됐으면 좋겠다. 열정을 가진 사람이 많을수록 좋다. 팬들의 의견도 존중해 준다. 단지 운영자라고 맘대로 하는 것보다 팬들의 의견을 알아주는 것이 좋겠다. 정기적으로 스타와의 만남을 주선한다.

16. 내가 생각하는 팬클럽이란?

김주현 이철

💗 **팬클럽이란 & 내가 생각하는 팬클럽이란?**

가수나 배우 등의 후원회, 지지자, 자신을 열광시키고 즐겁게 하는 스타의 팬으로서 그들의 스케줄이나 사진 또는 음악을 공유하고 사이트를 만드는 등 멋진 배우나 가수를 그냥 바라보기에만 그치지 않고 한 걸음 더 다가가는 적극적인 것이 바로 팬클럽 아닐까?

💗 **팬클럽에 대한 연구물**

각종 인터넷 팬클럽 자료나 친구와의 대화를 통해 자신이 좋아하는 스타 혹은 유명인사에 대한 생각들.

💗 **친구에게 물어봤다!!!**

Q. 팬클럽에 가입한 이유는?
A. 가입하므로 인해 그들과 더 가까워질 수 있다는 생각으로

Q . 거기서 무슨 일들을 하는지?
A. 공개방송이나 촬영들을 보러 다니거나 생일파티 각종 행사 참여.

Q . 회비는?
A. 육 개월이나 일 년에 15000원~20000원

Q. 언제까지 할 예정인가?
A. 가수가 생명이 끝나는 그때까지.

Q. 하면서 느낀 점들은 장점이나 단점?
A. 단점은 자기시간, 여가시간의 할애
장점은 보는 것만으로도 좋다는 것.

❤ 팬클럽 탈퇴 시

기간이 있고 돈은 돌려주지 않는다. 팬클럽 가입자를 1기 2기로 나누어서 일정한 시간마다 탈퇴와 가입을 동시에 하고 있다고 한다.

❤ 팬클럽 운영자

임원이라 부르며 5명 정도에서 열두 명까지도 가능하다. 인터넷상에 공식 홈페이지나 카페에 공지의 글을 올리고 신청을 받은 후 인터넷에서 투표를 한다. 운영자들은 매니저와 통화하고 스케줄을 알아본 뒤 다른 회원들에게 공지를 하고 방송으로 인해 모인 경우 줄을 세우고 관리를 하는 등의 일을 한다. 임원들이 가수들과 더 가까이 있다고 할 수 있으므로 대부분 임원이 되려고 노력을 한다고 한다.

❤ 조사하면서 느낀 점(주현이의 생각)

나에게 중학교 때부터 절친한 친구가 있다. '친구에게 물어봤다'라든지 대부분의 정보는 그 친구와 함께한 시간들로 인해 자연스럽게 알게 된 것이다. 그 친구는 그리 어리지도 않은 고등학교 때 비로소 스타를 쫓아다녔다. 난 이해할 수 없었고 무엇보다 그것을 싫어했다. 이 조사를 하기 전까지도 팬클럽에 대한 선입견을 버릴 수 없었다. 스타를 따라다니며 소리나 지르고 혼자 애태우는 일이란 시간 낭비라고 생각했기 때문이었다. 물론 그 친구의 학업성적이나 빼앗기는 시간들이 다 그 때문이라고 생각했었다. 하지만 그게 아니었던 것 같다.

김정민의 「마지막 사랑」이란 노래의 뮤직비디오를 보게 되면 스타를 따라다니며 고생하던 아이의 사랑이 이루어지는 내용이 나온다. 솔직히 바라볼 수 없는 사랑을 하는 것이 안타까워 보여서 그랬을 수도 있다. 그 뮤직비디오를 보면서 나도 모르게 기분이 좋아지는 것을 느끼며 멀리 있는 사람을 포기하기보다는 좀 더 다가서는 오히려 적극적으로 나서는 용기 있는 사람들이 아닐까 싶다. 내 친구도 그런 용기가 있는 사람이 아닌가 싶다. 그 가수가 이름을 지어 나오기 전부터 만나왔고 노력했던 것들이 진정한 사랑 쟁취의 한 방법이 아닐까 싶다.

나에게도 팬클럽이 생기는 날이 올까? 근데 아직 싫은 부분이 있다. 나를 사랑해 주는 사람들의 모임은 좋지만 내가 그들을 전부 사랑할 수 있는 마음가짐이 아직 되어 있지 않기 때문이다. 팬들이 있는 사람에게는 그만큼의 본받을 무언가가 있을 것이라고 생각한다. 무작정 오해하기만 했던 팬클럽에 대해 다시금 생각하게 되었다. 부족한 조사부분이 있었지만 내 생각을 바꾸기에는 충분한 기회가 되었다.

조사하면서 느낀 점(철이의 생각)

팬클럽. 나에게 생소한 부분이지만 좋아하는 사람이 있다면 그 사람에 대해 많은 것을 알고 싶고 보고 싶은 게 사람의 당연한 심리이며 마음인 것 같다. 똑같이 TV이나 여러 대중매체에서 유명한 인사들이 나오면 그 사람에 대해 더욱 알고 싶고 좋아하는 마음을 표현하는 방법 중에 하나가 바로 이 팬클럽인 것 같다. 팬들은 자기가 좋아하는 스타, 유명인사들과 더욱 가까이 친해지면서 자기 자신의 만족감을 얻고 또 그 스타, 유명인사와는 타인보다 더욱 가깝단 생각에 그들을 더욱 이 팬클럽에 가입하게 만드는 것 같다.

실제로 나 자신이 팬클럽에 가입한 적은 없지만 그 팬들을 바라보는 관점에서 그들을 자신의 우상으로 여기며 따르는 스타 혹은 유명인사들 때문에 자신의 모습을 잃고 살아가지는 않을까? 또는 수많은 팬들 중 기독교를 믿는 자들로써 하나님보다 그들을 먼저 바라보는 건 아닌지. 교회를 다니는 나 자신의 입장에서 생각해 보았다. 하지만 팬클럽이 있으므로 해서 스타 혹은 유명인사들에 대한 그들의 빠른 정보와 먼저 한발 앞서 그들과 친해지고 가까워질 수 있고 팬클럽이 존재하므로 인해 스타 혹은 유명인사들이 존재한다는 사실은 부정할 수 없는 사실이라고 생각한다. 팬클럽에 관해 조사하면서 팬클럽과 스타 혹은 유명인사의 사이는 '믿음과 사랑'이라는 결말을 맺게 되었다.

17. 팬클럽의 이모저모

김성자 박혜영 기수미 이홍경

🎔 팬클럽가입 동기

어려서부터 연예인에 대한 관심이 남들보다 높았던 우리는 중학교 때부터 방송국을 많이 가곤 하였다. 하지만 우리끼리 가서는 절대 앞에서 연예인을 볼 수 없음과 내가 좋아하는 연예인이랑 말 한마디 아니 스쳐 지나가는 것조차 할 수 없다는 것을 느낄 수 있었다. 하지만 내 눈앞에 일어나는 일을 보고서 난 깨달았다. 그것은 바로 팬클럽에 드는 것이었다.

그래서 우린 최고의 인기댄스그룹인 HOT팬클럽에 들게 되었다. 하지만 우린 거기서 만족할 수 없었다. 왜냐하면 너무 많은 인원이 팬클럽이었기에 나에게까지 오는 정보나 혜택이 없었기 때문에 곧 실망과 후회스러웠다. 후회스런 이유는 돈도 냈는데 그 돈에 대한 가치는 전혀 없었기 때문이다. 물론 그냥 일반 팬들에게는 없는 H.O.T 물품이라든지 팬클럽 창단식 같은 콘서트형식을 보는 것은 좋았지만 그래도 만족할 순 없었다.

그래서 우린 다르게 생각하기로 했다. 우리가 좋아하는 H.O.T와 젝스키스 등의 연예인을 앞에서 볼 수 있으면서도 돈들이지 않는 방법이 없을까? 그 후 우린 해답을 찾았다. 그것은 바로 신인그룹의 팬클럽의 간부가 되는 것이었다. 간부라 하면 정말 그 연예인과 친해질 수 있고 또한 남보다 많은 혜택을 받을 수 있기 때문이다. 그리고 방송국에 들어가서도 앞자리에 앉을 수 있었으며 잘만 하면 우리가 좋아하는 연예인과 친해질 수도 있었기 때문이다. 그러던 중 친구 한 명이 신인L그룹의 소속사로 찾아가 자기가 팬클럽 회장이 된다 하여 우린 바로 L그룹의 간부 아닌 간부가 될 수 있었다. 우린 그리하여 L그룹의 팬클럽에 가입하게 된 것이었다. 하지만 친구는 진짜 L그룹을 좋아했으나 우리는 그 L그룹보다는 다른 연예인들을 더 좋아했다.

🖤 팬클럽활동기

H.O.T는 너무 인원이 많아서 거의 활동을 할 수 없었다. 하지만 인기도 없고 팬도 별로 없었던 L그룹의 팬클럽이 되어서 L그룹이 나오는 방송이란 방송은 모두 다 쫓아다녔으며 방송이 끝나면 팬과의 만남 그러니깐 연예인과 우리랑 만나서 이야기할 수 있는 시간도 가졌다. 그래서 L그룹 멤버들이랑 다정하게 사진도 찍고 사인을 받고 싶은 만큼 받을 수 있었으며 방송국 안에서도 정말 좋은 자리, 그러니깐 연예인을 앞에서 볼 수 있는 눈을 마주칠 정도로 가까운 자리에 앉아서 정말 내가 좋아하는 그룹을 가까이에서 볼 수 있었다.

그리고 또한 그 그룹이 노래를 부르는 도중 응원할 수 있는 도구와 소리지르기 연습 등을 하면서 팬클럽 활동을 했다.

🖤 팬클럽탈퇴

인기 많았던 H.O.T는 팬클럽활동 기간이 끝나고 다시 돈을 내야 하는데 돈을 안 내서 자동적으로 탈퇴가 되어 버렸다. 하지만 L그룹의 경우에는 너무 인기가 없어서 그런지 한 두어 달 있다가 자동적으로 팀이 해체가 되어 버려서 어쩔 수 없이 아니 너무 자연스럽게 탈퇴 아닌 탈퇴가 된 것이다. 그래서 우린 또 새로운 신인그룹을 찾아 팬클럽에 들었는데 그것도 마찬가지였다. 이 팀은 방송국에도 한 번인가 나오더니 해체가 되어 버렸다.

팬클럽에 가입하여 얻은 것과 잃은 것

팬클럽에 가입해서 얻은 것은 우선 내가 든 팬클럽의 우상인 스타와 가까워질 수 있다는 것이었고 또한 나만큼 그 스타에 대해 알고 좋아하는 친구들을 얻을 수 있었던 것 같다.

또한 팬클럽이 하나되는 단합을 배울 수 있었다. 하지만 방송국에 다니고 하니 우선 학업에 소홀해지게 되어서 학업성적이 예전만큼 나오지 않고 많이 떨어지게 되었다.

중·고등학교 시절에 팬클럽에 들고 또 연예인을 따라다니는 것이 너무나 자연스럽고 연예인을 볼 수 있고 만날 수 있다는 것 자체만으로도 자랑스럽고 뿌듯하면서 그저 좋기만 했었던 것 같다. 하지만 지금 생각해 보면 그때 너무나 철이 없었고 학업에 더 열중했으면 어땠을까 하는 생각도 들지만 내 삶에 있어 후회하지는 않는다. 그만큼의 추억이 생겼기 때문이다.

지금도 우린 우리 과에 있는 발 냄새나는 발냄 팬클럽의 간부로써 활동하고 있는데 발냄이 창단식을 하지 않아 아직 공식적이지는 않지만 조만간에 창단식을 할 듯싶다. 그러면 발냄과 함께 어려운 좋은 일을 하는 계획 등을 세워 실천하고 싶다. 이렇듯 팬클럽은 남녀노소를 가리지 않고 누구나 가입할 수 있으며 활동할 수도 있다. 부모님들이 팬클럽에 든다 하면 나쁘게들 많이 생각하시는데 그렇게 생각하시지 마시고 부모님들도 같이 팬클럽에 들어 활동하는 것도 참 좋을 듯싶다.

18. 이승환을 사랑하는 사람들의 모임

박홍근

1) 가입 동기

전 어렸을 때부터 이승환이라는 가수를 알게 되었습니다. 솔직히 노래를 처음 듣고 그 어떤 가수보다도 가창력이 뛰어나고 텔레비전에 나오지 않고도 많은 앨범을 판매기록 그리고 정말 수많은 팬들이 지금까지 이승환을 지켜오고 사랑하고 있습니다. 그래서 전 이 팬클럽에 가입하게 되었습니다. 활동을 많이 하고 있지는 않지만 앞으로 시간 나는 대로 많이 활동할 것입니다. 이승환의 노래 그리고 음악을 사랑해서 이 팬클럽에 가입하게 되었습니다.

2) 활동 일지

이승환을 만난 적은 한 번도 없습니다. 텔레비전을 통해 많이 만났습니다. 음악 프로그램 보면 이승환이 정말 많이 나옵니다. 또한 이승환을 사랑하는 모임은 daum 카페에도 있습니다. 카페에 팬클럽 회원들도 이승환의 정보를 교환하고 음악에 장르 이승환의 최신 앨범 이승환 사진 자료 같은 것을 교환합니다. 그 외 많은 활동을 하고 있습니다.

3) 득과 실

이승환 팬클럽에 가입하지 않았더라면 아마 이승환을 알고는 있겠지만 그만큼 열의가 떨어졌으리라 생각됩니다. 전 항상 이승환 팬클럽의 한 사람으로서 자부심을 갖고 저는 서태지랑 비교해도 정말 멋진 가수 이승환이라고 생각합니다. 이승환의 음악을 알지 못했더라면 전 아마 음악을 잘 몰랐으리라고 생각합니다. 저는 음악에 대해 잘 아는 것은 아니지만 이승환을 통해 정말 이승환만의 장르를 듣고, 보고 느낄 수 있어서 좋은 것 같습니다. 이승환의 정말 알려진 음악으로는 「천일동안」, 「애원」, 「당부」, 「세 가지 소원」, 「다만」, 노래를 알게 되어 이 노래를 들을 때마다 정말 마음이 안정이 되고 정말 행복합니다. 그 외에 많은 노래를 알게 되어서 정말 좋습니다.

4) 바람직한 Fan club 운영방안

바람직한 팬클럽 운영방안은 먼저 이승환은 오랜, 즉 옛날 데뷔 90년대 초부터 지금까지 계속 괜이 있고 오랜 팬을 유지하는 것이 가장 중요하다고 생각합니다. 일단 저는 이승환을 만난다면 백혈병이나, 뇌졸중, 가정 형편이 어려운 아이들을 위해 콘서트를 해 달라고 할 것입니다. 이승환이 솔직히 이런 일을 많이 하는 가수로 알고 있습니다. 그래서 이승환을 더 좋아하는 것 같습니다. 이승환을 좋아하는 애정만큼 이승환을 사랑하는 모임의 팬클럽 회원인 만큼 항상 팬클럽 전체가 모두 아껴주고, 이승환의 노래를 사랑하고, 무엇보다도 이승환을 사랑해야 할 것입니다. 저희들은 이승환의 영원한 팬이며 저 또한 이승환의 영원한 한 명의 팬으로 남고 싶습니다.

19. Fan club의 문제점에 대하여

박준호

어떠한 모임이든지 그 모임에는 하나의 공통점이 있을 것입니다. 팬클럽 모임에도 커다란 공통점이 있습니다. 그것은 바로 스타를 좋아한다는 것과 그 스타를 좋아하는 사람들이 모인다는 것입니다. 저는 'x세대'입니다. 한참 떠들썩했던 세대였고 가장 대표적인 스타로는 서태지와 아이들이 있습니다. 그 당시 서태지와 아이들은 대단한 인기를 끌었고 그 인기는 지금도 이어지고 있으며 울트라 매니아라는 팬클럽에는 만 명이 넘는 회원들이 있습니다.

서태지와 아이들이 청소년들에게 사랑받았던 가장 큰 이유는 기존 학교 교육과 사회의 문제점들을 비판했기 때문입니다. 그러한 메시지가 있었기에 청소년들에게 엄청난 호응을 받을 수 있었습니다. 당시 오전 7시부터 오후 11시까지 학교에서 공부만 해야 했던 학생들에게 서태지와 아이들은 학업의 스트레스를 풀 수 있는 유일한 탈출구였습니다. 팬클럽이란 것이 그때부터 모습을 갖추기 시작했으며 그 당시 팬클럽의 활동은 단순히 공연장을 찾고 팬레터를 쓰는 정도였습니다.

그러나 요즘 팬클럽은 크기도 커졌으며 활동의 폭도 매우 다양하며 넓어졌습니다. 더 이상 스타를 좋아하는 모임이 아니라 권력단체와 이익집단이 되었다는 것입니다. 그로 인한 사회전반에 걸친 문제점들도 많이 생기고 있습니다. 저는 지금부터 팬클럽의 문제점에 대하여 알아보도록 하겠습니다.

🖤 Fan - club의 정의

우선 팬클럽의 정의를 알아보려면 팬덤(fandom)이라는 말을 알아야 합니다. '팬덤'이란 'fan'이란 단어와 세력범위를 뜻하는 'dom'이란 단어가 합쳐져 생긴 말이다. 팬클럽은 fandom이라는 대중 매체의 사회적인 현상을 가리키는 말에서부터 나왔습니다. 대중매체를 통해 전해 오는 수많은 것들 중에 자신의 흥미를 끄는 것을 주축으로 하나의 집단을 이루는 현상을 가리키는 말이었습니다.

🖤 Fan - club의 문제점

그러나 그러한 사회현상이 지금의 사회적인 집단으로 발전한 것은 자본주의의 논리가 fandom과 만나 fan-club을 만들었기 때문입니다.

그럼. 지금의 fan-club들은 몇몇의 문제점을 가지고 있는지 알아보도록 하겠습니다.

첫째 팬클럽은 스타를 좋아하는 수준을 넘어 이제는 하나의 이기적인 단체가 되었다는 것입니다. 그 한 예로 지난 HOT 강타 음주운전 사고 사건을 들어보겠습니다. 그 당시 강타는 음주운전을 하고 거기에 뺑소니까지 하여 경찰에 의해 조사를 받았습니다. 물론 연예인의 신분으로 있는 상태였기에 많은 사회적 물의를 일으켰습니다. 공인으로서 더욱더 조심해야 할 의무가 있기 때문입니다. 하지만 이 사회적 문제보다는 더 큰 문제가 발생하였습니다.

그것은 바로 HOT 팬들의 어이없는 집단행동입니다. HOT 팬들은 강타가 조사받는 경찰서를 상대로 많은 욕설과 심지어는 경찰서의 인터넷 홈페이지까지 다운시키며 인터넷 논쟁을 벌였다고 합니다. 법적인 내용으로 뺑소니는 사건 현장에서 사고를 낸 운전자가 피해자에게 보호의 의무를 다하지 않고 사건 현장을 떠나는 행위를 말합니다. 이 것은 범죄입니다.

그러나 더욱 놀라운 건 이것을 가지고 문제시하고 뺑소니가 아니라 던 많은 HOT 팬들은 심지어는 법이 무슨 문제냐는 말까지 하면서 강 타의 범법행위를 묵인하려 했다는 것입니다. 스타를 좋아하는 것은 좋 습니다. 하지만 그 정도가 지나쳐서 사회의 기본적인 법과 질서를 무 시한다면 문제가 아닐 수 없습니다. 이것은 기본적인 양심까지도 좋아 하는 스타를 위해서는 무시할 수 있다는 것입니다.

둘째 팬클럽이 연예인의 엔터테인먼트사로부터 만들어지고 조작되 고 있다는 것입니다. 요즘 특히 가수들의 방송을 보면 풍선의 색이 다 양합니다. GOD, HOT, 유승준 등 다양한 가수들의 팬클럽은 각기 팬 클럽마다 다른 풍선을 들고 방송에 참여합니다. 그 이유는 엔터테인먼 트사에서 지정해 준 색이기 때문입니다. 우리나라 FAN-club 중 대 부분이 엔터테인먼트사의 주체로 만들어지고 해체되어 가고 있습니다.

스타를 만드는 것은 기획사에서 할 일입니다. 그러나 그러한 일에 팬클럽이 이용되고 있습니다. 그 한 예로 젝스키스를 보면 엔터테인먼 트사의 기획으로 HOT와 비슷한 댄싱팀을 만들었습니다. 그리고는 핑 클이라는 팀을 만들어 S.E.S와 경쟁을 시켰습니다. 결국 젝스키스의 해체로 팬클럽은 사라졌고 해체 당시에는 젝스키스 팬들조차도 젝스 키스를 비난하였습니다.

기획사에서 더 이상 이익을 볼 수 없는 팀은 존재할 필요가 없기 때문에 해체하는 것입니다. 그리고 더 이상 기획사도 존재하지 않습니 다. 또 다른 이름으로 기획사와 새로운 가수를 만들어 그에게 필요한 팬클럽을 만들 것입니다. 우리 청소년들이 보이지 않게 기획사의 이익 을 위해 이용되고 있는 것이 현실입니다.

셋째 팬클럽활동을 하는 데 필요한 유지비를 벌기 위하여 원조교제까지도 한다는 것입니다. 얼마 전 박 모(18) 양이 300여 명의 남성들과 원조교제를 하다가 입건된 사건이 벌어졌다. 더욱 충격적인 일은 박 양이 원조교제를 한 이유가 신예 댄스그룹 보이클럽의 팬클럽 회원으로 활동하면서 공연 관람료와 교통비, 생활비 등을 마련하기 위해서였다는 사실이었다. 심지어 박 양은 경찰 조사를 받는 동안에도 보이클럽의 멤버가 준 사인지를 가슴에 꼭 안고 있었다고 합니다. 너무나도 어이없는 사실입니다. 스타를 좋아하는 것은 좋지만 어떻게 이런 일이 있을 수 있습니까. 며칠 전 TV에서 새로운 신예그룹이 나오는 것을 보았습니다.

자신들의 생활을 말하는 도중 자신들의 버는 돈으로는 기본적인 생활이 힘들지만 모든 것을 팬들이 도와주기 때문에 생활이 가능하다는 것이었다. 그리고 그러한 팬들에 지원은 그룹이 없어지기까지도 계속된다는 것이다. 나쁘다는 것은 아니지만 자신이 좋아하는 스타를 위해서는 무슨 일이든 할 수 있다는 10대들이 걱정되는 건 사실이며 이것은 이미 커다란 사회문제로 발생되고 있습니다.

팬클럽을 조사하면서 이 외에도 많은 문제가 있었습니다. 경쟁 팬클럽 간에 패싸움, 팬클럽이 너무 좋아서 가출한 학생들, 공연티켓 사기 등 이러한 문제는 청소년들의 문제만은 아닙니다. 올바로 인도해 주지 못한 어른들과 지도자의 문제입니다. 우리는 이제껏 청소년들에게 '해라보다는 하지 마라'를 더 강조했습니다.

어느 순간부터 학교교육이 무너지고 전반적인 사회의 문제가 청소년들에게 드러나면서 어른들의 말을 듣기보다는 자신이 직접 생각하고 행동하는 자기중심적인 학생들이 많아졌습니다. 올바른 모습을 보여주지 못한 어른들의 책임입니다. 지금 아이들은 겉모습은 다르지만 어른들이 한 잘못된 일들을 그대로 따라하고 있습니다. 나만 좋으면 남은 어떻게 되든지 상관하지 않고 자신이 원하는 것을 얻기 위해서는 무슨 일이든지 하는 것 말입니다.

우리가 지금 해야 할 일은 그들의 잘못을 가지고 질책하기보다는 이해하기 위한 관심 있는 대화가 필요하다는 것이며 팬클럽을 만드는 기획사에서도 청소년들을 이익을 추구하는 도구로 이용하기보다는 교육적인 요소를 가지고 클럽을 이끌어 나가야 한다는 것입니다.

20. 함께 해본 팬클럽

서미화!! 예여!!

저는 고등학교 2학년 때 스위 말하길 연예인에 미친 적이 있었습니다. 젝스키스라는 가수가 좋아서 집으로 한번 보러 갔던 일이 화근이 되어 1년 동안 제 인생을 젝키에게 걸었었습니다. 학교도 많이 빠지고 집에도 몇 번 안 들어가면서까지도 얼굴 한번 보고 가기를 간절히 바라며 그렇게 고2 1년을 젝키에게 바쳤습니다.

많은 어른들이 쉽게 말하길 네가 그렇게 쫓아다녀 봐야 헛수고라는 말을 많이 합니다. 그건 사실입니다. 하지만 연예인을 쫓아다니며 응원을 하고 얼굴을 보고 하는 일들이 어떤 연예인에게 잘 보이기 위한 것이 아니라 자기만족이라는 생각이 듭니다.

내가 좋아하는 연예인을 보다 가까이에서 볼 수 있다는 마음과 보고 돌아섰을 때의 설렘 등을 경험해 보지 못한 사람들은 모를 테니까요. 연예인을 보러 다닌다는 것이 결코 쉬운 일은 아닙니다. 저는 연예인을 보러 다니는 1년 동안 무려 12kg의 살이 빠졌습니다. 아침은 급해서 못 먹고 점심은 좋아하는 연예인 볼 생각에 설레서 조금 먹게 되고 저녁은 늦게 들어가니깐 못 먹고 길에서 사먹는 과자 정도가 전부였습니다.(사실 학생 때는 돈이 궁한데다가 내 입으로 들어가는 것보다는 내가 좋아하는 연예인에게 하나라도 더 사주는 게 좋았으니까요.)

지금 알고 있는 우리나라 지리도 그때 안 것이 2/3가 넘으니깐요, 살이 빠질 이유는 충분하겠죠? 그 정도로 연예인이 좋아서 쫓아다닌 지 1년이 정말 눈 깜짝할 사이에 지나가고 고3이 되어서 못 다니게 되었을 때는 정말 그 연예인이 보고 싶어 잠도 못 잘 정도이었으니깐.

지금에 와서 생각해 보면 23년 동안의 제 인생에 있어 가장 행복한 때가 아니었나 싶네. 그때 만난 동생들과는 지금은 둘도 없는 언니 동생이 되어서 정말 친하게 지내고 있는데. 저에겐 정말 즐거운 추억이자 사랑하는 동생들을 만나게 된 소중한 경험이었습니다. 다만 저도 이제 와서 생각해 볼 때 팬클럽 아이들에게 해 주고 싶은 이야기는 자기 생활을 찾으면서 연예인을 좋아하는 것이 나중에 정말 좋은 추억거리가 될 수 있다는 건 말해 주고 싶습니다.

21. 그들은 왜 그토록 스타에 열광하는가……

이광복

제가 조사한 스타는 우리나라의 대중음악을 선두 지휘한 서태지와 아이들입니다. 90년대를 대표하는 뮤지션, 청소년 문화를 대표하는 아이콘 서태지와 아이들. 서태지와 아이들은 우리 가요계에 신선한 충격과 함께 일대 변혁을 일으킨 그룹으로 그들이 은퇴한 지 5년이 지난 지금까지 그 열기는 식지 않고 있습니다.

저도 초등학교시절부터 이들의 열렬한 팬이었기에 조사하기가 더욱 쉬웠습니다. 또한 애착도 많이 갔습니다. 솔로앨범을 낸 서태지란 단독 인물만을 조사하지 않았고 초창기의 서태지와 아이들이란 그룹 그 자체를 조사하였습니다.

조사방법은 다음 카페나 서태지 공식팬클럽 사이트에 들어가 회원가입을 한 후 게시판에 몇 가지 질문을 올려 답변을 올려놓은 것들을 모아서 나름대로 통계를 내어 자료로 사용하였습니다. 우선 팬클럽 사람들이 이들에게 왜 그토록 열광하는가에 대해 접근하기 전에 제가 조사한 서태지와 아이들에 대해 먼저 간단히 설명을 해보겠습니다.

서태지는 88년 신중현이 운영하는 카페인 우드스탁에서 몇 시간씩 김종서가 기타 치는 모습을 지켜보다 전설적인 록 그룹인 시나위의 베이시스트로 89년에 활동을 하면서 시나위 4집에서 공식적인 데뷔를 하게 됩니다. 92년 4월, 서태지와 양현석, 이주노가 서태지와 아이들을 결성, 첫 앨범을 발표하게 되는데 이 앨범은 총 150만 장의 판매고를 올리면서 가요계의 빅 스타로 발돋움을 하게 됩니다. 타이틀곡인 「난 알아요」는 우리말이 랩에 적당치 않다는 관념을 완전히 깨고 당시 발라드 위주의 우리나라 가요계 흐름을 10대 위주의 댄스 음악으로 바꾸어 놓은 곡이기도 합니다.

제가 초등학교 5학년 때입니다. 그땐 정말 「난 알아요」의 열풍이었죠! 이 앨범으로 작사·작곡·프로듀서 역량에 제작자로서의 상업적 재능까지 겸비한 90년대 최고의 뮤지션으로 떠오른 서태지와 아이들은 10대들을 대변하는 메시지를 전하는 전령사로 청소년들의 탄탄한 지지 기반을 마련할 수 있게 되었습니다.

1993년 2월 발표한 두 번째 앨범에서는 '자유와 도전'이라는 컨셉을 기본으로 앨범을 꾸몄는데 타이틀 곡 「하여가」의 경우 힙합과 헤비메탈에 국악적 요소까지 가미한 획기적인 사운드의 곡으로 그의 실험정신이 강하게 배어나고 있습니다. 그의 음악에 대한 또 다른 실험과 도전 정신이 엿보이는 곡 「수시아」는 리듬이 강조된 레이브 음악의 곡입니다.

그 이후 서태지와 아이들은 94년 8월 뛰어난 음악성이 돋보인 3집 앨범을 발표하는데 1, 2집과는 달리 랩보다는 노래가 강조되었으며 노래 속에 담긴 가사가 지금까지 가요에서 볼 수 없는 사회 비판적 의식을 담고 있습니다. 타이틀곡인 「발해를 꿈꾸며」는 어쿠스틱한 기타 연주가 돋보이는 얼터너티브 록으로 통일을 향한 메시지를 가지고 있으며 한때 악마주의 파문을 몰고 온 「교실 이데아」의 강력한 메탈 비트, 무의미한 말을 내뱉는 가사로 이루어진 「내 맘이야」, 서정적 분위기를 만끽할 수 있는 「아이들의 눈으로」 등 다양한 장르를 수록하고 있습니다.

실험정신, 사회문제가 부각된 앨범인 4집에서는 또 한번의 새로운 시도를 보여주고 있는데 우리나라에서는 볼 수 없었던 갱스터 랩을 시도해 많은 관심을 낳기도 했었습니다. 가출 청소년들에게 많은 경각심을 준 타이틀곡인 「컴백홈」은 Cypress Hill의 노래와 비슷해 표절시비를 겪기도 했었지만 유언비어라는 소리가 나중엔 더 커졌었던 기억이 나네요. 그리고 홍종호가 찍은 「컴백홈」 뮤직비디오는 96 MTV 뮤직비디오 어워드에서 아시아 부문 본상 수상함으로써 뮤직비디오의 수준을 한 차원 끌어올렸다는 평가를 받았습니다.

96년 1월, 서태지와 아이들은 은퇴를 선언. 많은 팬들의 가슴에 아쉬움을 남게 했는데 은퇴한 지 오랜 시간이 지난 후에도 여전히 컴백설이 떠돌고 있습니다. 서태지는 그 이후 솔로 앨범을 발표하게 되고 양현석은 힙합 프로듀서로 이주노는 라디오 DJ와 후배 가수들을 양성하면서 현재는 가수로 활동을 하고 있습니다.

이 정도로 간단히 서태지와 아이들의 그동안 연혁을 간단히 소개해 드렸는데요. 마침 또 2002년이 서태지와 아이들이 결성된 지 10주년이 되는 해라고 합니다. 공식 팬클럽 사이트에 들어가 보니 벌써부터 10주년 행사계획들로 팬클럽 사이에선 정신이 하나도 없어 보이더라고요. 서태지와 아이들의 팬클럽 나이 대를 보면 요즘 아이돌 스타들처럼 특정한 나이 대가 있는 것은 아니고 10대에서부터 40~50대까지 다양합니다. 그 이유는 처음에 「난 알아요」 때부터 대중적인 어필을 많이 해서가 아닐까 하는 제 개인적인 생각입니다.

그럼 이번엔 제가 서태지와 아이들 팬클럽에서 질문했던 질문과 대답을 몇 가지 소개해 드리겠습니다.

안녕하세요

저는 서기회 5기 이광복입니다. 다름이 아니고 제가 이번에 서태지와 아이들 팬클럽에 대해서 쓰려고 하거든요. 취지는 잊혀져 가는 서태지와 아이들을 다시금 생각하는 취지에서 쓰려고 하였고요. 제대로 된 글이 나오기 위해서는 여러분들이 좀 도와주셨으면 합니다.

1. 왜 이토록 서태지에 미치는가?
2. 서태지 팬클럽에 속해 있으면서 무엇을 느끼는가?
3. 팬클럽에 속해 있으면서 좋은 점과 나쁜 점은?

리플 달아 주시거나 메일로 보내주시면 감사하겠습니다.

〈답1〉저는 한 가지만 쓸레영 케케케 왜 서태지에 미치는가? 아무리 생각해 봐도 잘 모르겠네여. 만약 이유를 들자면 여러 가지(음악성, 도전정신, 외모 등)가 있을 수 있지만 그건 서태지에 미치는 이유를 설명하기 위해 억지로 털어 내는 먼지에 불과하다고 말할 수 있죠!! 케케케 전 서태지를 생각함 가슴속에서 말로는 설명할 수 없는 그 무언가가 폭발할 것 같은 희열을 느낍니다! 근데 님 이름 특이하시네여 아이디: sjhyun

〈답2〉제 개인적인 생각이지만 도움 되셨기를 바라요. 제일 큰 이유는 그의 카리스마 때문인 듯 외모는 제 또래(전 중등이거든요.)들이 미치는 다른 아이돌하고 달리 좀 무게 있고 진지하면서 성실한 이미지가 맘에 들었고요, 개인적으로는 '옆집의 세상물정 모르는 서울대학생' 이미지라고 일축하고 싶어요. 그리고 그 나이에 비해 아이들 못지않게 귀엽잖아요. 그리고 지존의 분위기도 좋고 그리고 또 매니아들의 매니아다운 성숙한 분위기(아무래도 나이가 있어서 그럴까요?)도 좋아요. 가끔가다가는 지존보다는 지존 매니아가 더 좋다는 생각도 들어요.

서태지팬클럽에 속해 있으면서 무엇을 느끼는가? 팬클럽이라는 게 따로 있었던가요? 어쨌든 한 사람의 fan으로서의 감정을 정리하라면 소속감, 동질감, 즐거움, 그런 거요! 팬클럽에 속해 있으면서 좋은 점과 나쁜 점은? 좋은 점이야 1번에서 울거먹었지요. 매니아다운 점. 그리고 다른 아이돌 팬들하고는 달리 지존에 대해서 인정할 것은 인정하고 다른 가수에 대해 배타적인 분위기도 아니고 그런 융통성 있는 모습이 좋았어요. 나쁜 점 없는 듯싶네요. 아이디: 'MANIA' (maniat@hanmail.net)

여러 답변이 있었지만 가장 함축적인 대답을 해 주셨던 이 두 분만의 답변만 올려봤습니다. 이들의 글을 읽어보면 이들이 무엇을 원하고 바라는지 알 수 있습니다. 저는 팬클럽에 대해 조사하면서 많은 것을 느꼈습니다. 제가 미처 생각하지 못했던 부분까지 알 수 있어서 참 좋았고요.

22. 빠빠라기 가족이 되고 싶어요

윤종열 손창배 2기 빠빠라기 이은미

안녕하세요.

창정 오빠의 든든한 기둥들의 모임 빠빠라기입니다. 저희 빠빠라기에서는 작년 말부터 올해 초까지 6기를 모집했습니다. 지금은 6기 회원가입을 모두 마감하고 6기분들이 열심히 활동하시는 중이고요. 저희 빠빠라기의 처음계획은 추가모집을 하지 않는 것을 원칙으로 1월 초에 마감을 했는데 지금 오빠께서 활동을 시작하시고 음반과 영화가 많은 사랑을 받으니 '빠빠라기'에 가입하고 싶은 분들의 문의가 많이 있습니다.

많은 분들이 추가 모집을 원하시기 때문에 이번 기간 동안만 여러분들의 의견을 받아 선착순 '190'명만 추가 모집을 받기로 했습니다. 6기 회원가입 기간 동안 팬클럽에 가입 못하신 분들은 이번 추가 모집 기간에 6기 가입하시고 많은 활동 부탁드립니다.

♡ 빠빠라기 회원 특전

공개방송 우선참여 창정 오빠 생일파티 참여 빠빠라기 6기 창단식 참여 2002년도에 여름캠프나 겨울캠프를 갈 경우 회원만 참여 가능 (현 캠프는 미정) 빠빠라기 주최 행사 모두 참여 가능 라플엔터테인먼트 주최 임창정 행사에 참여할 수 있는 기회 빠빠라기에서 제작하는 물품을 모두 회원에게만 나눠드립니다. 기타 임창정 관련 행사나 영화, 콘서트에 할인이나 우대가 있습니다.

💗 가입안내

모집 기간: 2002년 5월 27일부터 190명 인원이 모두 가입할 때까지
6기 추가 모집회원 활동 기간: 2002년 5월 27일~2002년 12월 31일까지
연 회비: 2만 원(단체콕과 물품은 6기 회원과 모두 동일하게 나눠
　　　　드려요)
★ 지금 5월 달이지만 회비는 물품과 행사 때 주로 쓰기 때문에 추
가 모집에 가입하셔도 손해 보는 것은 없다는 점 말씀드립니다★
회비입금계좌: 544301-01-092363 주택은행 예금주 이승희
★ 반드시 무통장입금으로 회비 입금해 주시길 바랍니다★
은행으로 회비를 입금하신 쿤들은 이메일(bbabbaragi01@hanmail.net)
로 가입 양식서를 작성하신 후 보내주시길 바랍니다.

💗 양식서 작성요령(예)

1. 이름:
2. 우편물주소:
3. 연락처(집/핸드폰택1)
4. 주민등록번호:

1~4번까지 양식서를 작성해서 빠빠라기 메일로 보내주시길 바랍니
다. 가입확인은 빠빠라기에서 통장입금 내역확인 후 가입 양식서까지
메일로 보내주신 분들께 답 메일을 보내드리겠습니다. 입금증 원본은
본인이 꼭 지참하셔야 물품 받을 때와 기타 행사 때 참여하실 수 있

고요, 입금증은 빠빠라기에 가입했다는 걸 증명해 주는 증명서입니다. 반드시 코팅을 해서 보관해 주세요. 이번 기간이 6기 마지막 가입 기간이고요 더 이상 추가 모집은 받지 않습니다.

마지막 추가 모집 기간에 가입을 희망하시는 분들의 많은 참여 부탁드립니다. 빠빠라기 팬클럽 문의전화: 545-3088

1. 빠빠라기의 뜻은?

하늘에서 내려온 사람이라는 뜻이에요. 오빠가 그만큼 순수하다는 뜻을 가지고 있어요.

2. 빠빠라기는 언제 가입을 했나요?

제가 중학교 2학년 때 했습니다. 창정 오빠가 3집 「결혼해줘」라는 곡으로 인기를 얻고 있었는데 그 노래가 너무 감미롭고 다른 가수와는 다르게 인간미가 느껴지는 것 같아서 공식 팬클럽 빠빠라기에 가입하게 되었습니다.

3. 팬클럽 활동 시기는?

1997년 6월~1998년 6월까지 1년간 빠빠라기 2기로 활동했어요. 지금은 6기가 활동을 하고 있답니다.

4. 빠빠라기의 장점은 무엇이라고 생각하나요?

가족 같다는 것입니다. 가족이니까 공개 방송에 참여할 때 회원증이 필요 없어요. 서로의 얼굴을 다 아니깐요. 그리고 다른 가수와는 달리 창정 오빠는 공개 방송이 끝나면 꼭 빠빠라기 가족들을 만나고 다른 스케줄 장소로 옮긴다는 것입니다. 그래서 가까이에서 얼굴을 볼 수도 있고 사진도 찍을 수 있어요!

5. 팬클럽 활동으로 구체적으로 어떤 것을 했나요?

팬클럽에서 공식적으로 활동하는 것을 뽑자면 공개방송이나 행사 때 참석하여 응원, 생일이나 창단식 때 참여, 콘서트 때 참석하는 거 빼고는 없어요. 사실 가입비만 내고 활동은 안 해도 상관없어요! 팬클럽의 가장 좋은 것은 내가 공개 방송에 참여하려고 할 때 우선순위로 티켓을 받을 수 있는데 그것도 팬클럽 임원단에게 전화 예약을 해야 얻을 수 있어요! 또 얼굴을 가까이에서 볼 수 있다는 거예요.

제가 팬클럽에 가입해 있으면서 활동한 것은
-97년 10월 8일 KBS 생방송 가요 TOP 10 방송현장
-97년 10월 10일 KBS에서 하는 슈퍼 썬데이 녹화방송 참여.
-97년 9월 20일 임창정 빅쇼 녹화방송에 참여
-98년 6월 6일 임창정 첫 번째 콘서트 때 참여
-빠빠라기 2기 창단식 때 참여.
-빠빠라기와 창정의 1000일 만남에 참여
-「그때 또 다시」와 「결혼해줘」라는 곡으로 3개 방송사(MBC 음악캠
 프, SBS 인기가요, KBS 가요탑텐)의 1위 후보일 때 참여
-SBS 환경콘서트
-MBC 남자 셋 여자 셋 녹화현장
여러 가지 활동을 했는데 기억이 잘 나지 않네요. 이 모든 내용은 제가 모은 자료집을 보시면 확인하실 수 있으실 겁니다.

6. 그 당시 소원이 있었다면?

창정 오빠와 일일 데이트 하기였어요. 정말 무지 소원하는 거였어요!

7. 공개방송 응원은 어떻게 했는지?

저희 팬클럽 색은 파란풍선과 노란 풍선이었답니다. 그리고 하트봉이라고 흔들면 빨간불이 하트모양을 만들어 주는데 그것들로 준비해서 오빠가 나오면 응원을 했어요. 그리고 노래 중간 중간에 임창정 짱이라는 말을 하면서 응원의 흥을 더 돋게 했지요. 그럼 오빠가 손을 흔들어 주었으니깐요.

8. 공개방송이 언제 어디서 있는지 어떻게 아나요?

팬클럽마다 사서함이 있어요. 빠빠라기는 두 개의 사서함이 있는데요. 152사서함이 있고 153사서함이 있어요. 152는 스케줄을 알려주는 사서함이구요, 153에 들어가면 어떤 공개방송에 참여를 해서 응원하는지 장소, 시간, 응원도구 등 세밀한 내용을 말해줘요. 이 사서함들은 팬클럽 응원단들이 녹음을 한답니다. 모든 회원은 그곳에서 정보를 얻어서 티켓을 얻거나 한답니다.

9. 팬클럽 하면서 어려운 점은 없었나요?

대부분은 너무 좋았어요. 청소년들을 받아주는 놀이 문화가 없기 때문에 스타를 보면서 스트레스를 풀고 기쁨을 얻었답니다. 그런데 공부에 소홀해지기 쉬웠어요. 예습, 복습을 하고 학원에 가서 하나라도 더 배워야 하는 시간에 연예인 보려고 방송국에 갔다 오면 피곤해서 잠자기에 바쁘고 정말 좋아했을 때 월요일부터 섬인데 1위 후보라고 공개방송에 갔었는데 공부는 다하지도 못하고 섬을 봤던 경우도 있었답니다. 그리고 용돈도 많이 들었어요! 왔다 갔다 차비에 배고프면 또 뭘 사 먹어야 하니깐요.

10. 팬클럽 활동 중에서 제일 기억에 남는 활동은?

시험인데 공개방송 간 날이었는데요, 그날 김경호와 오빠가 1위 후보였어요. 그런데 1표 차이로 1위를 했었어요! 어찌나 놀라웠는지 그날이 기억에 남아요. 창단식 때도 콘서트 때도 모두 기억에 남아요.

11. 앞으로도 팬클럽에 가입할 생각은 있는지?

음, 좋아하는 연예인은 많은 데요. 지금은 별로 가입할 생각 없어요! 성인이 돼서 그런지 모르겠지만 지금 생각하니까 좀 유치하네요, 지난 중학교 시절에 힘써 모은 스크랩북이 작은 추억으로만 남아 있네요.

23. 4대 팬클럽의 특징

신연이

🖤 H.O.T.팬클럽

한국 아이돌 팬클럽 중 최대 규모를 자랑하며 팀 해체 이후에도 기획사 등이 지속적인 관리와 식지 않는 사랑으로 그 수가 많이는 줄어들지 않았다. 팬클럽 중 상당히 안정적인 위치를 차지하고 있으며 개개인은 아이돌 그룹의 원조라는 긍지와 자부심을 가지며 H.O.T.라는 그룹이 주는 이미지 자체를 추종하는 편이다. 팬픽과 팬아트 등은 이들을 통해 창시되었으며 10대 문화를 주도하였다. 힘이 넘치며 절도 있는 그들의 응원법은 다른 팬클럽에게도 모범이 되고 있다. 어느 공연장을 가나 이들의 단합된 모습을 볼 수 있으나 이런 우월감은 다른 팬클럽과의 마찰로 이어져 라이벌가수를 철저히 응징하는 결과를 가져오기도 하는데 초반에는 젝스키스-후반에는 god팬과의 불화를 들 수 있다. 이로 인해 '잠정적 해체' 후 일반인들로부터 빈축을 사기도하고 많은 안티팬클럽을 만들어 내기도 하였다.

🖤 젝스키스팬클럽

팀이 데뷔가 늦기 때문에 빚어진 오해와 반목으로 초기에는 H.O.T에 비해 열세였으나 후반으로 갈수록 거대해져 해체 후까지 가장 열성적인 팬클럽이라는 평을 얻고 있다. 그러나 지금은 전성기에 비해 팬이 많이 분산된 상태이다. H.O.T가 창시한 10대 문화를 이어 팬픽

문화 등의 질적 향상을 꾀했으며 개개인은 '젝키'라는 그룹의 퀄리티
보다 멤버들 각자의 개성에 대해 자부심을 느낀다. 이 팬클럽의 특징
은 창의적이고 열성적이라는 데에 있다. 일명 '젝사운동'이라는 벽보운
동을 처음 시도했고 가수 팬클럽 최초의 민주적시위인 '국화축제' 등
을 벌였다. 공개 방송 등에서도 화려한 이벤트를 보여주는 등 타 팬클
럽에게도 '팬클럽 운동'의 효시가 되고 있다. 기획사의 횡포에 항거하
여 방송국에 수사를 요청하기도 하고 역시 최초로 가수에게 바치는
노래 「Youre Welcome」을 제작하는 등 해체 후에 더 활발한 활동을
벌여 세인의 이목을 집중시켰다. 다만 열성적이다 보니 타 가수팬들과
잦은 마찰이 생기며 과격한 팬도 보유하고 있다.

신화팬클럽

다른 팬클럽들과의 친화력이 굉장히 높은 팬클럽이다. 같은 기획사
가수들의 팬클럽과 친한 것은 물론이고 공연장 등에서 타 팬과의 큰
마찰은 없는 편이다. 초반에는 약세였으나 현재 가장 눈에 띄는 팬클
럽 중 하나로 자리매김하고 있다. '신화'라는 그룹의 능력보다는 멤버
들의 끼와 스타일을 지향하는 편이며 통신상의 활동이 매우 활발하다.
또한 자신의 우상이던 가수의 스캔들에 매섭게 분노하는 여타의 팬클
럽과는 달리 비교적 침착하고 인정하는 듯한 모습을 많이 보여주기
때문에 인간미가 있다고도 하겠다. 단합이 잘 되는 편이며 여성팬이
주를 이룬다. 변태적이거나 지나치게 열성적인 팬이 생기기도 했는데
이들은 팬클럽이 원하지 않는 방향으로 일이 흘러갈 때에 타 팬클럽
과 방송사에 무모하게 대응하기도 한다.

🖤 god팬클럽

위의 세 그룹과는 다른 스타일의 대중적인 면모로 팬 연령이 다양하고 광범위하며 나이 어린 팬도 많다. 여타의 아이돌그룹과는 틀린 팀의 성격 때문에 "아이돌팬클럽"이라고 인정받지 못하고 있는 실정이다. 따라서 단연 타 팬클럽과의 마찰이 크고 초기 불성실했던 모습으로 아직까지도 다른 팬클럽과 융화가 잘 되지 않는다. 그러나 현재 가요계의 새로운 다크호스로 떠오르며 공연장마다 어마어마한 규모가 응원을 하는 모습이 눈에 띈다. 기획사와의 마찰로 팬클럽이 보여준 단결력은 돋보였으며 현재 대외적으로 큰 자부심을 가지고 있다. 그러나 독자적으로 이루어낸 팬클럽 문화의 질은 그다지 높지 못해서 아직까지는 모방 등의 시비가 붙는다.

나의 조카는 지금 고등학교 2학년인데 연예인 가수(신화)를 너무나 좋아한다. 그래서 팬클럽에도 가입하고 하루 종일 CD기를 귀에 꽂고 신화의 노래를 듣기도 한다. 부모입장에서 대학입시를 앞둔 아이가 공부는 뒷전이고 너무나 연예인 신화에만 매달린 듯하여 너무나 화가 난 나머지 CD기를 부숴 버릴 때도 있었다. 어떤 때는 달래는 차원에서 음악은 들되 공부를 열심히 하는 조건으로 신화의 콘서트 티켓을 구입해서 선물해 주기도 했다.

그러나 그 약속이 잘 안 지켜지면서 더욱더 빠져들어만 가는 조카 아이를 보면서 나도 화가 났었다. 어느 날 조카의 엄마 되는 큰언니에게 전화가 왔었다. 내용인즉 울산에 있는 조카가 학교수업을 빠뜨리고 새벽기차를 타고 신화의 콘서트장에 참석하기 위해 서울로 올라간다는 쪽지를 남기고 떠났다는 이야기였다. 그러면서 너무 걱정하지 말라고…… 언니 입장에서 볼 땐 이전부터 학교에서 늘 모범으로 공부하던 아이가 저렇게까지 변화는 게 너무 기가 막힌 일이었는지도 모르겠다. 그날 조카는 이런저런 이유로 서울에 올라가지 못하고 그냥 학교에 갔더란다. 연예인을 좋아해서 Fan club에 참석해서 청소년기의 그 뜨거운 열기를 발산하는 것도 좋지만 너무 지나칠 때는 말리고 싶은 것이 솔직한 심정이다.

물론 감정이 풍부한 사춘기(중·고등학생)들에게는 감정조절이 잘 안 되어서 엉뚱한 방향으로 흘러갈 수도 있겠지만 이럴 때일수록 자신의 감정을 Control 하는 훈련과정을 통해서 좀 더 건전하고 올바른 방향으로 학생으로서의 신분에 충실히 공부를 해 나갔으던 하는 것이 부모 된 입장에서 바람이지 않나 생각된다.

제2부

팬클럽 사이트 안내

1. http://www.daum.net/에서

1) http://www.cute-girl.co.kr/

2) http://www.fanclubtop.net/(팬클럽 검색엔진)

3) HOT스쿨-에쵸티 소설제공.

4) 내안의다섯남자-프로필, 사진방, 기사방, 소설방.

5) 다섯 명의 천사들을 위한 공간-HOT 사진, 이쁜 글, 연예인 사진, 게임자료 제공.

6) 애쵸티-소식, 사진수록.

7) 오직쵸티-HOT의 이미지, 캐릭터, 커플이미지, 스케줄, 소식 제공.

8) 존재의 이유 HOT-에쵸티 소식들 소설, 사진들 제공사이트.

9) 쵸티나라-사진, 프로필제공.

10) 클럽HOT-임원연락처, 클럽안내, 활동정보, 스케줄 안내, 이미지, 동영상 데이터

11) 클로버-HOT.소설, 스케줄, 프로필, 사진 제공.

12) 톤혁예찬론-커플 소설, 사진 수록.

13) 파란나라 장우동네 집-사진, 가사정보, 자료실.

14) 한나의 HOT-HOT의 프로필, 사진, 소설, 동영상 제공.

15) 협찬HOT-HOT. 사진, 동영상.

16) 보아인터넷팬클럽-사진, 영상, 게시판 운영.

17) 한석규 팬클럽 막동이-팬클럽 막동이, 사진, 작품별 감상, 포스터.

18) 오천련 팬클럽-오천련 팬클럽 운영홈페이지, 출연영화소개, OST 음악.

19) 연예인 꽃미남&꽃미녀 스타팬클럽 회원 수: 152337

20) 송종국을 사랑하는 사람들의 모임-월드컵대표 No.22 송종국 선수 공식 팬클럽

21) 신화의 하나뿐인 팬클럽 - 신화창조 - 다음 최고의 친목 팬카페
　　- 사이버신화창조

☞ 카페에 6536건이 있습니다.

2. http://kr.yahoo.com/에서

1) 임창용 팬클럽 http://my.dreamwiz.com/cyfan/
2) 하이텔 자드 팬클럽 http://my.netian.com/~zardeen/
3) 엑스 재팬 팬클럽 http://x.xjapan.co.kr/
4) 맥라렌 팬클럽 http://www.mclaren.co.kr/
5) 란마1/2 팬클럽 http://user.chollian.net/~kazut/
6) 로보트 태권브이 팬클럽 http://www.gotaekwonv.com/
7) 임은경 팬클럽 동호회 http://www.sungnam.co.kr/ttl/
8) 박신양 천리안 팬클럽 http://user.chollian.net/~zfpsy
9) 윤지운 팬클럽 http://dnltl1004.hihome.com/
10) 이민형의 슬램덩크 팬클럽
　　　http://www.geocities.com/tokyo/ginza/2349/
11) 안계범 공식 팬클럽 http://www.gyebom.co.kr/
12) GOD팬클럽 http://www.nmusica.com/god/
13) Footty http://www.footty.com/
14) MTV http://www.mtvkorea.co.kr
15) 량현량하 팬클럽 http://myhome.naver.com/dksk34/
☞ 98개의 카테고리와 252개의 사이트가 있습니다.

3. http://www.korea.com에서

1) 정양 팬클럽 http://myclub.korea.com/jungyang/
2) 해리포터클럽 http://www.harrypotterclub.co.kr/
3) godkiss.net http://www.god.co.kr/
4) 신비로 X파일 팬클럽 http://www.shinbiro.com/@xfiles/
5) 뮤지컬시티 Musicalcity http://www.musicalcity.co.kr/
6) 김지영 팬클럽 http://jiyoung.sarang.net
7) KimGunMo http://www.gunmo.com
8) 이제니 팬클럽 http://www.shinbiro.com/~jascha
9) 진실게임 팬클럽
   http://www.dailysports.co.k.../w20000315221527615827.htm

☞ 웹 분류에서 4개의 쿨사이트와 867개의 사이트가 있습니다.
☞ 웹 문서에는 14205개의 사이트가 있습니다.
☞ 리포트/일반문서에는 30개의 사이트가 있습니다.
☞ 이미지에는 1759개의 사이트가 있습니다.
☞ 사운드에는 7개의 사이트가 있습니다.

4. http://www.simmani.com/에서

1) 이승철 팬클럽 http://cafe.daum.net/seungchul
2) 자니버니 공식 팬클럽 http://my.netian.com/~janybuny
3) http://jpca.or.kr/members.htm
4) 커뮤니티-스투 팬클럽-stoo.com
   http://community.stoo.com/fanclub/MainServlet

☞ 6개의 디렉터리가 있습니다.

☞ 2694개의 사이트가 있습니다.

☞ 314512개의 사이트가 있습니다.

5. http://www.empas.com/에서

1) 쵸티 팬클럽 스토커 http://stalker.krdns.net/

2) 박정운 공식팬클럽 http://www.ilovealbatross.com/

3) giodi-하이텔 팬클럽 http://member.hitel.net/f2god/

4) 막강god파워20-http://www.god20.com/

5) 세상지배 H.O.T-http://home.opentown.net/~sjhot/

☞ 13개의 카테고리가 있습니다.

☞ 340개의 사이트가 있습니다.

6. http://www.hanmir.com/에서

1) 임은경 팬클럽-사진 및 보도자료 수록

2) 맥라렌 팬클럽-포뮬러원 맥라렌 팀의 비공식 한국 팬클럽으로
   관련 뉴스

3) 팬클럽 총정리-가수/탤런트/개그맨 등 연예인 팬클럽 사이트 모음.

4) 팬클럽100-한국 연예인 팬클럽 순위사이트로 등록 안내, 최신
   음반 소개.

5) 장영주 팬클럽-프로필/경력 및 앨범 소개, 보도기사 수록.

☞ 9개의 카테고리가 있습니다.

☞ 963개의 사이트가 있습니다.

☞ 13822개의 웹 페이지가 있습니다.

7. http://www.naver.com/에서

1) 하리수 팬클럽
2) 제이(J) 공식 팬클럽
3) 조용필 팬클럽 – 각종 기사, 리얼파일, 디스코그래피, 포토그래피
4) 핑클짱 팬클럽 – 프로필, 사진, 음악듣기, 게시판.
5) 베이비복스 팬클럽 – 공지사항, 정팅 대화방, 사진 모음, 앨범 소개
6) 신비로 X파일 팬클럽 – 엑스파일 인물, 에피소드, 극장판, 제작진, 뒷이야기 소개.
7) 한영애 팬클럽 – 코뿔소가 운영하는 사이트, 프로필, 기사, 사진, 앨범, 공연소식
8) 최강희 공식연합 팬클럽 – 최강희 프로필, 출연 작품, 게시판, 링크 수록.
9) 정재영 공식 팬클럽 – 프로필, 연극 및 영화 출연작 소개, 자료실, Fan Board, Link
10) 김효진 팬클럽 T.N.T – 김효진 프로필, 사진, 팬클럽 안내.

☞ 361개의 사이트가 있습니다.

8. 스타 팬클럽 1번지

스타 팬클럽의 모든 것을 알 수 있는 코너 〈스타 팬클럽 1번지〉가 지난달부터 넷톱에 새롭게 문을 열었죠? 내가 좋아하는 스타의 팬클

럽을 찾아보셨나요? 물론이라고요? 어때요? 인터넷 홈페이지랑 PC통신의 팬클럽, 그리고 팬레터 주소에 사서함 번호까지 모두 한곳에 모여 있으니까 정말 편하죠? 〈스타 팬클럽 1번지〉에서는 이런 정보가 수시로 올라와요! 계속 여러 스타의 팬클럽 정보를 업데이트 하고 있답니다. 그런데 팬클럽에 가입하는 방법이 좀 더 자세히 설명돼 있으면 좋겠다고요? 그래요. 그래서 이번 달에는 특별히 '신화 팬클럽'을 찾아가 보는 시간을 마련해봤어요!

팬클럽은 어떻게 운영되고 회원현황이랑 가입절차, 그리고 가입하면 주어지는 혜택 등에 대해서 자세히 알아봤으니깐요. 한번 들여다봐요!

신화 팬클럽의 이름이 '신화창조'라는 사실! 팬이라면 모두 알고 있겠죠? 신화의 팬클럽은 기획사인 '스타월드'에서 직접 운영하고 있답니다. 위치는 반포 4동이구요. 이곳에서는 '신화창조'의 회원을 모집하고 신화의 사서함도 관리하고 있는데요. 그러니까 신화에 대한 가장 정확한 정보를 알 수 있는 곳도 여기라고 할 수 있겠죠. 그럼 '신화창조'에는 어떻게 가입하는지 알아볼까요?

1. 가입 희망자는 회비 15,000원을 제일은행 385-20-102420, 예금주 박기희 앞으로 송금한다.

2. 그다음 입금증 복사본을 관제엽서 뒷면에 붙이고 이름과 주민등록번호, 주소(우편번호, 통/반, 믄패 명까지), 연락처(전화, 호출번호 등), 학교 혹은 직장 명을 정확히 기입한다.

3. 작성한 관제엽서를 서울시 강남구 강남우체국 사서함 960호 신화 팬클럽 담당자 앞(우편번호 135-609)으로 보낸다.

4. 도착한 관제엽서에 한해 회원카드가 발송된다. 관제엽서에 한해서 10월 5일까지 접수를 받고 있대요! 그러니까 '신·화·창·조'에

가입하려면 지금 빨리 엽서를 보내야겠죠? 위의 가입양식에 따라서 엽서를 잘 작성해 보내세요!

 2집의 타이틀곡 'T.O.P'를 시작으로 후속곡 'YO!(악동보고서)'를 선보이면서 더욱 성숙한 모습을 보여주고 있는 신화! 이제 제3기 팬클럽을 모집하는데요. 현재 회원은 9월 16일 현재 전국적으로 약 11,000명에 이르고 있고요. 담당자 언니가 그러는데 아마도 'T.O.P'의 빅 히트로 3기 모집이 끝나면 지금의 몇 배는 늘어나지 않을까 생각한다고요. 신화의 모든 일정은 일단 사서함을 통해서 가장 신속하게 전달이 되고 있는데요. 사무실의 전화량이 폭주해서 통화가 안 될 때가 많으니까 이 사서함을 많이 이용해 달라는 담당자 언니의 부탁이 있었답니다! 사서함 번호는? 02-152-0070이래요!

 '신화창조' 회원이 되면 제일 좋은 점을 담당자에게 물어봤어요. 답은? 우선 공식 팬클럽이라는 '자부심'이 가장 큰 장점일 거라는 멋진 대답이 나왔습니다! 그리고 팬클럽 회원이 아닌 사람들보다 신화와 더욱 가깝게 만날 수 있는 자리들이 마련된다는군요. 지난 2기 팬클럽들도 2집 앨범 출시 후에 '팬미팅' 자리를 신화와 가졌는데 각 멤버들과 팬들이 함께 어울리는 자리가 이루어졌대요! 이 자리에서는 장기자랑 대회도 열렸는데요. 신화 멤버들의 숨은 모습을 엿볼 수 있는 자리였다고 해요. 바로 이런 모임에는 신화 팬클럽 회원만 초대된다고 합니다. 이 밖에 신화 브로마이드와 뱃지, 팬클럽 회원증 등 각종 기념품도 푸짐하게 증정한다고 하니깐요. 팬들은 절대로 놓쳐선 안 되겠죠?

● 신화와의 팬미팅(팬클럽 임기 끝 무렵에 이루어진다고 합니다.)

● 각종 영상회 개최

  (신화의 뮤직비디오를 감상할 수 있는 영상회도 정기적으로 갖는대요.)

● 이번 3기 팬클럽부터는 새롭게 회보가 발행된다고 해요! 이 회

보에는 신화에 대한 각종 소식이 담길 예정이라는군요.

◉ 신화 단체복, 브로마이드, 벽걸이용 족자, 배지, 팬클럽 회원증
  등 푸짐한 기념품 증정

제3부

팬클럽 가입 안내

가입에서 탈퇴까지

🎵 지상 공식 팬클럽

[가 입]

fan club 가입 안내문
제목: [신화창조/필독] 신화창조 6기 회원 모집합니다.

「신화창조 6기 회원가입 안내문」
안녕하세요. 신화창조 담당자입니다.

신화 5집과 함께 활동하게 될 신화 공식 팬클럽 신화창조 6기 회원을 모집합니다!!! 회원가입하시는 분들 중 선착순 30명에게는 신화 사인이 담겨 있는 베스트앨범과 2월 28일까지 가입한 사람들 중 추첨을 통하여 10분에게는 올앳에서 협찬하는 mp3 플레이어를, 그리고 6분에게는 신화소장품을 드리도록 하겠습니다. 회원가입 이벤트는 계속 이어지니깐요 많은 관심 부탁드리겠습니다.

◎ 가입 기간: 2002년 2월 22일~2002년 3월 16일
  (전화사서함: 152-0070/문의메일: shinhwacj@smtown.com)
◎ 회 비: 6개월 15,000원
◎ 가입방법: www.smtown.com 접속→팬클럽 공지사항→
  「신화창조 6기 가입하기」
클릭!→회원가입 안내문 읽기→아래의 신화창조 6기 회원가입하기
(클릭!)→회원규정

동의→www.FandangoKorea.com 회원가입→회원가입 신청서 작성하기→본인만의 가상계좌 번호 익히기→직접 아무은행이나 가셔서 15,000원 회비를 인터넷상으로 뜬 가상계좌번호와 예금주로 입금

◎ 신화창조 6기 혜택: 신화 5집 visual 회원카드, 신화와 신화창조 6기가 하나 되는 FanMeeting, 한층 Upgrade된 신화창조 회보, 단체복과 막대풍선, 신화창조 6기만을 위한 특별한 선물, 각종 이벤트를 통한 선물 증정, 공연 시 우선적인 입장 등(*신화창조 6기 모든 선물은 등기 및 우편 발송됩니다.)

◎ 회원 확인 방법

① 회비입금이 끝난 후에는 본인의 이메일로 올엣카드에서 회원가입 축하 메시지가 전송됩니다.(* 이메일주소도 정확히.)

② 회원가입 후 한 달 내에 신화창조 6기 회원카드가 등기로 발송됩니다. 따라서 회원가입 신청서에 본인의 주소를 확실하게 입력하여 주셔야 합니다. 만약 친구 집으로 우편물을 받기를 원할 경우 친구 집 주소를 입력하여 주신 후 친구이름과 (친구 집)이라고 써주시기를 바랍니다. 단, 14세 미만의 회원은 부모님 동의서를 올엣의 사이트에서 다운받아서 부모님의 사인을 받아 올엣으로 보내신 후 카드신청을 하셔야 합니다.

◎ 회원가입이 안 된 경우

-신청서를 작성하지 않았거나 이름, 주민번호 오류 등 잘못 작성하였을 경우 이름은 꼭 실명제로 하셔야 합니다.(아이디나 숫자 등을 입력하시면 안 됩니다.)

-신청서 작성 후 회비 입금을 하지 않았을 경우

◎ 회원규정

-회원가입 신청서를 작성하시기 전 회원규정을 반드시 읽고 동의하신 후 작성하실 수 있습니다.

🪻 팬클럽 안내

1. 팬클럽 활동 및 진행 계획

1) 1차 배송: 3월 중 (회원카드, 단체복, 막대풍선)

2) 2차 배송: SMTOWN 회보 5호, 선물(미확정)

3) 신화창조 6기 팬미팅: 8월경 팬클럽 팬미팅 행사 예정
   (대관상의 문제로 날짜는 변경될 수 있습니다.)

4) 3차 배송: SMTOWN 회보 6호, 팬미팅 동영상 CD, 선물(미확
   정) (회보는 한 기수에 두 번 나갑니다.)

5) 기타 사항.
   - 회원카드는 등기로 발송됩니다.
   - 선물 발송은 전량 우편 배송하여 드립니다.

6) 팬클럽 운영 및 회비 입출금.

팬클럽 운영은 신화창조 6기 여러분들의 의견을 최대한 반영하여
진행해 나갈 것이며 여러분들의 의견을 대표하여 임원선출을 통해 뽑
히신 임원분들과 의논하에 진행이 될 것입니다. 최종적인 입출금 결산
내역은 홈페이지를 통해 회원 분들께 공개됩니다.

2. 신화창조 6기 공식 팬클럽 사이트

www.FandangoKorea.com의 커뮤니티 안에 신화 공식 팬클럽 신화
창조 사이트가 개설되었습니다. 신화창조 여러분들의 많은 참여와 의
견 부탁드리겠습니다.

3. 팬 매니저: 신화창조 6기에는 신화창조 회원들의 안전보장과 더
나은 공연관람과 질서유지를 위하여 팬 매니저를 구성하였습니다. 신
화창조 6기 회원들은 공연장에서 임원과 팬 매니저의 인솔하에 질서
있게 행동하여야 합니다.

4. 회원카드: 회비 입금 후 받으시게 될 신화창조 6기 회원카드는 allat 카드와 제휴하여 새롭게 Upgrade되어 받으시게 됩니다. 신화 5집 앨범의 visual이 있는 신화창조 6기 카드는 allat카드가 지니고 있는 용도를 그대로 쓸 수 있으며 더불어 신화창조 6기 회원만의 혜택을 받으실 수 있습니다. 신화창조 팬미팅 시 입장확인, 에버랜드 무료입장, 판당고 사이트의 CD구입이나 쇼핑몰에서의 물건구입 시 판당고 회원으로서의 5% 할인과 allat카드 사용 시 추가 5% 할인 등을 해드릴 예정이며 좀 더 나은 서비스제공과 정확한 회원관리를 위하여 allat카드와 제휴하게 되었습니다.

신화창조 6기 팬클럽 회원카드에 대한 자세한 사항은www.allat.co.kr 와 www.FandangoKorea.com에서 확인하시길 바랍니다.

* 신화창조 6기 회원카드 고객센터 주소

http://www.allat.co.kr/service/card/comem/support/

5. 팬클럽 활동에 관한 유의사항

◉ 팬클럽은 팬 여러분들이 직접 참여하고 팬 여러분들을 위하여 운영되는 비영리 단체입니다. 대부분의 회원들이 학생 분들이므로 운영 시 많은 변동사항이 생기고 여러분들께서 따라 주셔야 할 일들이 많습니다. 물론 강제성은 없지만 팬클럽 측에서 공지하는 일들을 꼭 알고 계셔야 하고 해당하는 분들은 따라 주셔야 팬클럽 혜택을 제대로 받으실 수 있습니다. 그러므로 수시로 152사서함과 홈페이지의 공지사항을 확인해 주시길 바랍니다. 공지사항 미확인으로 인하여 발생하는 불이익은 책임지지 않습니다.

◉ 모든 회원 인적 사항 관리와 주소변경, 재발송 신청은 팬클럽 회원 프로그램 수정란에서 가능하오니 변경 시 반드시 수정해 주세요. 변경을 해 주셔야만 그 변경된 주소로 선물 발송이 됩니다.(*외국인 거주자인 경우에는 외국인 팬클럽 가입하기에서 가입하셔야 우편물을

받으실 수 있습니다.)

◉ 부모님의 반대로 생기는 일에 대한 불이익은 책임질 수 없으니 꼭 부모님의 동의를 받으신 후 가입하시기 바랍니다.

◉ 팬클럽 활동 기간은 6개월이나 팬미팅 장소 대관 등의 불가피한 상황으로 인한 기간조절 가능성이 있으며 기간이 지나도 약속된 선물에 대해서는 혜택을 드리니 이점 걱정하지 마시고 팬 여러분들의 양해를 미리 부탁드립니다.

6. 회원가입 시 주의사항

◉ 은행에 직접 가셔서 www.allat.co.kr에서 회원가입 신청서 작성하신 후 뜨는 가상계좌번호로 15000원을 입금하셔야 하며 만약 15000원 미만으로 입금하실 경우에는 회원가입이 안 됩니다.(텔레 뱅킹, 인터넷 뱅킹도 가능합니다.)

◉ 홈페이지상의 회원가입 신청서는 기간 내에 정확히 작성하십시오.

◉ 회원가입 신청서 작성 후 반드시 은행에 가셔서 가상계좌번호로 회비입금을 하시기 바랍니다.

◉ 회원카드를 받기 전까지는 신화창조 6기 입금증으로 활동을 하신 후 회원카드를 받으신 후에는 카드로 활동하시길 바랍니다.

◉ 팬클럽 기간이 끝날 때까지 회원카드는 꼭 지니고 있어야 하며 회원카드 분실 시 1588-8710에서 분실신고를 하시고 신청하시면 됩니다. (* 재발급을 신청하시게 되면 기존의 분실된 카드는 allat카드로 사용할 수 없으며 새롭게 발급되는 카드로 사용해야 합니다.)

◉ 신화창조 6기의 모든 활동은 회원카드로 확인하며 스케줄이나 팬미팅 때에는 입금증 대신에 회원카드로 확인이 됩니다. 따라서 입금증은 중요하지 않으나 만약의 경우를 생각하시어 잃어버리는 일이 없도록 하여 주시길 바랍니다.

◉ 전화 문의는 사절하오니 152-0070 사서함을 및 공지사항을 참고하시기 바랍니다.

◉ 부모님의 반대로 인한 본인의 피해는 팬클럽 측에서 책임을 지지 않으므로 반드시 사전에 부모님 동의를 받으시고 신중하게 결정하신 후 회원가입을 하시기 바랍니다.

☞새롭게 Upgrade된 신화창조 6기에 여러분들의 많은 참여 부탁드립니다. 위 글은 신화창조의 가입 안내문이다. 위 글을 숙지하고 언급한 대로 행동하면 가입이 가능하다.

[탈 퇴]

탈퇴는 fan club 기간이 지나면 자연스럽게 탈퇴가 된다. 기존에 fan club 회원이었다 하더라도 다시 가입을 하지 않으면 그 사람은 fan club이 아닌 게 된다.

♥ on line

온라인 팬클럽의 경우는 가입과 탈퇴에 특별한 제약은 없다고 한다. 왜냐하면 공식 팬클럽과 같이 회비가 없기 때문에. 하지만 강제탈퇴라는 것이 있는데.

－게시판에 타 가수 비방 글을 썼을 때.

－게시판 성격에 맞지 않는 글을 써서 시삽의 경고를 받은 후에 같은 일이 일어날 경우

－시삽의 공지메일을 읽지 않고 삭제했을 경우

위와 같은 일을 저질러서 강제탈퇴를 당하면 다시는 팬클럽 가입이 불가능하다.

Sidus.Net 회원 약관

장정순, 조진영

제1장 총 칙

제1조 목 적

이 약관은 전기통신사업법 기타 관련 법령에 의하여 주식회사 싸이더스(이하 '회사'라고 합니다)가 제공하는 서비스(이하 '서비스'라 합니다)의 기본적인 사항을 규정함을 목적으로 합니다.

제2조 약관의 효력 및 변경

(1) 이 약관은 서비스 화면에 게시하거나 일반적으로 예상되는 방법으로 회원에게 공지함으로써 효력을 발생합니다.

(2) 회사는 약관의 규제 등에 관한 법률, 전자거래기본법, 정보통신사업법 기타 관련 법령을 위배하지 않는 범위에서 이 약관을 변경할 수 있으며 변경된 약관은 적용일자 및 개정 사유를 명시하여 현행 약관과 함께 그 적용일자 7일 전부터 적용일자 전일까지 제1항과 같은 방법으로 공지합니다.

(3) 회원은 변경된 약관에 동의하지 않을 경우 서비스 이용을 중단하고 회원 탈퇴를 요청할 수 있습니다. 변경된 약관의 적용일자 이후의 계속적인 서비스 이용은 약관의 변경 사항에 동의한 것으로 봅니다.

제3조 약관 외 준칙

(1) 본 약관은 회사가 제공하는 서비스에 관한 이용규정 및 별도 약관과 함께 적용됩니다.

(2) 이 약관에 명시되지 아니한 사항에 대해서는 전기통신기본법, 전기통신사업법 및 기타 관련 법령의 규정에 따릅니다.

제4조 용어의 정의

이 약관에서 사용하는 용어의 정의는 다음과 같습니다.

(1) 회원: 회사와 서비스 이용 계약을 체결하고 이용자 아이디를 부여받은 자

(2) 아이디(ID): 회원 식별과 회원의 서비스 이용을 위하여 회원이 선정하고 회사가 승인하는 문자와 숫자의 조합

(3) 비밀번호: 회원의 비밀 보호를 위하여 회원 자신이 설정한 문자와 숫자의 조합

(4) 전자우편(E-Mail): 인터넷을 통한 우편

(5) 운영자: 서비스의 전반적인 관리와 원활한 운영을 위하여 회사에서 선정한 사람

(6) 홈페이지: 서비스가 이루어지는 싸이더스의 홈페이지

(7) 본 약관에서 정의하지 않은 용어는 개별서비스에 대한 별도 약관 및 이용규정에서 정의합니다.

제5조 회원정보 사용에 대한 동의

(1) 회사는 개인정보보호지침 기타 관련 법령에 따라 개인정보보호방침을 마련하여 회원의 거인정보를 적절히 보호하기 위해 최선을 다합니다.

(2) 회사는 회원에 대한 서비스 제공, 회원의 원활한 커뮤니티 활동 기타 회원의 이익을 도모하기 위하여 개인정보를 수집할 수 있습니다.

(3) 회사는 회원의 개인정보를 다음 각 호에 해당하는 외에는 이를 이용하거나 제3자에게 제공할 수 없습니다.

가. 금융 실명거래 및 비밀보장에 관한 법률, 신용 정보의 이용 및 보호에 관한 법률, 전기통신 기본법, 전기통신사업법, 지방세법, 소비자 보호법, 한국은행법, 형사소송법 등 법령에 특별한 규정이 있는 경우

나. 서비스 제공에 따른 요금정산을 위하여 필요한 경우

다. 통계작성·학술연구 또는 시장조사를 위하여 필요한 경우로서 특정 개인을 식별할 수 없는 형태로 제공하는 경우

라. 필요한 최소의 범위에서 회사가 제휴한 사이트에 제공하는 경우, 단 회사는 타 사이트와 제휴하게 될 경우 제휴 사이트를 홈페이지에 게시하는 등의 방법으로 회원에게 공지하여야 합니다.

(4) 회사는 서비스를 통하여 회원의 컴퓨터에 쿠키를 전송할 수 있습니다. 이 경우 회원은 쿠키의 수신을 거부하거나 쿠키의 수신에 대하여 경고하도록 사용하는 컴퓨터의 브라우저의 설정을 변경할 수 있습니다.

(5) 14세 미만의 아동이 회사에 가입을 원하는 경우 부모나 법정대리인의 동의를 받아야 합니다. 회사는 가입을 원하는 아동의 부모나 법정대리인의 동의를 얻기 위해 필요한 법정대리인의 성명 등 최소한의 정보를 요구할 수 있습니다. 가입에 동의한 법정대리인은 회사가 정한 절차에 따라 아동이 제공한 정보의 열람, 오류의 수정, 가입철회 등을 요구할 수 있습니다.

(6) 회사는 법령상 필요성이 있는 경우를 제외하고는 회원의 탈퇴 시까지만 개인 정보를 보유합니다.

제6조 사용자의 정보 보안

(1) 회원가입신청자가 회사 서비스 가입 절차를 완료하는 순간부터 신청자는 입력한 정보의 비밀을 유지할 책임이 있으며 회사 측의 고의 또는 중대한 과실이 없는 한 회원의 회사 아이디와 비밀번호를 사용하여 발생하는 모든 결과에 대한 책임은 회원본인에게 있습니다.

(2) 회사 아이디와 비밀번호에 관한 모든 관리의 책임은 회원에게 있으며 회원의 회사 아이디나 비밀번호가 부정하게 사용되었다는 사실을 발견한 경우에는 즉시 당사에 신고하여야 합니다. 신고를 하지 않음으로 인한 모든 책임은 회사 측의 고의 또는 중대한 과실이 없는 한 회원 본인에게 있습니다.

(3) 이용자는 회사 서비스의 사용 종료 시마다 정확히 접속을 종료하도록 해야 하며 정확히 종료하지 아니함으로써 제3자가 귀하에 관한 정보를 이용하게 되는 등의 결과로 인해 발생하는 손해 및 손실에 대하여 당사는 책임을 부담하지 아니합니다.

제2장 서비스 이용 계약

제7조 이용 계약의 성립

(1) 이용 계약은 이용자가 이용 신청을 하고 이에 대하여 회사가 이를 승낙함으로써 성립합니다.

(2) 서비스의 이용신청자는 가입신청 양식을 기재한 후 약관에 동의함('약관동의' 단추를 누름)으로써 이용신청이 있게 됩니다.

(3) 회사는 회원가입 승낙의 의사표시를 이메일 기타 방법으로 이용신청자에게 통지함으로써 희망자의 이용 신청을 승낙합니다.

제8조 이용 신청의 승낙

(1) 회사는 제6조에 따른 이용신청에 대하여 특별한 사정이 없는 한 접수 순서에 따라서 이용 신청을 승낙합니다.

(2) 회사는 다음 각 호의 1에 해당하는 경우 이용신청에 대한 승낙을 제한할 수 있고 그 사유가 해소될 때까지 승낙을 유보할 수 있습니다.

가. 서비스 관련 설비의 용량이 부족한 경우

나. 기술상 장애 사유가 있는 경우

다. 기타 회사가 필요하다고 인정되는 경우

(3) 회사는 다음 각 호의 1에 해당하는 이용계약 신청에 대하여는 이를 승낙하지 아니하거나 승낙을 취소할 수 있습니다.

가. 다른 사람의 명의를 사용하여 신청하거나 가명으로 신청하는 등 본인의 실명으로 신청하지 않은 경우

나. 이용 신청 시 필요 내용을 허위로 기재하여 신청한 경우

다. 사회통념상 사회의 안녕과 질서 혹은 미풍양속을 저해하는 행위를 한 경우

라. 다른 사람의 회사서비스 이용을 방해하거나 그 정보를 도용하는 등 타인의 권리를 침해하는 행위를 하였을 때

마. 신용정보의 이용과 보호에 관한 법률에 의한 PC통신, 인터넷 서비스의 신용 불량자로 등록되어 있는 경우

바. 전기통신기본법, 전기통신사업법, 정보통신 윤리위원회 심의규정, 정보통신 윤리강령, 프로그램 보호법 및 기타 관련 법령과 본 약관이 금지하는 행위를 하는 경우

사. 기타 사회 통념상 위 각 호에 준하는 사유가 인정되는 경우

(4) 제2항 또는 3항에 의하여 이용신청의 승낙을 유보하거나 승낙하지 아니하는 경우, 회사는 이를 이용신청자에게 알려야 합니다. 다

만 회사의 귀책사유 없이 이용신청자에게 통지할 수 없는 경우는 예외로 합니다.

(5) 14세 미만의 아동이 가입을 원할 경우, 관계법령에 의거 부모나 법정대리인의 동의를 얻어야 합니다.

제9조 계약 사항의 변경

(1) 회원은 이용신청 시 기재한 사항이 변경되었을 경우에는 홈페이지의 회원정보변경 절차를 이용하여 수정을 해야 합니다. 회원이 회원정보를 수정하지 않거나 수정을 해태함으로 입는 불이익은 회원 자신이 부담합니다.

(2) 처음 등록한 사용자는 실명이 '공개'상태로 되어 있습니다. 실명 공개를 원치 않으시는 분은 가입하신 후 '회원정보수정' 메뉴에서 실명공개로 되어 있는 부분을 '비공개'로 선택해 주시면 됩니다.

(3) 기타 자신의 정보에 대한 공개 여부는 '회원정보수정' 메뉴의 각 공개 여부 항목에 해당 내용을 체크해 주시면 됩니다.

제10조 아이디의 변경 등

(1) 회원 아이디(ID)가 회원의 전화번호, 주민등록번호 등으로 등록되어 있어서 회원의 사생활을 침해할 우려가 있는 경우 회사는 당해 회원의 신청에 의하여 회원 아이디(ID)를 변경할 수 있습니다.

(2) 타인에게 혐오감을 주거나 미풍양속에 어긋나는 경우 기타 사회통념상 부적합하다고 인정되는 경우에는 회사는 당해 아이디의 등록을 거부하거나 이미 등록한 경우에는 아이디의 변경을 요구할 수 있고 합리적인 기간 내에 아이디의 변경이 없을 경우 그 아이디의 사용을 정지할 수 있습니다.

제3장 계약 당사자의 의무

제11조 회사의 의무

(1) 회사는 특별한 사정이 없는 한 회원이 신청한 서비스 제공 개시일에 서비스를 이용할 수 있도록 합니다.

(2) 회사는 이 약관에서 정한 바에 따라 계속적이고 안정적인 서비스의 제공을 위하여 지속적으로 노력하며 설비에 장애가 생기거나 멸실된 때에는 특별한 사정이 없는 한 지체 없이 이를 수리 복구합니다. 다만 천재지변, 비상사태 또는 그 밖에 부득이한 경우에는 그 서비스를 일시 중단하거나 중지할 수 있습니다.

(3) 회사는 회원으로부터 합리적 절차에 의해 제기되는 의견이나 불만이 정당하다고 인정할 경우에는 적절한 절차를 거쳐 처리하여야 합니다. 처리 시 일정 기간이 소요될 경우 회원에게 그 사유와 처리 일정을 알려주어야 합니다.

(4) 회사는 이용계약의 체결, 계약사항의 변경 및 해지 등 이용고객과의 계약 관련 절차 및 내용 등에 있어 이용고객에게 편의를 제공하도록 노력합니다.

제12조 회원(이용자)의 의무

(1) 회원은 관계법령, 이 약관의 규정, 이용안내 및 주의사항 등 회사가 통지하는 사항을 준수하여야 하며 기타 회사의 업무에 방해되는 행위를 하여서는 안 됩니다.

(2) 아이디(ID)와 비밀번호에 관한 모든 관리책임은 회원에게 있습니다. 회사 측의 고의 또는 중대한 과실이 없는 한 회원에게 부여된 아이디(ID)와 비밀번호의 관리 소홀, 부정사용에 의하여 발생하는 모

든 결과에 대한 책임은 회원에게 있습니다.

(3) 회원은 내용별로 회사가 서비스 공지사항에 게시하거나 별도로 공지한 이용제한 사항을 준수하여야 합니다.

(4) 회원은 회사의 사전의 서면에 의한 승낙 없이는 서비스를 이용하여 영업활동을 할 수 없으며 그 영업활동의 결과와 회원이 약관에 위반한 영업활동을 이용하여 발생한 결과에 대하여 회사는 책임을 지지 않습니다. 회원은 이와 같은 영업활동에 대하여 회사어 대하여 손해배상의무를 집니다.

(5) 회원은 서비스의 이용권한, 기타 이용계약상 지위를 타인에게 양도, 증여할 수 없으며 이를 담보로 제공할 수 없습니다.

(6) 자신의 아이디(ID)가 부정하게 사용된 경우 회원은 반드시 회사에 그 사실을 통보해야 합니다.

(7) 회원은 가입 시 서비스의 일부로 보내지는 회사의 전자우편을 받는 것에 동의합니다. 단 원치 않을 경우 서비스나 전자우편을 통하여 거부 의사를 전달할 수 있으며 이때 회사는 반드시 회원의 의사에 의거, 전자우편 서비스를 중지하여야 합니다.

(8) 회원은 서비스 이용과 관련하여 다음 각 호의 행위를 하여서는 안 됩니다.

가. 다른 회원의 ID를 부정하게 사용하는 행위

나. 서비스에서 얻은 정보를 회사의 사전 승낙 없이 회원의 이용 이외 목적으로 복제하거나 이를 출판 및 방송 등에 사용하거나 제3자에게 제공하는 행위

다. 회사의 저작권, 저작인접권, 지적재산권 등 기타 권리를 침해하는 행위

라. 회사소속 연예인의 초상권, 저작인접권 등 권리를 침하하는 행위

마. 타인의 저작권, 저작인접권 등 지적 재산권 기타 권리를 침해
하는 행위

바. 공공질서 및 미풍양속에 위반되는 내용의 정보, 문장, 도형 등을
타인에게 유포하는 행위

사. 기타 관계법령에 위배되는 행위

제4장 서비스 이용

제13조 서비스 이용 범위

회원은 아이디 기타 회사 가입정보로 회사가 제휴한 사이트의 회원
자격도 부여받게 됩니다.

제14조 정보의 제공

회사는 회원이 서비스를 이용함에 있어 필요한 정보를 전자우편이
나 서신우편 등의 방법으로 회원에게 제공할 수 있습니다.

제15조 요금 및 유료 서비스

(1) 서비스 이용은 기본적으로 무료입니다. 단 회사에서 정한 별도
의 유료 정보와 유료서비스에 대해서는 그러하지 아니합니다.

(2) 머니 사용 서비스

싸이더스넷에서 제공하는 서비스 중 일부는 이용자가 ㈜인포허브의
결제수단을 이용한 머니가 있어야 이용할 수 있습니다.

(3) 머니 적립

머니는 이용자가 결제 수단을 통한 현금 충전으로 적립할 수 있습
니다. 그 이외의 적립방법은 싸이더스넷 운영 정책에 따라 변경될 수

있습니다.

(4) 머니 정책

가. 머니 서비스를 이용하는 방법, 환불, 미성년자의 머니 사용 등은 싸이더스넷에서 정하는 머니 정책에 따릅니다.

나. 머니 서비스를 사용하고자 하는 회원은 머니 정책을 따라야 합니다.

다. 머니 정책은 본 약관의 하단에 첨부되어 있습니다.

제16조 정보제공 및 광고의 게재

(1) 회사는 서비스의 운영 및 정보제공과 관련하여 서비스 화면, 홈페이지, 이메일 등에 광고 등을 게재할 수 있습니다.

(2) 회사는 회사 측의 고의 또는 중대한 과실이 없는 한 서비스상에 게재되어 있는 광고주의 판촉활동에 회원이 참여하거나 거래의 결과로서 발생하는 모든 손실 또는 손해에 대해 책임을 지지 않습니다.

제17조 회원의 게시물 등

회사는 회원이 게시하거나 등록하는 서비스 내의 내용물이 다음 각 항의 1에 해당한다고 판단되는 경우에 사전통지 없이 삭제할 수 있습니다.

(1) 다른 회원 또는 제3자를 비방하거나 중상모략으로 명예를 손상시키는 내용인 경우

(2) 공공질서 및 미풍양속어 위반되는 내용인 경우

(3) 회사의 저작권, 제3자의 저작권 등 기타 권리를 침해하는 내용인 경우

(4) 회사에서 규정한 게시 기간을 초과한 경우

(5) 회원이 자신의 홈페이지와 게시판에 음란물을 게재하거나 음란 사이트를 링크하는 경우 기타 법령위반의 경우

(6) 기타 사회통념상 게시가 부적합한 경우

제18조 게시물의 사용

회원은 서비스를 이용하여 얻은 정보를 가공, 판매하는 행위 등 서비스에 게재된 자료를 상업적으로 사용할 수 없습니다. 법령이 허용하는 경우를 제외하고는 회사는 게시자가 저작권을 가진 게시물을 사용할 경우 게시자의 동의를 얻어야 합니다.

제19조 서비스 이용 시간

(1) 서비스의 이용은 회사의 업무상 또는 기술상 특별한 지장이 없는 한 연중무휴 1일 24시간을 원칙으로 합니다. 다만 정기 점검 등의 필요로 회사가 정한 날이나 시간은 제외됩니다.

(2) 회사는 서비스를 일정범위로 분할하여 각 범위별로 이용가능 시간을 별도로 정할 수 있습니다. 이 경우 그 내용을 사전에 공지합니다.

제20조 서비스 이용 책임

회원은 회사에서 권한 있는 사원이 서명한 명시적인 서면에 구체적으로 허용한 경우를 제외하고는 서비스를 이용하여 상품을 판매하는 영업활동을 할 수 없으며 특히 해킹, 돈벌이 광고, 음란 사이트 등을 통한 상업행위, 상용S/W 불법배포 등을 할 수 없습니다. 이를 어기고 발생한 영업활동의 결과 및 손실, 관계기관에 의한 구속 등 법적 조치 등에 관해서는 회사가 책임을 지지 않습니다.

제21조 서비스 제공의 중지

(1) 회사는 다음 각 호에 해당하는 경우 서비스 제공을 중지할 수 있으며 이로 인하여 보관 및 삭제, 전송되지 못한 경우 및 기타 통신 데이터의 손실이 있을 경우에 회사는 관련 책임을 부담하지 아니합니다.

가. 서비스용 설비의 보수 등 공사로 인한 부득이한 경우

나. 전기통신사업법에 규정된 기간통신사업자가 전기통신 서비스를 중지했을 경우

다. 기타 중지가 불가피하거나 필요한 경우

(2) 회사가 정상적인 서비스 제공의 어려움으로 인하여 일시적으로 서비스를 중지하여야 할 경우에는 서비스 중지 1주일 전의 고지 후 서비스를 중지할 수 있으며 이 기간 동안 귀하가 고지내용을 인지하지 못한 데 대하여 회사는 책임을 부담하지 아니합니다. 부득이한 사정이 있을 경우 위 사전 고지 기간은 감축되거나 생략될 수 있습니다. 또한 위 서비스 중지에 의하여 본 서비스에 보관되거나 전송된 메시지 및 기타 통신 메시지 등의 내용이 보관되지 못하였거나 삭제된 경우, 전송되지 못한 경우 및 기타 통신 데이터의 손실이 있을 경우에 대하여도 당사는 책임을 부담하지 아니합니다.

(3) 회사의 사정으로 서비스를 영구적으로 중단하여야 할 경우 전항에 의거합니다. 다만 이 경우 고지 기간은 1개월로 합니다.

(4) 회사는 사전 고지 후 서비스를 일시적으로 수정, 변경 및 중단할 수 있습니다.

(5) 회사는 이용자가 본 약관의 내용에 위배되는 행동을 한 경우, 회사는 이용자에게 약관준수를 요구할 수 있으며 이용자가 합리적인 이유 없이 회사의 요구에 지체 없이 응하지 않을 경우 서비스 사용을 제한 및 중지할 수 있습니다. 이 경우 당사는 위 이용자의 접속을 금

지할 수 있으며 위 이용자가 게시한 내용의 전부 또는 일부를 임의로 삭제할 수 있습니다.

제5장 계약 해지 및 이용 제한

제22조 계약 해지 및 이용 제한

(1) 회원이 이용 계약을 해지하고자 하는 경우에는 회원 본인이 서비스 또는 전자우편을 통하여 회사에 신청하여야 합니다.

(2) 회사는 회원이 다음 각 호의 1에 해당하는 행위를 하였을 경우 이용계약을 해지하거나 또는 기간을 정하여 서비스 이용을 중지할 수 있습니다.

가. 타인의 서비스 ID 및 비밀번호를 도용한 경우

나. 서비스 운영을 고의로 방해한 경우

다. 가입한 이름이 실명이 아닌 경우

라. 같은 사용자가 다른 ID로 이중등록을 한 경우

마. 공공질서 및 미풍양속에 저해되는 내용을 고의로 유포시킨 경우

바. 회원이 국익 또는 사회적 공익을 저해할 목적으로 서비스 이용을 계획 또는 실행하는 경우

사. 타인의 명예를 손상시키거나 불이익을 주는 행위를 한 경우

아. 다량의 정보를 전송하거나 광고성 정보를 전송하여 서비스의 안정적 운영을 방해한 경우

자. 정보통신설비의 오작동이나 정보의 파괴를 유발시키는 컴퓨터 바이러스 프로그램 등을 유포하는 경우

차. 회사, 다른 회원 또는 제3자의 지적재산권을 침해하는 경우

카. 정보통신윤리위원회 등 외부기관의 시정요구가 있거나 불법선거

운동과 관련하여 선거관리위원회의 유권해석을 받은 경우

타. 타인의 개인정보, 이용자ID 및 비밀번호를 부정하게 사용하는 경우

파. 회사의 서비스 정보를 이용하여 얻은 정보를 회사의 사전 승낙 없이 복제 또는 유통시키거나 상업적으로 이용하는 경우

하. 회원이 자신의 홈페이지와 게시판에 음란물을 게재하거나 음란 사이트 링크하는 경우 기타 사회통념상 관계법령에 비추어 계속 사용케 함이 부적합하다고 판단하는 경우

제6장 손해배상 및 기타 사항

제23조 손해배상

회사는 서비스 요금이 무료인 동안의 서비스 이용과 관련하여 회사의 고의 또는 중대한 과실 없이 회원에게 발생한 어떠한 손해에 관하여도 책임을 지지 않습니다.

제24조 면책조항

(1) 회사는 천재지변 또는 이에 준하는 불가항력으로 인하여 서비스를 제공할 수 없는 경우에는 서비스 제공에 관한 책임이 면제됩니다.

(2) 회사는 회원의 귀책사유로 인한 서비스 이용의 장대에 대하여 책임을 지지 않습니다.

(3) 회사는 회사의 고의 또는 중대한 과실이 없는 한 회원이 서비스를 이용하여 기대하는 수익을 상실한 것에 대하여 책임을 지지 않으며 그 밖에 서비스를 통하여 얻은 자료로 인한 손해에 관하여 책임을 지지 않습니다.

(4) 회사는 회사의 고의 또는 중대한 과실이 없는 한 회원이 서비스에 게재한 정보 및 자료의 진위 여부, 정확성 기타 내용에 대한 보장을 하지 않으며 이로 인한 책임은 각 이용자가 부담합니다.

[부 칙]

이 약관은 2002년 5월 1일부터 적용하고 2000년 7월 17일부터 시행되던 종전의 약관은 본 약관으로 대체합니다.

제1조 용 어

1. 머니: 머니는 싸이더스넷의 유료서비스를 이용 혹은 구입할 수 있도록 하기 위해 만들어진 사이버 머니입니다.

2. 충전: 머니를 일정량 확보하기 위해 특정 결제수단을 이용하여 현금을 싸이더스넷에 지불하는 행위이며 현금 10원당 머니 10원이 충전됩니다.

제2조 충전 방법

1. 머니 충전은 '머니' 메뉴의 '충전하기' 및 유료서비스 이용 시 충전 가능합니다.

2. 머니 충전은 1,000원 단위로 30,000원까지 충전이 가능합니다.

3. 머니 충전 제한 금액은 3만 원이며 이와는 별도로 고객이 지정하신 지불수단 자체의 사용 제한 금액이 있을 수 있습니다. 지정된 지불수단의 사용 제한 금액은 결제 안내 페이지에서 확인하실 수 있습니다.

4. 충전이 비정상적으로 이루어진 경우 머니를 재충전받을 수 있습니다.

5. 머니 충전은 ㈜인포허브의 결제서비스를 이용하며 이와 관련된

배상책임은 ㈜싸이더스 측에 있지 아니하며 ㈜인포허브에 있습니다.

제3조 머니의 사용

1. 머니는 싸이더스넷 내의 각종 서비스를 이용하거나 디지털 컨텐츠를 구입하는 데 지불 수단으로 이용됩니다.

2. 싸이더스넷 서비스의 중대한 하자에 의하여 컨텐츠가 손상, 훼손, 삭제되었거나 불량했을 경우 머니 재충전 혹은 해당 컨텐츠 복원으로 보상받을 수 있습니다.

제4조 머니의 환불

다음 각 호의 경우 적법한 절차를 거친 후 환불을 받을 수 있습니다.

1. 현금 환불

1) 머니를 충전했으나 머니를 사용할 수 있는 서비스가 전무하며 그에 대한 책임이 전적으로 싸이더스넷에 있을 경우(단, 시스템 정기점검 등 불가피한 경우를 제외)

2) 충전서비스를 이용하였으나 머니 충전금액이 정상적으로 충전되지 못하여 환불을 요청하는 경우

3) 기타 소비자 보호를 위하여 싸이더스넷에서 따로 정하는 경우

4) 결제시스템 이상으로 청구금액에 이상이 있을 경우

5) 싸이더스넷 해지 시 잔액이 1000원 이상 남아 있을 경우

2. 머니 환불

1) 싸이더스넷의 시스템적인 문제로 인해 구매/사용 중인 물품이 피해를 입은 경우 장애내용을 e-mail로 보내주시면 머니 환불이나 해당 아이템으로 보상

2) 환불절차는 다음과 같습니다.

(1) 제4조 1항 1, 2, 3, 4, 5호에 의한 이유로 환불을 원하는 사용자

는 e-mail 상담소를 통해 환불을 신청해야 하며 싸이더스넷은 환불 신청이 정당함을 심사한 후 정당한 이유가 있음으로 판명된 사용자에게 환불합니다.

(2) 제4조 1항 5호의 경우 해지 시 환불 절차를 같이 진행합니다.

(3) 제4조 1항의 각 호에 의한 사유가 발생했을 때 사용자가 환불을 신청하시면 사용자의 '보유머니'에 남아 있는 '현금으로 충전'한 머니 부분에서 싸이더스넷이 부담해야 하는 충전/송금 수수료 1,000원을 제한 금액을 환불가능금액으로 환불받게 됩니다.

3. 미성년자의 머니 사용

1) 법률에서 정한 미성년자에 해당되는 사용자는 싸이더스넷 회원가입 시 보호자 동의 절차를 밟아야 합니다.

2) 위 보호자 동의 절차를 밟지 아니한 미성년자는 머니 충전에 제한을 받게 됩니다.

〈개인정보보호 방침〉

1. 목   적

이 개인정보보호방침은 관련 법령 및 개인정보보호지침과 관련하여 싸이더스가 준수하여야 할 사항을 규정함으로써 회원님의 개인정보를 적절히 보호함을 목적으로 합니다.

2. 개인정보관리책임자

싸이더스는 회원님의 개인정보를 보호하기 위하여 다음과 같이 개인정보 관리 책임자를 지정합니다.

소속: 싸이더스 에이치큐 온라인사업부

성명: 이승철 전화번호: 02-6005-6181 이메일: ohnew@sidus.net

3. 개인정보보호에 관한 사항

회원님은 관련법에 의해 자신의 개인정보 열람, 정정, 동의 철회를 요청할 수 있으며 이러한 요청이 있을 경우 ㈜싸이더스 에이치큐는 지체 없이 필요한 조치를 취합니다.

4. 약관과의 관계

이 방침에서 사전에 회원의 동의를 요하는 사항은 약관에 명시되어 있습니다. 회원님께서는 반드시 약관의 내용을 읽어보시기 바랍니다.

5. 만 14세 미만이신 회원님의 경우

회원님이 만 14세 미만이신 경우 관련 법령에서는 개인정보를 수집하기 위해서는 부모님의 동의를 받도록 되어 있습니다. 회원님이 회원가입 절차를 통해 개인정보를 입력하시는 경우 만 14세 미만이신 분은 반드시 부모님의 동의를 받으셔야 합니다.

다 음

구약관: 신약관

제20조(1) 회원이 회원가입신청을 해지하고자 하는 경우에는 회원 본인이 전화나 전자우편을 통하여 회원가입 모집 후 한달 이내에 신청하여야 합니다.

제12조(1) 회원은 법령이 정하는 바에 따라 회원가입을 해제 또는 해지할 수 있습니다.

제20조(2) 회사는 회원이 다음 각 호의 1에 해당하는 행위를 하였을 경우 사전 통지 없이 이용계약을 해지하거나 또는 기간을 정하여 서비스 이용을 중지할 수 있습니다.

가. 가입한 이름이 실명이 아닌 경우

나. 타인의 명예를 손상시키거나 불이익을 주는 행위를 한 경우

다. 회사, 다른 회원 또는 제3자의 지적재산권을 침해하는 경우

라. 회사를 통하여 받은 회원서비스를 회사의 사전 승낙 없이 복제 또는 유통시키거나 상업적으로 이용하는 경우

제12조(2) 회사는 회원이 다음 각 호의 1에 해당하는 행위를 하였을 경우 이용계약을 해지하거나 또는 기간을 정하여 서비스 이용을 중단할 수 있습니다.

가. 가입한 이름이 실명이 아닌 경우

나. 타인의 주민등록번호를 도용한 경우

다. 회원 물품을 사고파는 경우

라. 공연장에서 무단으로 사진촬영을 하거나 캠코더를 찍는 경우

마. god의 초상 등을 이용하여 영리를 취하는 경우

바. 회원들에게 욕설이나 폭력을 행한 경우

2002년 5월 20일 주식회사 싸이더스 에이치큐

fangod 회원 약관

류한솔

제1장 총 칙

제1조 목 적

이 약관은 주식회사 싸이더스 에이치큐(이하 '회사'라고 합니다)가 제공하는 서비스(이하 '서비스'라 합니다)의 기본적인 사항을 규정함을 목적으로 합니다.

제2조 약관의 효력 및 변경

(1) 이 약관은 서비스 화면에 게시하거나 기타의 방법으로 회원에게 공지함으로써 효력을 발생합니다.

(2) 회사는 약관의 규제 등에 관한 법률 기타 관련 법령을 위배하지 않는 범위에서 이 약관을 변경할 수 있으며 변경된 약관은 적용일자 및 개정 사유를 명시하여 현행 약관과 함께 그 적용일자 7일 전부터 적용일자 전일까지 제1항과 같은 방법으로 공지합니다.

제3조 약관 외 준칙

이 약관에 명시되지 아니한 사항에 대해서는 기타 관련 법령의 규정에 따릅니다.

제4조 용어의 정의

이 약관에서 사용하는 용어의 정의는 다음과 같습니다.

1. 회원: 가입 기간 동안 지정된 회비를 지정된 통장에 입금하고 이를 증명할 수 있는 입금증을 본인이 지니고 있는 자.

2. 공식 사서함: 싸이더스에서 공식적으로 운영하는 사서함으로 스케줄과 공지사항으로 운영되는 전화 사서함 서비스

3. 팬클럽 사서함: fangod 임원이 운영하는 사서함으로 팬클럽 운영에 대한 상세공지가 등록되는 전화사서함 서비스: 152-5758

4. 홈페이지: 싸이더스에서 인정한 god의 공식 홈페이지:
   www.god.sidus.net

5. 운영자: 서비스의 전반적인 관리와 원활한 운영을 위하여 회사에서 선정한 사람

제5조 개인정보 보호정책

(1) 회사는 개인정보보호지침 기타 관련 법령에 따라 개인정보보호방침을 마련하여 회원의 개인정보를 적절히 보호하기 위해 최선을 다합니다.

(2) 회사는 회원에 대한 서비스 제공, 회원의 원활한 커뮤니티 활동 기타 회원의 이익을 도모하기 위하여 개인정보를 수집할 수 있습니다.

(3) 회사는 회원의 개인정보를 다음 각 호에 해당하는 외에는 이를 이용하거나 제3자에게 제공할 수 없습니다.

가. 금융 실명거래 및 비밀보장에 관한 법률, 신용정보의 이용 및 보호에 관한 법률, 전기통신기본법, 전기통신사업법, 지방세법, 소비자보호법, 한국은행법, 형사소송법 등 법령에 특별한 규정이 있는 경우

나. 서비스를 제공하기 위한 우편발송에 필요한 경우

다. 통계작성·학술연구 또는 시장조사를 위하여 필요한 경우로서 특정 개인을 식별할 수 없는 형태로 제공하는 경우

라. 필요한 최소의 범위에서 회사가 제휴한 사이트에 제공하는 경우, 단 회사는 타 사이트와 제휴하게 될 경우 제휴 사이트를 홈페이지에 게시하는 등의 방법으로 회원에게 공지하여야 합니다.

제2장 서비스 이용 계약

제6조 회원가입 계약의 성립

(1) 회원가입은 회원가입신청자가 지정된 통장에 지정된 회비를 실명으로 입금을 하고 회원의 신상명세를 회사에 보내옴으로 성립합니다.

(2) 회원가입신청자는 회비 입금 후 가입신청 양식을 기재하여 등록함으로써 가입신청이 있게 됩니다.

(3) 회원은 본인의 가입에 대한 증명서로 회비를 입금한 입금증을 제시할 수 있어야 합니다.

(4) 회사는 회원리스트 작성을 완료한 후 홈페이지에 명단을 등록하여 회원이 본인의 회원등록을 확인할 수 있게 합니다.

제7조 회원가입신청

회원가입신청은 회사가 지정한 방식으로 다음 사항을 가입신청 양식에 기록하여 신청합니다.

(1) 이름

(2) 주민등록번호

(3) 주소(우편번호 포함)

(4) 연락처

(5) 입금한 은행

(6) 기타 사항

제8조 회원가입신청의 승낙

(1) 회사는 제6조에 따른 회원가입신청에 대하여 특별한 사정이 없는 한 접수 순서에 따라서 회원가입을 승낙합니다.

(2) 회사는 다음 각 호의 1에 해당하는 경우 그 사유가 해소될 때까지 회원가입신청을 유보할 수 있습니다.

가. 서비스 관련 설비의 용량이 부족한 경우

나. 기술상 장애 사유가 있는 경우

다. 기타 회사가 필요하다고 인정되는 경우

(3) 회사는 다음 각 호의 1에 해당하는 회원가입신청에 대하여는 이를 승낙하지 아니하거나 승낙을 사전 동의 없이 일방적으로 취소할 수 있습니다.

가. 다른 사람의 명의를 사용하여 신청하거나 가명으로 신청하는 등 본인의 실명으로 신청하지 않은 경우

나. 이용 신청 시 필요 내용을 허위로 기재하여 신청한 경우

(4) 회사는 회원가입신청자가 미성년자 기타 법령에 의하여 사용에 제한이 있는 연령인 경우 부모님의 허락을 받고 가입을 해야 합니다. 부모님의 반대로 생기는 불이익에 대해서는 책임질 수 없으니 미리 허락을 받으시기 바랍니다.

제9조 계약 사항의 변경

회원은 이용신청 시 기재한 사항이 변경되었을 경우에는 공식 홈페이지 혹은 사서함을 통하여 공지된 회원정보변경 기간 내에 본인의

회원정보를 수정해야 합니다. 회원이 회원정보를 수정하지 않거나 확인하지 않음으로 해서 입는 불이익은 회원 자신이 부담합니다.

제3장 계약 당사자의 의무

제10조 회사의 의무

(1) 회사는 특별한 사정이 없는 한 공지된 회원 기간 동안 모든 서비스를 제공해야 합니다.

(2) 회사는 이 약관에서 정한 바에 따라 서비스의 제공을 위하여 지속적으로 노력하며 다만 천재지변, 비상사태 또는 그 밖에 부득이한 경우에는 공지된 이벤트를 일시 중단하거나 중지할 수 있습니다.

(3) 회사는 회원으로부터 합리적 절차에 의해 제기되는 의견이나 불만이 정당하다고 인정할 경우에는 적절한 절차를 거쳐 처리하여야 합니다. 처리 시 일정 기간이 소요될 경우 회원에게 그 사유와 처리 일정을 알려주어야 합니다.

제11조 회원(이용자)의 의무

(1) 회원은 회사가 홈페이지 공지 혹은 사서함으로 공지하는 사항을 준수하여야 합니다.

(2) 공식팬클럽 회원의 정보관리는 본인의 이름과 주민등록번호로 확인 후 수정변경할 수 있습니다. 이에 회원의 주민번호 관리에 관한 모든 관리책임은 회원에게 있습니다.

(3) 회원은 회사의 사전의 서면에 의한 승낙 없이는 서비스를 이용하여 영업활동을 할 수 없으며 그 영업활동의 결과와 회원이 약관에 위반한 영업활동을 이용하여 발생한 결과에 대하여 회사는 책임을 지

지 않습니다. 회원은 이와 같은 영업활동에 대하여 회사에 대하여 손해배상의무를 집니다.

(4) 회원은 서비스의 이용권한, 기타 이용계약상 지위를 타인에게 양도, 증여할 수 없으며 이를 담보로 제공할 수 없습니다.

(5) 회원은 서비스 이용과 관련하여 다음 각 호의 행위를 하여서는 안 됩니다.

　가. 서비스에서 얻은 정보를 회사의 사전 승낙 없이 회원의 이용 이외 목적으로 복제하거나 이를 출판 및 방송 등에 사용하거나 제3자에게 제공하는 행위

　나. 회사의 저작권, 저작인접권, 지적재산권 등 기타 권리를 침해하는 행위

　다. 회사소속 연예인의 초상권, 저작인접권 등 권리를 침해하는 행위

　라. 타인의 저작권, 저작인접권 등 지적재산권 기타 권리를 침해하는 행위

　마. 공공질서 및 미풍양속에 위반되는 내용의 정보, 문장, 도형 등을 타인에게 유포하는 행위

　바. 기타 관계법령에 위배되는 행위

제4장 계약 해지 및 이용 제한

제12조 계약 해지 및 이용 제한

(1) 회원은 법령이 정하는 바에 따라 회원가입을 해제 또는 해지할 수 있습니다.

(2) 회사는 회원이 다음 각 호의 1에 해당하는 행위를 하였을 경우 이용계약을 해지하거나 또는 기간을 정하여 서비스 이용을 중지할 수

있습니다.
　가. 가입한 이름이 실명이 아닌 경우
　나. 타인의 주민등록번호를 도용한 경우
　다. 회원 물품을 사고파는 경우
　라. 공연장에서 무단으로 사진 촬영을 하거나 캠코더를 찍는 경우
　마. god의 초상 등을 이용하여 영리를 취하는 경우
　바. 회원들에게 욕설이나 폭력을 행한 경우

[부　칙]

(시행일) 이 약관은 2001년 10월 15일부터 시행

〈개인정보보호방침〉

1. 목　적
이 개인정보보호탕침은 관련 법령 및 개인정보보호지침과 관련하여 ㈜싸이더스가 준수하여야 할 사항을 규정함으로써 회원님의 개인정보를 적절히 보호함을 목적으로 합니다.

2. 개인정보관리책임자
싸이더스는 회원님의 개인정보를 보호하기 위하여 다음과 같이 개인정보 관리책임자를 지정합니다.
소속: 싸이더스 커뮤니티지원팀
성명: 김선화 전화번호: 02-6005-6688 이메일: fangod@sidus.net

3. 이용자의 권리
회원님은 관련법에 의해 자신의 개인정보 열람, 정정, 동의철회를

요청할 수 있습니다.

 4. 약관과의 관계

 이 방침에서 사전에 회원의 동의를 요하는 사항은 약관에 명시되어 있습니다. 회원님께서는 반드시 약관의 내용을 읽어보시기 바랍니다.

 5. 만 14세 미만이신 회원님의 경우

 회원님이 만 14세 미만이신 경우 관련 법령에서는 개인정보를 수집하기 위해서는 부모님의 동의를 받도록 되어 있습니다. 회원님이 회원가입 절차를 통해 개인정보를 입력하시는 경우 만 14세 미만이신 분은 반드시 부모님의 동의를 받으셔야 합니다.

〈콘서트 홍보〉

◎ 행사 개요 및 티켓 구입 안내

〈행사 개요〉

제 목: 'god 100일간의 human concert'

일 시: 1차-2002년 7월 11일~2002년 9월 22일(총 45회)

　　　 2차-5집 앨범 발표 이후

시　간: 매주 목, 금-pm 7 : 30

　　　　 매주 토, 일(공휴일 포함)-pm 5 : 00

장　소: 팝콘 하우스(구정동 이벤트 홀)

티켓 가격: 50,000원(균일가)

좌　석: 총 3,000석(지정석 747석 / 스탠딩 2,253석)

〈티켓 구입 방법〉

전화 예매: 스타 식스 문의 및 예매

　　　　　 (02)2004-8080 / (02)723-2900

전화 예매의 경우 예매 후 온라인으로 입금

예매 시간 –am 9:00~pm 9:00

인터넷 예매:

    티켓파크 www.ticketpark.com (전화예매: (02)1588–1555)

    티켓링크 www.ticketlink.co.kr (전화예매: (02)1588–7890)

    맥스무비 www.maxmovie.com (문 의: (02)3446–0124)

◎ 콘서트의 100가지 테마에 대하여

god 100일간의 '휴먼콘서트'는 관객과 god가 공감할 수 있는 100가지 테마로 이루어집니다. 우리의 일상에서 쉽게 접할 수 있는 친근하고 다양한 소재를 선택하여 god의 노래와 춤과 이야기로 관객과 대화하는 형식으로 꾸며질 것입니다. 전략적으로 god 100회 공연의 세부적인 컨셉과 일정은 노출하지 않으나 일부 중요테마에 대해서는 추후 사전 공지될 예정입니다.

각 공연은 정해진 테마에 맞추어 채워지며 100회 공연의 수준은 균일하게 유지됩니다. 관객은 100회 중 어느 공연을 선택해도 god의 새로운 모습을 볼 수 있으며 god가 꾸미는 깜짝 이벤트를 만날 수 있습니다.

◎ fangod 3기 회원의 할인혜택

fangod 3기 회원에 한하여 스타식스 유료회원(1년 1만 원 상당) 혜택을 똑같이 부여해드립니다.

※ 스타식스 회원 혜택(http://www.starsix.co.kr)

–정동이벤트 홀 공연 관람 시 관람료 10%~30% 할인

  (단, god 콘서트 제외)

–영화 관람 시 관람료 1,500원 할인

-심야영화 6,000원 할인

-지정영화 관람 시 50% 할인

-영화 관람 시 회원동반 1인 할인 혜택 적용

-종로 뮤직랜드에서 음반 구입 시 10% 할인

-'난타' 공연 10% 할인

-각종 시사회 및 이벤트 우선 초대

-제휴 업체 할인 혜택

◎ 스탠딩 좌석 입장

스탠딩의 경우 모든 스탠딩을 한 구역으로 통일하는 것이 아닌 구역 안에서 세부 분할하여 과다하게 밀리는 일이 없도록 하였습니다. 덧붙여 스탠딩 뒤의 좌석은 무대가 잘 보일 수 있도록 충분한 높이와 거리를 조절하여 배치하였습니다.

제4부

팬클럽에 소개된 스타

히딩크 팬클럽

정은혜

2002 한일 공동 개최 월드컵이 열리고 있는 한창이다. 여자이기 때문일지도 모르지만 사실 축구를 즐긴다거나 큰 관심을 가지고 있지 않았었다. 하지만 월드컵이 우리나라에서 열리고 작은 애국심(?)일지 모르지만 다른 나라의 축구대표팀과 경쟁한다는 것에 대해 작은 관심이 생기기 시작한 것 같다. 수많은 팬클럽들 중 조사한 것은 한국축구대표팀을 수단계 업그레이드시켰다는 평가를 받고 있는 히딩크 감독 팬클럽에 대해 조사를 했으며 히딩크 팬클럽의 장점과 단점 그리고 내가 느끼는 것에 대해 적고자 한다.

48년 만의 한국축구 4강 진출의 신화!!! 히딩크에 대해 적는다.(참조 - daum cafe: 히딩크 그를 믿는다)

🌀 히딩크 팬클럽의 장점

1. 내 나라에 대한 자부심을 느낄 수 있었다.

사실 한국이 지금까지 6번의 월드컵에 진출하면서 이번 월드컵 성적을 제외하면 4무 10패라는 초라한 성적표를 받아온 것이 사실이다. 월드컵이 시작될 때마다 많은 기대에 부풀어 있었던 국민들에게 보여준 모습은 실망 그 자체이었다.

하지만 히딩크 그가 보여준 줏대 있는 모습은 한국축구를 새로운 모습으로 탈바꿈을 하게 하였고 2승 1무의 화려한 성적으로 16강 진출이라는 신화를 창조하며 조국에 대한 자부심을 가질 수 있게 하였다. 팬클럽을 통한 한국축구의 자부심을 깊이 있게 느끼고 또한 8강이라는 목표와 희망을 가질 수 있는 모습을 보여주는 것 팬클럽이 가질 수 있는 장점이라 생각한다.

2. 팬클럽을 통해 새로운 인연을 만들어갈 수 있다.

팬클럽이라는 말의 뜻이 보여주듯이 한 사람에 대한 팬들의 모임이 바로 팬클럽일 것이다.

팬클럽을 통해서 한국축구에 대한 수많은 사람들의 생각과 나의 생각을 공유할 수 있는 자리로 인해 서로 알아가고 이해해 나가며 인간관계로 이어질 수 있는 끈으로서의 매개체가 되고 있다.

3. 새로운 사실들을 알아갈 수 있다.

말 그대로 팬클럽에서 많은 사람들의 생각이 담긴 글을 읽게 됨으로써 알지 못하던 것에 대해 새롭게 알 수 있는 기회가 도고 있다.

혼자서 알고 있는 것은 일부분이라 생각한다. 20살 세상에 대해 배울 수 있는 기회가 된다면 무엇이라도 배우고 싶은 마음인데 생각지 못한 팬클럽에서조차 새로운 것을 알 수 있게 됐다.

히딩크 팬클럽의 단점

1. 외국인에 대한 막연한 추종이다.

이미 언론에서도 특별귀화나 명예훈장 등을 수여한다는 보도가 된 적이 있지만 4강 진출은 참 즐거운 소식이지만 한 사람 그것도 외국인에 대한 맹목적인 추종에 대해 이야기한다. 히딩크 팬클럽에서도 많은 부분 공감하는 사람이 대부분이지만 그를 존중하는 것에 대해서는 찬성하지만 영웅시하는 것은 잘못된 것이라는 지적도 있다.

2. 유언비어나 잘못된 소식을 접하게 된다.

10만 명에 가까운 회원이 가입한 카페이기에 수많은 유언비어나 잘못된 소식들을 접하게 된다. 조금 더 빠른 소식 그리고 많은 내용들을 얻고자 들어가는 카페이지만 가끔씩 잘못된 소식들로 인해 기분이 상하는 경우가 있다.

🍥 히딩크 팬클럽에 대한 나의 생각

히딩크 팬클럽에 대해 조사해 보면서 관심 밖이던 축구에 대한 관심과 재미 그리고 한국축구가 16강까지 올라간 사실을 통해 적지 않은 즐거움과 환희에 젖게 만들었다. 장점과 단점에 대해서 조사하면서도 장점이 있으면 단점도 있을 수 있다는 것을 직접 눈으로 확인하는 기회가 되었다. 팬클럽이라는 것을 많이 접하거나 활동하는 시간은 태어나 아직까지는 없었다. 하지만 히딩크 팬클럽!!! 히딩크라는 사람에 대해 다시 한번 생각할 수 있게 한다.

"세계를 깜짝 놀라게 할 것이다"라고 이야기했던 월드컵전의 인터뷰에서 보듯이 히딩크 그의 자신감 그리고 줏대 있는 계획과 한국축구의 중간 성적을 바라보면서 그에 대한 생각을 나누어 볼 수 있는 팬클럽을 통해 6월 월드컵 축제를 여는 지금 나는 행복하다.

팬클럽이 가질 수 있는 특성이 무엇인가 많이 생각하며 팬클럽을 통해 내가 얻은 것은 새로운 것을 접하고 삶 속에 즐거움을 누릴 수 있는 것에 있다고 생각한다.

월드컵출전 태극전사   김남일

포지션: MF
등번호: 5
생년월일: 1977. 3. 14.
신체조건: 신장-182cm, 몸무게-76kg
출신학교: 부평초-부평동중-부평고-한양대
현소속팀: 전남 드래곤즈
주요경력: 국가대표팀 경기 데뷔=1998년 12월 아시안게임 베트남전
　　　　　국가대표팀경기 출전 횟수=21경기 출전, 1골

'김남일은 한국에서 최고의 선수다.' 전력 점검차 4월 27일 인천월드컵경기장에서 열린 한국과 중국의 축구대표팀 평가전을 지켜본 폴란드대표팀 에드바르드 클레인딘스트 코치는 경기 뒤 한국의 전력을 평가해 달라는 질문에 이같이 대답하고 "김남일의 플레이는 정말 뛰어났다"는 말도 보탰다. 그의 말에는 공격의 시발이자 수비의 1차 저지선인 김남일(전남)에 대한 경계심이 잔뜩 묻어 있는 듯 했다. 김남일은 중국전에서 좌우 윙백의 측면 공격 때 생긴 공간을 적절하게 커버하고 강한 압박과 몸싸움으로 중국 공격진에 쉽사리 길을 내주지 않는 등 수비형 미드필더의 임무를 소화해냈다.

지난해 8월 대표팀의 유럽전지훈련 때 처음 '히딩크호'에 탑승한 김남일은 이처럼 상대팀의 경계 대상 1순위로 떠오를 만큼 대표팀에 없어서 안 될 보배로 자리매김했다. 182cm, 76kg의 당당한 체구를 지닌

김남일은 출발은 미약했으나 차차 빛을 본 '대기만성형' 선수. 유럽전훈 기간 열린 체코전에서 0-1로 뒤지던 후반 20분 미드필드에서 우리 골문을 향해 드리블하다 볼을 빼앗기면서 골을 내줘 손가락질을 받았고 국내 프로무대에서도 같은 실수를 되풀이, 기술이 없는 선수란 악평을 받았다.

또 정교하지 못한 패스와 침착하지 않은 플레이도 문제점으로 지적됐다. 그러나 투지, 지칠 줄 모르는 체력과 상대의 진을 빼놓는 대인마크에 반한 히딩크 감독은 "한국에 그만한 수비형 미드필더는 없다"며 계속 중용했고 김남일은 히딩크의 신임 속에 지금까지 부상 중일 때를 제외하고 거의 모든 경기에 뛰면서 기량이 농익었다.

올해 초 열린 골드컵 축구대회에서 뛰어난 수비력으로 국내 선수로는 유일하게 테크니컬 스터디 그룹이 선정한 '베스트 11'에 뽑혀 주가를 높인 김남일이 자신의 존재를 크게 부각시킨 것은 스페인전지훈련 기간 열린 핀란드와의 A매치. 김남일은 이 경기에서 이영표(안양)와 호흡을 맞춰 공격과 수비수 간 다리 역할을 충실히 하고 상대 공격수 미카엘 포르셀(첼시)을 전담 마크, 발을 꽁꽁 묶어 놓았다. 또 수세 때 어느새 수비라인에 가담하는 등 종횡무진 활약했다.

얼마나 마음에 들었으면 히딩크 감독이 "나 자신도 놀랄 정도로 성숙한 기량을 선보였다. 김남일이 오늘 경기의 MVP"라고 실토했을 정도. 거친 플레이 때문에 반칙이 많아 대표팀의 '반칙왕'이라고 불리나 히딩크 감독이 '얌전한 플레이는 팀 전술에 보탬이 되지 않으며 반칙도 기술'이라는 지론을 펴온 점을 감안하면 김남일의 스타일은 모범답안인 셈이다.

히딩크 감독이 본선에서 김남일에게 부여한 특명은 저돌적인 플레이로 피오트르시비에르체프스키(폴란드) 등 상대 공격형 미드필더를

밀착 방어, 공격의 물꼬를 틀어막으라는 것. 김남일은 "보다 터프한 플레이와 빠른 볼처리, 원만한 볼배급으로 팀이 승리하는 데 기여하겠다"고 말했다.

98년 12월 아시안게임 베트남전에서 A매치에 데뷔한 뒤 시드니올림픽 지역예선대표를 거쳐 대표팀의 베스트 11로 올라선 김남일이 히딩크의 주문을 100% 소화, 한국에 월드컵 본선 첫 승과 16강 진출의 쾌거를 안겨줄 첨병이 되었다.

월드컵 4강 신화창조의 멤버로서 특히 여성팬들에게 최고의 인기를 얻고 있는 진공청소기 김남일(전남 드래곤즈)이 K리그 개막을 기념해 광양 커뮤니티센터에서 공식 기자회견을 갖고 "한국축구가 더욱 발전하려면 젊은 선수들이 해외에서 많이 뛰어야 한다"며 이같이 말했다.

김남일은 "가능하면 스페인 무대에서 활동하고 싶다"면서 "국내 프로축구 무대에서는 도움왕을 한번 해보고 싶은 게 꿈"이라고 덧붙였다. 여성팬들이 꼽는 김남일의 매력은 '반항아 이미지'. 김남일은 축구선수답지 않게 거침없이 말을 내뱉는다. 지난 5월 프랑스대표팀과의 친선경기에서 세계적인 스타인 지네딘 지단을 집중 마크했던 그는 "지단의 부상에 대해 어떻게 생각하느냐"는 질문에 "그라운드에서 서로 승부를 겨루는 경쟁자의 입장에선 격렬한 몸싸움을 벌이는 것은 당연하다"며 "지단이 못 뛰게 되면 내 연봉에서 그의 일당을 까라"고 말했다.

또 월드컵 경기 도중에도 폴란드 선수와 볼다툼을 벌이며 거친 몸싸움을 벌이던 그가 클로즈업된 순간 "에이 XX"라는 욕설을 내뱉었는데 그의 화끈한 플레이가 인기를 모았다. 방송에 출연해서는 할머니와 전화통화에서 월드컵 기간 중 단 한 번도 전화통화가 되지 않았다며 연락 좀 하라는 할머니의 간절한 요구에 김남일은 "무소식이 희소

식입니다"라고 태연하게 말하기도 했다.

김남일이 최근 인터뷰를 통해 한 말의 압권은 4강 보너스와 관련한 멘트. 그는 "처음으로 큰돈을 받고 당황스럽고 긴장이 됐다. 수표를 처음 받고 2억 9천만 원이 아닌 29만 원인 줄 알았다."고 말해 취재진을 웃음도가니로 몰아넣고 "아버지와 상의해 좋은 일에 쓸 것인지 집을 살 것인지 등을 정하겠다."고 밝히기도 했다.

그의 인기를 감안한 듯 소속 전남 구단은 각종 외부행사나 매스컴과의 접촉, CF출연 등에 이르기까지 정상급 연예인들이나 받을 만한 매니지먼트를 전문 업체의 과학적 기법에 맡기겠다는 계획을 추진 중이다.

현재 구단의 인력과 여력으로는 김남일의 철저한 인기 관리가 어렵다는 판단하에 월드컵이 끝난 뒤에도 김남일의 폭발적 인기를 지속시켜 나가기 위해서는 전문 기법을 갖고 있는 외부 매니지먼트사의 관리가 필요하다는 게 구단의 방침이라고 한다.

전남은 이를 위해 스타관리에 탁월한 노하우를 지닌 몇몇 전문 매니지먼트사와 접촉에 들어갔다. 전남은 특히 지난 7일 홈에서 김남일의 첫 팬 사인회를 치른 뒤 이 같은 결정을 앞당겼다.

한국축구국가대표 감독   거스히딩크

출 생: 46년 11월 8일 네덜란드에서 태어남
선수 생활(미드필더):
   67~76년 네덜란드 1부리그 드 그라샤프클럽,
          PSV 아인트호벤-76~77년
   미국 워싱턴 디플로머츠와 산호세 어스퀘이크
   -78~81년 네덜란드 NEC 니멘겐클럽
지도자-81~83년 드 그랴샤프클럽 선수 겸 코치:
   -83~86년 PSV 아인트호벤 코치
   -86~90년 PSV 아인트호벤 감독(86~88 3년 연속 리그
      우승, 88 FA컵 우승, 88 유럽챔피언스컵 우승)
   -90~91년 터키 페네르바체클럽 감독
   -91~94년 스페인 발렌시아 감독
   -95~98년 네덜란드 대표팀 감독(96 유럽선수권 8강,
      98월드컵 4강)
   -98~99년 스페인 레알 마드리드 감독(98도요타컵 우승)
   -2000년 상반기 스페인 레알 베티스 감독
   -2001년~한국 대표팀 감독

"승리 집착 한국축구 발목 잡아선 안 돼"

거스 히딩크(55) 축구 국가대표팀 감독은 당연한 얘기지만 2002 월드컵의 목표를 16강이라고 말했다. 그러나 그는 "세계 16강과 한국축구의 수준 차가 너무 크다"며 "이 간격을 최대한 좁히는 게 나의 임무"라고 말했다. 히딩크 감독은 그러나 "한국축구가 승리 지상주의에

집착해 축구 자체의 발전을 외면하는 자기 함정에 빠져서는 안 된다"며 막연한 '월드컵 16강 신화'에 대해 주의를 당부했다. 그는 "월드컵 이후에 계속될 국제대회에서도 경쟁력을 갖춘 축구로 거듭나는 것이 매우 중요하다"고 강조했다.

인터뷰 내내 진지한 태도로 질문에 답한 그는 대표팀 운영을 비롯한 각종 현안에 대해서는 차분한 목소리로 비교적 자세하게 응답했다.

― 한국에 온 지 10개월이 됐다. 그동안 겪은 국가대표팀을 평가하면.

올해 1월 울산에서 대표선수 25명을 처음 만났다. 느낌이 좋았다. 그리고 지금까지 여러 차례 국가대표팀 간 경기를 하면서 선수들이 많이 변했다. 선수들은 감독이 요구하는 것을 정확하게 숙지하고 스스로 경기력을 갖춰나가야 한다. 그런 면에서 대표팀 선수들은 열심히 뛰었고 감독의 지시사항을 이행하려는 자세도 좋았다. 반면 개인기술 향상은 만족스럽지 못했다. 그러나 최근 두 달 동안 상당한 변화가 있었다. 나의 선수 기용 기준은 그 선수가 얼마나 다양한 포지션을 소화해낼 수 있는가 하는 것과 지시된 작전을 수행하는 빠르기와 체력을 갖췄는가 하는 것이다.

― 내년 월드컵의 목표는.

물론 16강이다. 한국은 5차례 월드컵 본선에 나가고도 한 번도 이기지 못했다. 한국팀이 지금까지 그랬던 것처럼 강팀을 만나면 수비 위주의 경기를 하다 우연히 승리하는 그런 경기를 나는 더 이상 하고 싶지 않다. 경기를 주도할 수 있는 경기력을 갖춰나가는 것이 무엇보다 중요하다. 또 관중들이 즐거워하는 공격적인 경기를 펼쳐야 한다. 16강에 들지 못해도 3경기 모두 잘 뛰고 운이 나빴다는 평을 듣는 게 더 낫다. 경기를 지배할 수 있다면 승리는 자연스럽게 따라온다.

- 연말까지의 대표팀 일정은.

한국 대표팀 수준을 향상시키기 위해서는 강팀과 국가대표팀 간 경기를 계속해야 하는데 생각대로 되지 않았다. 축구협회가 힘을 쓰고 있지만 만족스럽지 못하다. 독일과의 경기는 독일이 플레이오프로 떨어지는 바람에 무산됐다. 강팀을 유치해도 주축 선수들은 유럽 클럽에서 활약하고 있기 때문에 오기 어렵다. 유럽에선 아시아국가에 A급 선수를 보내길 꺼려하는 경향이 있다. 다음 달부터 세네갈과 크로아티아, 미국 3나라와 평가전을 치르게 됐다. 본선에 진출한 팀들과 올해 마지막으로 대결할 수 있는 기회인만큼 선수들이 자신감 있는 경기를 펼치는 계기로 삼고 싶다.

- 대표팀의 경기력 향상을 위해 무엇이 필요하다고 보나.

그동안 국내에서 활동하는 선수와 해외 선수를 어떻게 조화시킬 것인가에 관심을 가지면서 개인 기량과 특기 등을 파악하는 데 주력해왔다. 몸 상태가 최고인 선수를 기용하기 위해서였다. 어떤 선수를 쓰느냐보다 수비와 공격을 어떻게 하느냐가 내 축구의 주안점이다. 선수들이 최고의 상태를 유지하고 공수의 조율만 이뤄낸다면 베스트 멤버를 쓰지 않아도 좋은 결과를 가져올 수 있다. 과거엔 두 가지의 간격이 컸지만 최근엔 차이가 좁혀지고 있고 선수들이 많이 숙지허내고 있다.

이제 선수들에 대한 파악은 모두 끝났다. 남은 것은 이들을 어떻게 운영해 기대한 만큼 조직력을 강화시킬 것이냐다. 월드컵 본선에 진출할 선수는 23명이며 그들은 이미 내 머릿속에 그려져 있다. 그러나 3~4개 포지션은 남겨놓아야 한다. 경기 직전 과연 누가 최고의 상태를 유지할지는 아무도 모르기 때문이다. 신축적인 선수 기용과 선수들 간의 경쟁을 위해서도 필요하다.

- 축구협회나 프로축구 구단 등에 바라고 싶은 점은.

협회나 프로축구구단에서 많은 제안을 한다. 대개는 선수의 장단점에 관한 것들이다. 그러나 중요한 것은 축구에 대해선 내 방식이 있고 이를 원칙으로 계속 추진한다는 것이다. 그렇다고 내가 모든 것을 파악할 수 없기 때문에 코칭스태프와 협의하고 있다. 특히 이용수 기술위원장을 비롯한 기술위원회는 많은 도움을 주고 있다. 클럽팀에 대해서는 코칭스태프를 통해 전해 듣는다. 축구를 좋아하는 사람들과 스스럼없이 대화를 나누기도 하지만 전혀 상식 밖의 질문을 던지는 경우도 있어 별로 도움이 되지 않는다. 내 축구스타일을 심각하게 분석하고 제안한다면 누가 됐든 전폭적으로 받아들일 용의가 있다. 협회가 유소년 축구에 대해 대단한 의욕을 갖고 있다. 유소년 축구를 향상시키면 미래가 밝다. 행정적인 조건을 갖춰나가려는 노력은 매우 긍정적이다.

- 한국축구문화에 대해 느낀 점이 있나.

유럽에선 경기장과 팬들이 사는 지역이 가깝다. 그러다 보니 축구관람은 생활의 일부다. 레알 마드리드와 발렌시아 감독을 할 때 스페인 관중은 감독이 감당할 수 없을 정도로 광신도로 돌변하곤 했다. 그런 면에서 한국 관중은 너무 젊잖다. 그게 혹시 축구 자체에 대한 열정이 약한 것은 아닌가 생각한다.

언론에 대해 실망한 점이 있다. 기자들이 축구 경기를 제대로 분석해 보았으면 한다. 한국축구에 대해서는 해박하지만 외국 축구에 대한 인지도는 많이 떨어지는 것 같다. 정확한 정보를 알지 못한 채 전력을 비교하고 평가하는 데는 한계가 있는 법이다. 체코전 뒤 유럽 체류 때 중요한 경기를 보러 다녔지만 한국 기자를 볼 수 없었다. 이제 빠른 속도로 움직이는 세계 축구의 흐름을 따라가기 위해서는 빅게임을 직접 봐야 한다. 그래야만 좀 더 질적으로 높은 수준의 축구에 대해 얘기할 수 있고 기사도 좋아질 것이다.

— 국내 선수들의 해외 진출에 대해 어떻게 생각하나.

유럽리그에서 뛰는 것은 찬성이지만 너무 수준 높은 팀에서 뛰면 성공하기도 어렵고 경기에 나갈 수도 없다. 한국에서 기초를 닦고 한 단계 향상하기 위해 유럽에 가야 한다. 설기현은 아주 좋은 경우다. 레알 마드리드에서도 우수한 선수들이 벤치에서 쉬다가 감각을 잃는 경우가 많았다. 그러나 외국 리그만이 능사는 아니다. 국내에서 뛰더라도 선수는 스스로 유럽에 있다는 자세로 개인기량 향상에 노력해야 한다. 반대로 외국인 선수를 영입할 땐 국내 선수보다 2~3단계 수준이 높아야 한다.

— 한·중·일 세 나라 감독이 모두 유럽에서 왔다. 이들 감독을 어떻게 생각하나.

밀루티노비치, 트루시에 모두 잘 알고 있으며 이들은 모두 운이 좋은 편이다. 밀루티노비치는 화려한 성적을 냈는데 질적으로 도약하려는 나라만 잡았다. 성적이 떨어지고 있는 나라를 잡아 성적을 올린 경우는 없다. 트루시에 역시 경제력과 축구 기반이 잘 갖춰진 나라를 만났다. 국가대표팀의 발전은 기복이 있다. 그 속에서 상승곡선을 그려야 이상적이다. 매 경기 승패에 희망을 갖거나 비관적이어서는 안 된다. 아시아축구가 안 된다고 해서 외국인 코치를 영입하는 것이 유일한 방법은 아니다.

— '축구'라는 스포츠에 대해서 어떻게 생각하나.

축구는 세계적인 스포츠다. 지구촌의 일상생활과 연계돼 있다. 사람과 사람을 엮는 것이 축구의 매력이며 긍정적인 요소다. 사람을 어울리게 하고 친구로 만든다. 물론 적으로 만드는 일도 있다. 또 세계적인 스타들은 국가도 다르고 학력도 높지 않지만 어느 나라를 가도 칙사대접을 받는다. 사람과 사람을 연결하는 축구의 이런 힘을 정치인도 대신하지 못한다.(정리/권오상 기자(kos@hani.co.kr), 통역/허진 축구협회 공보담당관)

🖤 인터뷰 후기

거스 히딩크 감독과의 인터뷰는 쉽지 않게 이루어졌다. 너무 많은 매체들이 인터뷰 요청을 해 오는 탓에 '가급적 사양'을 원칙으로 하고 있기 때문이다. 다행히 축구협회 허진 공보담당관이 네덜란드의 한 진보적인 신문을 예로 들면서 "그와 비슷한 신문이 〈한겨레〉"라고 소개한 게 주효했다는 뒷얘기다. 그는 여성지 인터뷰나 방송의 쇼 프로그램 출연 제의는 철저히 거부한다. 간혹 일간지 등과 인터뷰가 성사되더라도 주제를 축구 자체로만 국한시킨다.

그는 언론으로부터 많은 비난을 들어서인지 어떤 배짱이 생긴 것 같았다. 그래서인지 체코 원정경기에서 0-5로 질 때 후반에 수비강화를 하지 않은 이유를 묻자 "많이 맞아봐야 겁이 없어지고 배짱도 생기기 때문"이라고 말했다. 일본처럼 수비를 5명씩 강화하면서 경기를 하면 적은 골차로 질 수 있지만 승리할 수 있는 경기를 만들지 못한다는 게 자신의 축구철학이라는 말도 잊지 않았다. 네덜란드 기자들이 그에 대해 '게으른 편'이라고 한다지만 인터뷰 때 확인한 히딩크는 자기에게 맡겨진 소임에 최선을 다하려는 진지하고 부지런한 감독이었다.

월드컵출전 태극전사   이운재

포지션: GK
등번호: 1
생년월일: 1973. 4. 26.
신체조건: 신장 − 182cm,   몸무게 − 82kg
출신학교: 청남초 − 대성중 − 청주상고 − 경희대
현소속팀: 수원 삼성 − 상구 − 수원 삼성
주요경력: 국가대표팀경기 데뷔 ＝ 94년 3월 5일 미국과의 친선경기
　　　　　국가대표팀경기 출전회수(실점) ＝ 31회(34실점)
　　　　　주요경력 ＝ 92년 바르셀로나올림픽 본선,
　　　　　　　　　94년 미국월드컵 본선,
　　　　　　　　　96년 애틀랜타올림픽 예선,
　　　　　　　　　2000년 북중미 골드컵,
　　　　　　　　　2000년 아시안컵,
　　　　　　　　　2001년 컨페더레이션스컵,
　　　　　　　　　2002년 북중미골드컵대회

💗 '병마를 딛고 오뚝이처럼 일어 선 수문장.'

　김병지(32.포항)와 함께 한국축구대표팀의 주전 수문장 경쟁을 벌이고 있는 이운재(29.수원)는 잘 나가다 한때 선수생활을 접어야 할 위기에 빠졌지만 강한 의지로 다시 글러브를 낀 골키퍼다. 경희대 1학년이던 92년 바르셀로나 올림픽에 출전했던 이운재는 94년 3월 미국과의 친선경기에서 국가대표팀 간 경기(A매치) 데뷔전을 가졌다.

주전 수문장을 놓고 경쟁하고 있는 세 살 위의 김병지가 1년 3개월이나 늦은 95년 6월 A매치에 데뷔한 것과 비교하면 이운재가 일찍부터 두각을 나타냈음을 쉽게 알 수 있다.

이운재는 94년 6월 열린 미국월드컵 본선에도 출전했다.

주전골키퍼는 최인영이었지만 최종전이었던 독일과의 경기에서 후반 교체투입돼 세계적인 플레이어들의 격전장인 월드컵 본선무대에서 직접 뛰기도 했다. 특히 막강한 전차군단을 상대로 45분 동안 한 골도 내주지 않은 것은 이운재의 축구인생에 가장 큰 기억으로 남아 있다.

당시 주전이었던 최인영이 한국나이 34세의 노장이었기에 이운재가 머지않아 국가대표팀 주전 수문장을 꿰찰 것이라는 사실을 의심하는 사람은 없었다. 이운재는 대학을 졸업한 96년 신생팀 수원 삼성의 유니폼을 입고 국내 프로무대에 데뷔, 선수생활의 황금기를 꽃피울 준비를 마쳤다. 그러나 호사다마라고 했던가. 이운재는 꿈에도 생각하지 못했던 간염 판단을 받고 병원신세를 져야 했다. 줄곧 병상에서 지낸 것은 아니지만 운동과 치료를 병행하는 게 쉽지 않았다.

골문도 청주상고 대선배인 박철우에게 자주 내주다 보니 기량은 자꾸 줄어드는 것 같았고 이쯤에서 선수생활을 접고 싶은 생각도 고개를 들곤 했다. 그러나 이운재는 축구가 좋아서 무작정 축구부에 가입했던 초등학교 4학년 때의 기억이며 태극마크를 처음 달았을 때의 뿌듯함 등을 되살리며 축구화를 벗지 않았다. 그러기를 2년. 마침내 이운재는 지긋지긋한 병마로부터 완전히 벗어났고 98년부터 다시 축구에 전념할 수 있게 됐다. 2년여의 병원생활로 인해 이운재는 잃은 것이 많았다.

그중 국가대표팀 주전골키퍼에서 밀려난 것이 가장 큰 아쉬움이었다. 어느 새 김병지가 톡톡 튀는 개성과 순발력을 앞세워 골문을 지키고 있었고 이로 인해 98년월드컵 때는 출전선수명단에 이름도 올리지 못했다. 그러나 좌절할 줄 모르는 이운재는 특유의 성실한 훈련으로 차근차근 기량을 회복해 나갔고 지난해 1월 부임한 거스 히딩크 감독으로부터 인정받았다.

아직 김병지와의 주전 골키퍼 경쟁은 끝나지 않았다. 긷병지는 특유의 순발력을 갖췄다면 이운재는 튼튼한 기본기를 바탕으로 기복 없는 안정된 플레이를 한다는 점에서 높은 점수를 받고 있다. 이운재는 "최선을 다해 주전 골키퍼가 되겠다. 그러나 주전이 되지 못하더라도 좌절하지 않겠다. 주어진 여건에서 최선을 다하겠다"고 다짐했다.

월드컵출전 태극전사　홍명보

포지션: DF
등번호: 20
생년월일: 1969. 2. 12.
신체조건: 신장 — 183cm,　몸무게 — 73kg
출신학교: 광장초 — 광장중 — 동북고 — 고려대
현소속팀:　상무 — 포항제철 — 벨마레　히라쓰가 — 가시와　레이솔 — 포항
　　　　　스틸러스
주요경력: 청소년대표,　올림픽대표,　국가대표

　홍명보를 제외하고는 90년대 한국축구를 이야기할 수 없을 정도로 그가 한국축구에 미친 영향은 컸다. 국가대표팀이 구성될 때 그의 합류 여부는 '논외'이었고 그가 빠진 대표팀 플레이를 상상하기는 어려웠다. 홍명보가 처음 국가대표팀 유니폼을 입은 것은 90년 2월 노르웨이전. 이후 13년째 태극마크를 달고 있는 홍명보는 한국 선수로는 최다이자 전 세계선수 중에서도 몇 손가락 안에 꼽히는 'A매치 122회 출전' 기록을 세웠다. 객관적인 자료로 홍명보의 활약상이 입증된 셈이다.

　또 90년 이탈리아월드컵에 출전한 뒤 94년 미국월드컵, 98년 프랑스월드컵을 거치면서 세계무대에 이름을 올린 끝에 여러 차례 세계 올스타에 선정됐으며 FIFA선수위원에 뽑힌 것도 그의 가치를 설명하기에 좋은 예다. 그러나 홍명보의 진가는 이러한 기록보다는 경기 내용면에서 더 잘 드러난다.

수비수이면서도 뛰어난 공격력을 갖춘 선수에게 주어지는 '리베로'를 주로 맡으면서 상대공격을 허무하게 만드는 날카로운 눈과 예리한 패스, 대포알 같은 슈팅 등 축구선수가 갖춰야 할 모든 것을 보여주고 있다. 상대 공격의 길목을 지키고 있다가 차단하는 판단력은 오랜 경험에서 나오는 결과물로 한국 수비의 최후 저지선이며 수비진영에서 공격수에게 정확하게 연결되는 장거리패스는 상대 수비수들을 항상 긴장하게 만든다.

또 빈도가 많지는 않지만 상대 수비수들과 골키퍼가 한눈파는 틈을 이용해 기습적으로 날리는 중거리 슛도 일품이다. 뿐만 아니다. 리더십까지 갖춘 데다 맏형으로서 어린 후배들을 다독거리며 팀워크를 만들어 가는 능력은 '깐깐한' 거스 히딩크 감독으로부터도 인정받고 있다. 이회택, 김호, 차범근, 허정무 등 국내의 최고 명장들로부터 전폭적인 신뢰를 받았던 홍명보는 체력열세를 이유로 내세운 히딩크 감독으로부터 한동안 버림받았다.

지난해 6월 컨페더레이션스컵 대회가 끝난 이후 한동안 부름을 받지 못했다. 설상가상으로 부상까지 겹쳐 소속팀(일본 가시와 레이솔) 경기에도 출전하지 못했고 지난 시즌이 끝난 뒤에는 쓸쓸히 짐을 꾸려 고국행 비행기에 몸을 실었다. 당시 홍명보는 "체력적으로 문제없다"며 서운한 감정을 감추지 않으면서 다시 태극마크를 다는 것에 대비, 체력훈련을 포함한 개인훈련을 게을리 하지 않았다.

홍명보가 히딩크 감독의 부름을 받은 것은 3월 스페인전지훈련 때. 어린 선수들이 많다 보니 그라운드 안팎에서 구심점이 없다는 사실이 안타까웠던 데다 활용방도가 다양한 송종국을 중앙수비수로 묶어 놓는 게 전력의 손실이라고 판단한 히딩크 감독이 홍명보를 다시 발탁했다. 9개월 만에 대표팀에 복귀한 홍명보는 단번에 그의 가치를 증명했다.

체력적으로 부족함이 없다는 것을 입증했고 중앙수비수로서는 더 이상의 선택이 없을 것이라는 메시지도 던졌다. 이제 홍명보는 한국선수로서는 처음인 월드컵 4회 연속 출전을 눈앞에 두고 있다. 선수로서 마지막 출전이 될 월드컵인 데다 선수생활을 매듭짓는 일도 머지않았기에 본선을 준비하는 하루하루가 여느 때와 다르다. 한국축구가 5번이나 월드컵 본선에 오르고서도 이루지 못했던 첫 승과 16강 진출을 이번에 이룬다면 분명 그 가운데는 홍명보가 자리하고 있을 것이다.

월드컵출전 태극전사   송종국

포지션: DF
등번호: 10
생년월일: 1979. 2. 20.
신체조건: 신장—175cm, 몸무게—75kg
취미: 기타 치며 노래 부르기
출신학교: 명원초—배재중—배재고—연세대
현소속팀: 부산아이콘스(2001년 드래프트 1순위로 입단)
주요경력: 청소년대표, 올림픽대표를 거쳐 2000년 국가대표 발탁

송종국(23.부산아이콘스)은 '히딩크 사단의 황태자'라는 화려한 수식어가 대변하듯 거스 히딩크 감독이 이끄는 한국축구대표팀에서 가장 주목받는 선수 중 하나다. 확실한 수비능력은 기본. 강인한 체력과 통쾌한 중거리 슛, 돌파능력, 정확한 패스를 고루 지녀 수비와 미드필더 등 어느 포지션에서도 제 몫을 톡톡히 해내는 이른바 '멀티플레이어'의 대표주자. 고교 및 대학시절 수비에서 최전방 공격까지 다양한 포지션을 두루 섭렵하며 주목받던 송종국은 청소년 및 올림픽대표 등 엘리트 코스를 두루 거쳤지만 이동국과 김용대 등 스타선수들에 가려 빛을 보지 못했다.

더욱이 고질적인 발목 부상 속에 다행히 2001년 프로축구 드래프트 1순위로 부산에 입단했지만 여전히 무명 신세를 면치 못했던 송종국이 도약의 날갯짓을 시작한 것은 지난해 2월 두바이에서 열린 4개국

친선대회. 컨디션이 좋지 않은 설기현의 대타로 아랍에미리트연합(UAE)전에 오른쪽 사이드어태커로 나선 송종국은 시원한 중거리슛 동점골을 터트린 것은 물론 과감한 돌파와 수비가담 능력으로 히딩크 감독의 눈길을 한번에 사로잡았다.

또 대표팀에서의 고공행진과 함께 소속팀에서도 눈부신 활약을 펼친 그는 지난해 프로축구 신인왕에 오르는 영광까지 누리며 2001년을 자신의 해로 화려하게 장식했다. 아울러 송종국은 히딩크호의 '감초'로 중앙수비수와 오른쪽 윙백, 수비형 미드필더 등 다양한 포지션에 시험 기용되며 대표팀의 핵심전력으로 자리를 굳혀갔다. 특히 송종국은 지난해 11월 크로아티아 및 세네갈과의 3차례 평가전에서 쓰리백 수비 라인의 중앙을 담당하면서 대표팀 수비 안정에 크게 기여했다.

그러나 손색없는 공격력을 갖춘 '멀티플레이어' 송종국이 수비에 묶이는 것은 수비에 비해 상대적으로 빈약한 대표팀의 공격력 향상에도 마이너스 요인이었던 것. 이에 따라 히딩크 감독은 송종국의 공격 활용도를 높이기 위해 지난 2월 우루과이와의 평가전에서는 그를 플레이메이커로 기용, 가능성을 확인했지만 그가 빠진 수비라인이 다시 흔들리는 모습을 보이었다.

결국 히딩크 감독이 8개월간 대표팀에서 제외됐던 홍명보(포항)를 복귀시켜 중앙수비를 맡긴 것이 송종국의 공격 활용도를 높이고 수비도 안정시키기면서 팀의 리더 부재라는 문제까지 한번에 해결하기 위한 다각적 의도이었다는 분석이 지배적이다. 이 같은 과정을 거쳐 송종국은 마침내 대표팀의 오른쪽 미드필드와 수비를 오가며 양 포지션 간 균형을 유지하는 한편 상대 오른쪽 측면을 뚫는 임무를 맡게 됐다.

그러나 감독의 강력한 신임을 받는 송종국에게도 대표 경력이 일천하고 컨디션에 따라 기복도 다소 심하다는 약점이 있다. 히딩크 사단

의 황태자로 화려한 스포트라이트를 받으며 한국 전력의 핵심으로 자
리한 송종국이 이제 두 달도 채 남지 않은 월드컵 본선에서 첫 승리
와 16강 진출의 원동력이 될 수 있을지 주목된다.

월드컵출전 태극전사　안정환

포지션: FW

등번호: 28

생년월일: 1976. 1. 27.(경기 파주군 파평면 두포리)

신체조건: 신장 - 178cm, 몸무게 - 78kg

출신학교: 대림초, 남서울중, 서울기계공고, 아주대

현소속팀: 부산 대우(98년) - 이탈리아 페루자(2000년 7월부
터 임대)

주요경력: 93년 고교대표,
94년 19세 이하 청소년대표
97년 부산 동아시아대표,
99코리아컵,
2000골드컵 등 국가대표

☞ '화려한 드리블에 이은 강력한 슈팅.'

긴 머리를 날리며 탁월한 볼 키핑력으로 그라운드를 휘젓다가 큰 제스처와 함께 강슛을 날리는 모습은 한국선수로는 처음으로 이탈리아에 진출한 안정환(페루자)의 트레이드 마크다. 타고난 개인기를 앞세워 펼치는 시원시원한 플레이와 오른발을 떠난 볼이 네트를 세차게 흔들 때는 관중들의 함성으로 그라운드가 가득 찼다. 90년대 후반 한국축구에 대대적인 오빠부대가 형성된 것도 안정환의 영향이었다.

그러나 안정환은 일부 전문가로부터는 '멋진' 플레이에 집착하다 보니 오히려 슛타이밍을 놓치는 등 경기를 망치는 경우가 많다는 지적

을 받기도 했다. 지난해 초부터 한국대표팀 사령탑으로 부임한 거스 히딩크 감독도 안정환에 대해서는 냉담한 반응을 보이었다. 거친 몸싸움을 좋아하지 않는 데다 수비 가담능력이 떨어지는 것도 빌미이었다.

그러나 이탈리아에서 두 번째 시즌을 보내면서 생긴 선진축구의 생존법과 대표팀에서조차 주전을 꿰차지 못한 데서 나타난 위기감은 안정환을 확 바꿔놓았다. 공을 잡는 순간부터 마지막 슈팅까지 혼자서 하려는 개인주의도 많이 개선돼 옆으로 빠져 들어가는 동료가 눈에 들어오기 시작했고 슛동작도 불필요한 동작을 없애 훨씬 간결해졌다. 지난달 스페인전지훈련 때 튀니지, 핀란드전, 이어 지난 20일 코스타리카전에서 보여준 모습은 히딩크 감독의 마음을 완전히 사로잡지는 못했지만 그의 존재가치를 보여줬고 월드컵 본선 엔트리 최종 포함 가능성을 높여놓았다.

초등학교 때(서울 대림초) 선배의 권유로 축구에 입문했다는 안정환은 남서울중 - 서울기공 - 아주대를 거치면서 엘리트코스를 밟았다. 93년에는 고교대표로 뽑혔고 94년에는 19세 이하 청소년대표, 97년에는 동아시아대회 및 하계유니버시아드대표를 지냈고 그해 월드컵대표팀 상비군에도 포함됐다. 프로축구에 뛰어든 98년 '베스트11'에 선정된 데 이어 이듬해에는 프로축구선수로서 최고영예인 MVP가 됐다.

2000년 7월에는 부산 아이콘스에서 이탈리아 페루자로 임대돼 빅리그에서 활약하고 싶다는 꿈을 마침내 이뤘다. 그러나 그라운드에서 뛸 기회는 그렇게 많이 찾아오지 않았고 아직까지도 "왜 내가 그라운드에 나서지 못하는지 모르겠다"는 불만을 털어 버리지 못하고 있다. 안정환이 국가대표 데뷔전을 가진 것은 97년 4월 23일. 중국 베이징에서 열린 한·중정기전에서 후반 교체 투입돼 데뷔전을 가졌으며 당시 사령탑이었던 차범근 감독은 "가능성을 확인할 수 있었다"고 평가했었다.

지금까지 치른 A매치는 모두 19회. 첫 출전이 5년 전이었다는 점과 큰 부상이 없었다는 사실을 고려하면 그렇게 많은 출장은 아니다. 99년 6월 코리아컵대회 멕시코전에서는 A매치 데뷔골을 터트렸고 2000년 12월 도쿄에서 열린 한일전에서도 결승골을 넣어 A매치 통산 2골을 기록 중이다.

장나라

나라짱 메일에 관하여

팬 여러분들이 나라짱에게 보내는 메일이 1초에 한 통 꼴로 오고 있습니다. 그래서 서버가 항상 가득 차 있기 때문에 메일이 잘 안 보내지는 것입니다. 나라짱을 사랑하는 여러분의 마음은 이해하지만 조금만 자제해 주시기를 부탁드립니다. 하루에 한 통씩 보냈다면 일주일에 한 통, 또는 보름에 한 통으로 횟수를 줄이는 것도 좋을 듯 하군요. 그리고 운영자인 주호성의 메일은 업무상 중요한 메일도 많이 주고받기 때문에 홈페이지에 대한 문의 메일은 관리자(admin@mctzone.com)나 회원도우미(help@narajjang.com)에게 보내주시기 바랍니다.

기 회원카드의 유효 기간에 대해

2기 카드 뒷면 인쇄에 2002년 6월까지라는 기한은 이미 여러 번 알려드린 이야기입니다만 2기가 10월 말까지로 연장된 것입니다. 거기 써 있는 유효 기간은 아무 상관이 없어요. 그리고 소포에 관한 문의는 이름, 아이디, 신청한 날짜, 결제한 번호, 주소, 연락처 등을 자세히 적어서 회원도우미에게 메일로 문의해 주시기 바랍니다. 또는 택배회사인 1588-8848번으로 문의하실 수도 있습니다.

☜ 자유게시판에 무작정 도배하지 마세요!!

게시판에 아무 내용 없이 글만 올리는 분들, 그것을 '도배'라고 부르
건 뭐라고 부르건 간에 내용 없이 무작정 올리시는 분들은 자제해 주
시기 바랍니다. 포인트 때문에 그러시는 분들도 있고 또 다른 이유가
있을지도 모르겠지만 아무 내용 없는 글을 무작정 올리시는 분들도
불량회원이 될 수 있음을 알려드립니다.

[병헌 그리고 루버스] 소개

이곳 이병헌닷컴(leebyunghun.com)은 배우 이병헌의 공식 팬클럽입니다. [병헌 그리고 루버스]라는 이름으로 1999년 7월 12일 창단되었습니다. 루버스 가족들은 그를 아끼고 그를 사랑하며 그의 가치관과 연기관을 존중해 주고 그의 안식처가 될 것입니다. 늘 그에게 좋은 누이들이, 동생들이, 친구들이 되어줄 것이며 좋은 동반자가 되어줄 것입니다. 가끔은 그에게 전폭적인 지지를, 가끔은 그에게 약이 되는 조언을, 그가 없는 [루버스]가 존재하지 않듯이. 늘 그의 곁에서 버팀목이 되어주는 푸르른 소나무가 되겠습니다.

❤ [병헌 그리고 루버스] 가입방법

[준회원]

이곳 이병헌닷컴(leebyunghun.com)의 준회원은 배우 이병헌을 좋아하는 사람이라면 누구든지 되실 수 있습니다. 준회원의 경우 다른 가입절차 없이 배우 이병헌에 대한 소식이며 자료들을 접하실 수 있습니다. 자유롭게 글을 남기고 토론하실 수도 있습니다.

[정회원]

이곳 이병헌닷컴(leebyunghun.com)의 정회원은 배우 이병헌을 좋아하고 그 배우를 좋아하는 사람들과의 만남을 소중히 하고 활발하게 참여코자 하시는 분들께서는 정회원으로 가입신청을 하실 수 있습니다. [병헌 그리고 루버스]의 소식과 자료들. 더불어 보다 원활한 커뮤니티를 유지하게 될 것입니다. 매년 1회 9월 정기적으로 이병헌닷컴(leebyunghun.com)을 통해 회원모집을 공지하며 매달 가입신청을 하실 수는 있지만 3월에 중간 승인을 받게 되며 연회비를 납부하게 됩니다.

[연회비]

[병헌 그리고 루버스]의 정회원의 경우 연회비를 납부하게 됩니다.
* ~ 19세: 년 15,000원
* 20세 ~: 년 25,000원
* 연회비 입금계좌: 470-01269-269(예금주: 루버스/한미은행)

1년간 이병헌닷컴(leebyunghun.com)을 운영하는 데 사용하게 됩니다. 정기적인 회원가입 기간 외에 가입신청을 하셔도 연회비는 똑같이 적용됨을 알려드립니다.(EX: 9월 정기 회원가입 기간을 지나 12월에 가입신청을 하셔도 3월에 가입승인이 되며 금액은 똑같이 적용합니다. 더불어 9월 가입 기간에 다시 재가입을 하셔야 합니다)

이병헌닷컴(leebyunghun.com)의 연회비로는 1년간 서버임대비와 도매인비용. 동영상제작 등 이병헌닷컴의 원활한 운영을 위하여 사용하게 되며 회원들에게 지급되는 [회원카드와 기념품]을 제작하는 데 사용됩니다.(생일. 팬미팅 등 루버스관련 행사는 따로 회비를 걷게 됩니다)

[정회원에게 드리는 작은 선물]

[병헌 그리고 루버스]의 정회원에게 드리는 작은 선물로는 이병헌

닷컴에서 하는 모든 행사에 우선적으로 초대됩니다. 가족임을 나타내고 모든 행사에 신분증과 동일하게 사용될 회원카드를 발급하여 드립니다. 더불어 [병헌 그리고 루버스]에서 제작하는 기념품을 드립니다.(기념품은 매해 변경될 수 있습니다) 행사(생일. 팬미팅. 정모)에 따라 추가회비를 걷을 경우가 있으며 그 내용과 상세내역은 [병헌 그리고 루버스]홈을 통해 공지하도록 하겠습니다.

[병헌 그리고 루버스]의 회칙

- [병헌 그리고 루버스]는 정회원은 온라인/오프라인의 참여를 원활하게 할 것이며 회칙을 준수하여야 합니다.
- [병헌 그리고 루버스]는 각 지역 가족들과의 원활한 커뮤니티 활성화를 위하여 언어와 행동을 신중히 하여야 합니다.
- [병헌 그리고 루버스]는 실명제를 원칙으로 합니다.
- [병헌 그리고 루버스]는 회원관리와 활동에 불편함이 없는 한 특별한 인원제한을 두지 않습니다.
- [병헌 그리고 루버스]는 개별행동이 아닌 루버스가족 모두 참여하는 단체모임이 될 것입니다.
- [병헌 그리고 루버스]는 모임에 물의를 일으키는 회원의 경우 가족들의 의견을 수렴하여 탈퇴시킬 수 있습니다.
- [병헌 그리고 루버스]는 현 운영진들의 활동이 저조하거나 문제가 발생할 경우 가족들의 의견을 수렴하여 운영진을 교체할 수 있습니다.
- [병헌 그리고 루버스]는 배우 이병헌을 아끼고 존중하며 가족 간의 커뮤니티를 원활하게 할 것입니다.

김장훈 팬클럽의 이모저모

회장 김미숙은? 김장훈 팬클럽 발기인이자 현재 '발차기' 회장.
· 직업: 컴퓨터 프로그래머
· 회장을 맡게 된 계기: 97년에 팬클럽을 만들면서.
우리가 궁금한 것들!

Q. 언제 처음 팬클럽이 생겼나요?
A: 97년 10월 25일에 결성됐습니다.

Q. 현재 회원은 몇 명 정도이고 모임은 어떤 곳에서 하나요?
A: 회원은 600명 정도이고 모임은 인원이 많을 경우 한 층을 다 빌릴 수 있는 곳이나 노래도 할 수 있고 무대까지 있는 곳에서 해요. 가벼운 모임은 일반 호프집에서도 하고 주로 종로나 대학로에서 많이 모이죠.

Q. 분위기: 어떻게 친목을 다지며 장훈님과의 교류를 갖고 있는지?
A: 장훈님이 정기모임 때 가끔씩 나오고 공연 때 단체로 공연 끝나고 팬클럽끼리 술 한 잔씩 하면 장훈님이 와서 함께 얘기를 하기도 하죠. 특히 팬클럽이 아니더라도 자주 공연을 보러 오고 얼굴을 잘 아는 팬들에게는 가끔 삼겹살도 사주시죠. 사석에서 보면 정말 편하고 따듯한 남자입니다.

Q. 팬클럽에 가입하면 어떤 혜택이 있나요?

A: 콘서트 입장료가 20% 할인 예매가 됩니다. 스타와의 만남은 정식으로는 이루어진 적이 없네요. 하지만 앞에서 말씀드린 것처럼 비공식적으로는 가끔 만나고 있죠. 일단 공연이나 장훈님과 관련된 정보는 빨리 알 수 있습니다. 장훈님이 나오는 TV 프로그램의 단체 관람권도 쉽게 받을 수 있다는 혜택이 있고요. MT, 정기모임 등을 통해서 장훈님에 대한 이야기를 공유하는 편이구요. 모임 속에서 자기 취향이 맞는 사람들끼리 잘 어울려 다닙니다. 서로 비슷한 나이 또래들끼리 친구가 되기도 하구요. 서로 생각이 비슷해서 쉽게 사귀는 것 같아요. 스타와 만나는 것도 좋지만 회원들끼리 장훈님을 통해 사귈 수 있다는 게 더 큰 의미가 있는 것 같아요.

Q. 팬클럽에 가입하려면 어떻게?

A: 저희는 PC통신 천리안에 있는 팬클럽이기 때문에 천리안 아이디를 가지고 있는 분들과 장훈님을 사랑하는 분은 누구나 가능합니다. 나이 제한 같은 건 없고요. 천리안 go fanharok 또는 김장훈을 치면 바로 이동해서 가입을 할 수 있습니다.

Q. 팬클럽은 어떤 단체라고 생각하나요?

A: 우선은 친목도모 단체라고 생각합니다. 서로 생각이 비슷하니까 대화도 잘 통하는 것 같고 일단 노래를 좋아하는 사람들이라 정도 많고 여리고 착합니다. 팬클럽 회원들이 다 영원한 친구일 수는 없지만 같은 팬클럽 모임 속에서도 자주 보는 친구들 1/10 정도는 장훈님과 영원한 친구가 될 거라고 믿습니다. 장훈님이 무대에 있는 한 저희 팬클럽은 영원히 함께할 겁니다.

Q. 팬클럽 운영하면서 느낀 점 애로사항, 이런 회원 싫다/좋다!

A: 단체 예매로 자리 배치할 때가 가장 어렵습니다. 누구를 좋은 자리를 줘야 하는지를 결정할 때죠. 혹시 안 좋은 자리를 주면 기분이 상하지 않을까를 늘 염두에 두고 있습니다. 딱히 싫은 회원은 없고요. 그때그때 기분 나쁠 때도 있지만 시간이 지나면 잊혀집니다. 보람은 좋은 사람들을 많이 만났다는 겁니다.

가입 동기

신화 팬클럽에 든 친구가 있어서 이야기를 들어서 씁니다. 그냥 첫눈에 너무 좋고 멋있어서 그리고 노래가 멋있어서 좋았다고 합니다. 그래서 가입을 하게 되었고 그들의 활동이 있을 때마다 빠짐없이 다녔다고 합니다.

탈 퇴

- 시간을 너무 뺏긴다.
- 다른 가수가 많이 나온다.
- 시간대가 안 맞다.
- 질린다.
- 기대치만큼 많은 활동이 없다.
- 돈이 너무 많이 든다.

유인물

- 풍선, 티셔츠, 현수막, 형광 팔찌. 형광 봉, 우비, 가입증.

팬클럽 g.o.d

류한솔

박준형 1974. 07. 20. 182cm 68kg B형. 천주교. 강한 인상이지만 사실
　　　여려요.
윤계상 1979. 12. 20. 181cm 62kg A형. 무교. 칼쑤마 넘치지만 알고 보
　　　면 엽기왕자.
안데니 1979. 12. 22. 181cm 60kg O형. 무교. 삐지면 더 귀여운 삐돌이
손호영 1980. 03. 26. 177cm 60kg B형. 무교. '미소' 라는 살인무기
　　　소유.
김태우 1981. 05. 12. 187cm 78kg B형. 불교. 안고 자고 싶은 귀여운 곰

　　5인조 인기그룹 god의 멤버 박준형이 '탤런트 한고은과의 교제에 따른 팀과의 불화' 등을 이유로 최근 소속사인 사이더스(대표 김형순)에서 퇴출되자 god팬클럽 회원들은 영화「무사」등 사이더스가 제작한 문화 상품에 대한 불매운동을 벌이겠다고 12일 밝혔다. god팬사이트 연합은 이날 오전 서울 안국동 철학마당 느티나무 카페에서 기자 회견을 갖고 "사이더스는 박준형 퇴출 결정을 철회하고 god 멤버들과 팬들에게 사과하라"고 요구했다. 지난 11일 결성된 god팬사이트 연합에는 260여 개 팬사이트, 인터넷 카페, 통신망 팬클럽 등이 참여하고 있다. 이들은 "박준형 퇴출의 근거가 사생활 문제인 데다 기획사의 독단으로 결정된 것은 부당하다"면서 "이는 최근 연예제작자협회와 MBC 사이의 갈등에서 불거졌던 '연예인 노예계약' 아니냐"고 주장했다.

　　god팬사이트 연합은 박준형 퇴출을 철회하지 않을 경우 ▲온라인상

퇴출반대 서명 ▲god 3집 앨범, 콘서트 비디오, 비옷 등 사이더스의 물품 반송 ▲영화「무사」등 사이더스가 제작한 유·무형의 문화상품에 대한 불매운동 ▲사이더스 관련 홈페이지 집단 탈퇴운동 등을 펼쳐 나가겠다고 밝혔다.

한편 대중음악 개혁을 위한 연대모임(대개련)의 이동연 간사는 "사이더스 측이 박준형을 일방적으로 퇴출한 것은 절차상 부당하고 납득할 수 없는 부분이 많다"면서 "이번 사건은 합숙, 일방적 스케줄 등 '아이돌 스타'들에 대한 국내 연예기획사들의 지나친 통제와 사생활 침해 실상을 여실히 보여준다"고 말했다.

매일매일 god 메일을 사용하고 Gachi 극장에서 god 동영상을 보면서 채팅을 하고 스타 Gachi에서 god Gachi 노래도 하고 팬픽을 통해 god가 주인공인 팬픽을 쓰고 보고 Gachi 포토에서 나와 god 사진을 맘껏 즐기고 클럽을 통해 내 친구들을 만나서 놀고 항상 god와 친구들과 내가 Gachi, 즐거운 시간을 보낼 공간을 만들 수 있습니다.

— fangod 3기 회원님들께 —

지오디 팬클럽 약관 중 제20조 (1)항 및 (2)항이 공정거래위원회의 시정권고에 따라 다음과 같이 변경됨을 알려드립니다. 이와 별도로 향후 4기 팬클럽 모집 시에는 팬 여러분들의 권익을 더욱 보호하고 보다 건전한 팬클럽 문화를 형성해 나아가는 방향으로 약관을 전면적으로 개편하여 사용하도록 하겠습니다.

제5부

팬클럽 신문기사

1. [월드컵 대표팀] 팬클럽 사이트 1500개 새로 생겨
(2002. 07. 08.)

거리를 휩쓸었던 월드컵 열풍이 사이버 공간으로 옮아붙고 있다. 한국축구국가대표 선수들의 인기가 치솟으면서 선수들의 팬클럽 사이트가 매일 20~30개씩 생겨나고 있다. 일부 선수들은 한 클럽의 회원 수가 수십만 명으로 연예인 팬클럽을 능가하고 있다.

국내 최대 인터넷 커뮤니티 사이트인 다음(Daum)에는 월드컵 개막 이후 대표 선수들의 팬클럽 1500여 개가 새로 만들어졌다. 한·미전 다음날인 지난달 11일에는 하루 만에 60개의 팬클럽이 생겨 동계올림픽 김동성 파문 당시 하루 50개의 기록을 깼다.

23명의 대표선수 모두 팬클럽을 갖고 있지만 그중에서도 별명이 '진공청소기'인 미드필터 김남일 선수가 최고의 인기를 누리고 있다. 김 선수의 팬클럽 중 가장 규모가 큰 것은 회원 수가 21만여 명에 이른다. 연예인 팬클럽 중 회원 수가 가장 많은 가수 장나라 씨의 13만 명을 압도하고 있다. 회원이 수백~수천 명인 미니 팬클럽 숫자도 600여 개로, 연예인 등 다른 분야에 비교할 때 가장 많다.

홍명보 선수와 안정환 선수도 각각 회원 수가 6만 명에 이르는 팬클럽을 갖고 있다. 미니 팬클럽 수는 안정환·박지성이 각각 400여 개로 김남일 선수의 뒤를 잇고 있다. 이들 팬클럽의 주축은 10~20대 여성들이지만 40~50대의 열성팬들도 클럽 회원의 1% 내외를 차지하고 있다. 300여 개의 팬클럽을 갖고 있는 히딩크 감독은 남성팬들이 많은 것이 특징이다.

팬클럽 사이트에는 선수들의 시시콜콜한 일상과 경기 활약상에서부터 선수 애인이나 부인에 대한 토론까지 다양한 내용이 화제가 되

고 있다. 지난달 25일 4강전에서 독일에 패했을 때는 "체력이 바닥
난 상태에서 악착같이 뛴 선수들이 너무 안쓰러웠다"는 글이 다수 올
라오는 등 선수들에 대한 애정 가득한 글들도 많다.(李吉星 기자
atticus@chosun.com.)

2. 사이버 공간 '히딩크 신드롬'(2001. 01. 31.)

"히딩크 팬클럽 가입하세요."

사이버공간에서 히딩크 감독(55)의 인기가 하늘 높은 줄 모르고 치
솟고 있다. 지난달 히딩크 감독 부임 초기에 한 열성팬이 홈페이지를
개설하더니 최근엔 '히딩크 팬클럽'이 속속 결성되고 있다.

인터넷 커뮤니티 사이트인 '다음(http://www.daum.net)'의 팬클럽 카
페 코너엔 '무적 히딩크' '히딩크와 맨발축구' '히딩크 그를 믿는다' '히
딩크 감독 바라보기' 등 팬클럽 15개가 활동 중이다. 야후(http://
www.yahoo.com) 등 다른 인터넷 공간에도 팬클럽 결성 움직임이 있다.
시드니올림픽서 여자사격의 강초현(19참유성여고)이 은메달을 따자마
자 팬클럽이 20개나 생겨 '초롱이 신드롬'이 나왔던 것처럼 이젠 '히딩크
신드롬'이 불고 있는 것이다.

팬클럽들은 각각 대화방, 자료실, 게시판, 히딩크 사진첩, 동영상, 국
내외 축구소식 등 다양한 코너를 만들어 놓고 손님들을 맞이하고 있
다. 팬클럽 방도 총천연색으로 화려하고 아기자기하게 꾸며 놓았다.
'무적 히딩크'란 팬클럽에선 히딩크 감독의 발언을 모두 모아 '히딩크
가 말한다'란 코너를 마련, 눈길을 끌고 있다. 회원 수가 가장 많은 곳

은 '히딩크 그를 믿는다'로 31일 현재 430여 명이지만 하루가 다르게 가입자가 늘고 있다.

히딩크 감독에게 격려글을 띄워 놓은 게시판에 들어가 보면 그의 인기를 더욱 실감할 수 있다. '히딩크 감독을 믿는다'의 '베르깜푸'란 회원은 "히딩크가 4-4-2 시스템을 선택한 것은 정말 훌륭하다"며 "2002년 월드컵이 무척 기대된다"는 내용을 올렸고 '드뎌 히딩크가……'의 '지킴이'란 회원은 "파라과이전을 보니 한국축구가 많이 발전하는 것 같다"고 말했다.

팬들이 히딩크 감독에게 성원을 보내는 이유는 그에 대한 신뢰감 때문. 비록 부임한 지 한 달도 채 안 됐지만 연구하고 노력하는 자세와 유머감각을 지닌 히딩크 감독에게 친근감을 가진 것이다. 물론 한국의 월드컵 첫 16강을 이뤄낼 지도자라는 믿음도 팬클럽이 생기는 배경이다.

팬클럽 회원들은 앞으로 국내서 벌어지는 경기 땐 다양한 걸개그림과 격문을 들고 히딩크 감독을 대대적으로 응원할 참이다.

○……전지훈련지인 오만에 31일 새벽 도착한 축구대표팀은 간단한 간식을 한 후 바로 휴식. 선수들은 장거리 이동에도 불구하고 대체로 밝은 표정.

○……대표팀 선수들은 2일부터 네덜란드 축구협회 소속 체력측정 전문가 네일스 드 베리어스를 오만으로 불러 체력측정을 할 계획. 베리어스는 히딩크 감독이 98프랑스 월드컵을 비롯, 주요 국제대회에 네덜란드대표팀을 이끌고 참가할 때마다 도움을 받았던 체력측정 전문가다.(스포츠조선 신향식 기자 shin@)

3. [터치라인] 히딩크 애칭 홍수(2001. 02. 02.)

거스 히딩크 감독(Guss Hiddink)은 지난해 12월 기자회견에서 자신의 이름을 '거스'로 통일해 달라고 요청한 바 있다. 한국 언론에서 자신의 이름을 '후스' '구스' '거스' 등으로 제각기 표기한 데 따른 반응이었다. 그런데 요즘 축구계에선 히딩크 감독의 애칭이 화제가 되고 있다. 팬들과 대표선수들이 친근하고도 재미있는 말로 그의 애칭을 만든 것이다.

'히감독' '히대감' '영감' '드링크' '능구렁이'……. 듣기만 해도 절로 웃음이 나오는 애칭들이다. 차범근 감독이나 허정무 감독이 대표팀을 맡을 땐 그냥 '차 감독' '허 감독'으로 짤막하게 부를 수 있었다. 그런데 네덜란드에서 온 히딩크 감독의 경우는 '히'가 성이고 '딩크'가 이름이면 몰라도 '히딩크' 자체가 성이기 때문에 마땅히 줄여 부르기가 곤란했다.

그렇다고 해서 고지식하게 '히딩크 감독'이라고 부를 축구 마니아들이 아니다. 일분일초라도 아껴 써야 하는 현대사회에서 '히딩크 감독'으로 부르는 것은 시간낭비인 데다 부르기도 어렵다는 것.

현재 사이버공간에서 가장 많이 쓰이는 애칭은 '히감독'이다. 비록 '히딩크'가 성이지만 '히'를 성으로, '딩크'를 이름으로 간주하고 '히감독'으로 부른다. 인터넷의 히딩크 감독 팬클럽 게시판에는 '히감독 님 힘내세요' '히감독 파이팅!' 등 '히감독'이란 표현이 홍수를 이룬다. 부르기도 쉽고 누구를 말하는 것인지도 금방 알 수 있어 급속히 퍼지고 있다.

한달 가까이 히딩크 감독과 함께 생활하고 있는 대표선수들은 보통 '영감' '히대감'으로 부른다. 머리도 희끗희끗한 데다 서당의 훈장 선생님처럼 엄격하면서도 인자하기 때문이다. 짓궂은 선수들은 아예 '드링크'라고 부르기도 하고 노련한 성격을 비유해 '능구렁이'라고도 한다.

히딩크 감독의 애칭이 많은 것은 그만큼 그에게 거는 축구계의 소망이 크다는 이야기이다. 앞으로 얼마나 더 재미있고 기발한 애칭이 쏟아져 나올지 궁금하다.(스포츠조선 신향식 기자 shin@)

4. 차두리, 네티즌 '여자친구 비난'에 반박(2002. 07. 08.)

'내 여자친구는 언터쳐블(untouchable)!' 대표팀의 '신세대 스타' 차두리(21, 고려대)가 자신의 팬클럽 홈페이지(cafe.daum.net/chadoori)를 통해 '여자친구 보호령'을 선포했다.

2002년 한-일월드컵 무대에서 인상적인 활약을 펼쳤던 차두리는 수많은 여성팬을 몰고 다니는 신세대 스타플레이어. 하지만 최근엔 모여대 4학년에 재학 중인 것으로 알려진 여자친구와의 교제 사실이 알려지면서 일부 팬들로부터 적지 않은 상처를 받았다. 홈페이지 게시판엔 '월드컵 기간 중 호텔에서 여자친구와 애정표현 하는 장면을 지켜봤다'는 근거 없는 글이 올라오기 시작했고 여자친구를 비난하는 글이 네티즌에 의해 도배됐다. 키스 장면이 담긴 사진을 보았다는 소문, 여자친구의 용모에 대한 악의적인 비방이 잇따랐다.

홈페이지가 여자친구에 대한 팬들의 논쟁으로 뒤덮이자 차두리는 7일 "저한테는 지금 여자친구가 너무나 큰 힘이다. 그런데 내 여자친구가 읽어서 마음이 상하거나 기분이 나쁘게 할 글이 올라오지 않았으면 한다"며 여자친구에 대한 비방이 담긴 글을 모두 삭제해 줄 것을 팬들에게 요청했다. 차두리는 "굳이 싫은 말을 하고 싶은 사람은 안티 차두리 사이트에 가입해 달라"고 말할 정도로 섭섭한 마음을 드러냈다.

여성 네티즌들이 흥분한 이유는 단지 차두리가 여자친구를 가졌다는 이유 때문. 월드컵 기간 중 방송 인터뷰에서 이천수가 "두리 형은 여자친구가 있다"고 말한 것이 발단이었다. 이때부터 차두리를 우상으로 삼고 있던 수많은 여성팬들은 차두리에 대한 애정표현을 여자친구에 대한 비방으로 바꾸기 시작했고 차두리는 유명세를 톡톡히 치러야만 했다.

차두리의 글이 홈페이지에 올려지자 7일 하루 동안에만 무려 300여 개의 글이 등록됐고 글의 평균 조회수가 150여 회에 이르는 등 차두리의 홈페이지는 폭발 일보 직전에 처해졌다. 이후 게시판엔 "여자친구 문제로 차두리가 어려움을 겪고 있는 것에 대해 반성해야 한다"는 팬들의 의견이 줄을 이었다. 차두리의 여자친구를 시샘하는 네티즌들의 신경전으로 인터넷이 후끈 달아오르고 있다.(스포츠조선 한준규 기자 manbok@)

5. '김남일 – 송종국' 사이버서 최고 인기(2002. 07. 07.)

이번 월드컵에서 뛰어난 활약을 보인 대표팀 미드필더 김남일과 송종국이 그동안 인기순위에서 부동의 1위를 지켜왔던 '꽃미남 스타' 안정환을 제치고 사이버 공간에서 최고의 인기를 누리고 있다.

7일 포털사이트 프리챌이 네티즌 8038명을 대상으로 '가장 사귀고 싶은 축구선수'에 대해 설문조사를 한 결과 김남일이 40%로 1위를 차지했고 송종국이 25%로 2위에 올랐다.

포털사이트 다음커뮤니케이션이 마련한 한국 대표팀 MVP를 인터넷으로 뽑는 이벤트에서는 송종국이 참여한 네티즌 10만 4789명 가운데 29.8%로 선두에 랭크됐다.

다음 커뮤니케이션의 7월 첫 주 인기 검색어 순위에는 '김남일'이라는 키워드가 1위를 차지했으며 김남일의 팬클럽 카페는 1000여 개가 만들어져 다른 선수들의 배가 넘을 정도로 인기를 구가하고 있다.

라이코스코리아의 7월 첫 주 검색어에도 김남일과 송종국이 각각 10위와 14위를 기록하는 등 각종 검색어 순위에 이들 두 선수가 상위에 올라 있다. TV광고 콘텐츠 제공업체인 NGTV가 조사한 인터넷 설문조사에서도 김남일과 송종국이 월드컵 후 가장 많이 TV 광고에 출연할 것 같은 선수로 1위와 3위를 차지했다.

6. '김남일 패키지 투어' 생긴다(2002. 07. 04.)

'김남일 패키지 투어'가 등장한다. 이번 월드컵이 낳은 최고의 스타 김남일(25참전남)을 만나보려는 전국 60여 만 명의 축구팬, 특히 여성 팬들을 겨냥한 패키지 관광상품이 등장한다.

'터프가이' 김남일의 소속팀인 전남 드래곤즈는 김남일 특수를 지역발전과 구단 마케팅으로 함께 연결시키기 위해 관광회사와 손잡고 '김남일 패키지 투어'를 만들기로 했다. 일본이나 유럽 등 해외의 경우 특정 스타선수의 인기를 관광상품으로 발전시킨 경우는 있지만 '김남일 패키지 투어'의 등장은 국내에서는 최초의 사례다.

하루 또는 1박2일의 코스로 전남의 K리그 홈경기와 광양 인근의 명승지 탐방을 묶는 관광상품을 내놓는 것. 전남의 관계자는 4일 "월드컵을 통해 폭발적인 인기를 누리고 있는 김남일을 K리그에서 보기 위한 전국 축구팬들의 문의가 쇄도하고 있다"며 "팬 여러분의 편의를 돕고 구단 수익증대와 지역발전이란 세 마리 토끼를 함께 잡기 위해

'김남일 패키지 투어'를 기획하게 됐다"고 밝혔다.

전남은 우선 시험적으로 오는 7일 광양 축구전용구장에서 벌어지는 대전 시티즌과의 K리그 홈 개막전에 맞춰 사이버공간에서 활동하는 800여 개에 달하는 김남일 팬클럽 회원들 중 광양구장을 찾기를 희망하는 이들을 대상으로 구단이 버스를 제공, 호응도와 그 규모를 파악하기로 했다.(스포츠조선 이백일 기자 maverick@)

7. 차범근 "아빠는 항상 두리 팬이야"(2002. 06. 23.)

태극전사, 차두리에게 차범근 MBC 해설위원 등 가족들이 보낸 사연이 네티즌을 감동시키고 있다. 인터넷 포탈사이트 다음의 차두리 팬클럽 홈페이지에 남긴 메시지들이 네티즌들에 의해 다른 축구 관련 게시판으로 번져나가면서 높은 조회수를 기록하고 있는 것.

"아빠야 항상 우리 두리 팬이지. 어려운 시기도 아주 슬기롭게 잘 이겨줘서 아빠는 항상 너를 고맙고 대견하게 생각한다"는 차범근 해설위원의 글은 아버지의 따뜻한 사랑을 잘 보여주는 대목. 부인 오은미 씨가 올린 "오늘 아빠는 너를 찾아가 위로를 해 줄까 생각하시다가 그만두셨어. 결론은 스스로 일어서야 한다는 거야. 엄마는 아빠의 냉정한 결정에 서운해했지만 우리 두리가 독하지 못한 것도 사실이라서 아빠 말을 듣기로 했어. 아빠는 아빠가 어떻게 해서 네가 남보다 유리한 자리를 차지하는 건 용납하시질 않아". "인생은 하늘과 땅이 몇 번씩이나 바뀌는 불안정한 것이야. 항상 과정에 불과해. 그래서 너무 기고만장할 것도 의기소침할 것도 없는 거야"라는 글에선 많은 네티즌이 감동의 박수를 보냈다.

특히 "이번 달엔 핸드폰 요금이 15만 원을 넘지 않도록 신경 좀 써라"는 '엄마의 잔소리'까지 올려놓은 오 씨의 글은 솔직담백한 묘사로 인기를 끌고 있다. "네가 오늘 하나한테 엄마 땜에 부끄럽다고 했다며? 글을 올리려면 눈치 못 채게 쓰라고? 너 자꾸 그러면 최만희(부산 아이콘스 부단장) 아저씨네 가은이 엄마도 쓰라고 그런다. 아줌마가 매일 놀러 오는 날엔 이 카페의 젊은 팬들은 이사 가고 말걸?" 등이 그 예.

에피소드들도 재미있다. "두리랑 전화하면 엄청 시끄러워서 항상 누가 저렇게 떠드냐고 물었는데 어제 보니 범인은 (이)천수더구나. 그래도 두리형 이불도 정리해 주고 라면도 끓여준다니 봐줘야겠군." "(아빠가 처음 축구 중계 해설을 맡은 날) 아침도 점심도 안 드시고 방송국엘 가셨는데 긴장하신 데다 배가 고프시니까 나중에는 말을 할 기운이 없어서 가만히 계셨다는 거야"는 대목에선 웃음이 터져 나온다.

천진난만한 표정과 당당한 플레이로 많은 여성팬을 거느리고 있는 차두리. 그 미소 뒤엔 '열세 번째 선수'인 가족들의 뜨거운 사랑이 있었다.(스포츠조선 전상희 기자 frog@)

8. 박경림, 음반수입 1억 7000만 원 이웃돕기(2002. 06. 10)

박경림이 큰일을 해냈다.

박경림은 5월 28일 서울 연세대 동문회관에서 '아름다운 재단(이사장 박상증)'에 무려 1억 7000만 원을 기탁했다. SBS TV '박수홍 박경림의 아름다운 밤'의 한 코너이었던 '박고테(박경림 고속도로 테이프) 프로젝트'를 통해 벌어들인 수익금이다.

박고테 음반은 '착각의 늪' 등의 히트곡을 내며 최근 음반시장의 불황에도 CD와 카세트를 합쳐 약 15만 장이 판매됐다. 박경림 측은 "수익금 2억 6000만 원 중 9000만 원의 세금을 뺀 전액을 기증했다"고 밝혔다.

이 돈으로 아름다운 재단은 6월 초 배분위원회의 협의를 거쳐 12명의 난치병 어린이에게 기금을 전달할 계획이다.

가수가 아닌 가수 박경림이 앨범 판매 수익의 전액을 기부한 것은 이례적인 일이다. 평소 연예인들이 기부활동을 펼쳐도 수익금의 일부를 전달하는 수준이었다. 하지만 박경림은 애초 약속대로 그 돈을 모두 내놓았다.

누구나 음반을 만들 때면 공을 들이겠지만 전혀 생소한 분야에 도전해 밤마다 춤과 노래 연습을 했던 박경림의 땀이 소중한 결실을 맺은 것이다.

박경림은 그렇게 솔직하고 털털하며 당당한 모습으로 스타가 된 연예인이다. 그의 인간적인 매력에 반해 그처럼 많은 연예계 동료를 둔 연예인이 없다. 그의 친화력은 거의 가공할 만한 수준이다. 이번 음반을 제작할 때도 자신의 녹음실을 연습실로 내준 가수들이 숱하게 많았다.

기자는 박경림이 아름다운 건 노력하는 모습 때문이라고 본다. 어느 날 방송사에서 만났을 때 그는 전날 촬영을 마친 후 밤을 꼬박 새며 이번 음반에 들어갈 노래를 연습하고 왔다. 어차피 방송 프로그램을 시작할 때 기부를 약속했기에 자기에게 돈이 생기는 것도 아닌데 그렇게 노력하는 모습은 참 대단해 보이었다.

예쁘고 잘 생긴 배우와 가수들이 많은 연예계에서 박경림은 독특한 존재이었다. 여자 연예인은 예뻐야 한다는 관습을 단박에 깨버린 스타다. 이웃집 누나 같고 언니 같은 존재로 다가온 박경림의 팬클럽도 그

만큼이나 이색적이다. 이름도 박경림 스캔들추진위원회(일명 박스협)
이니 말이다.

팬들과의 친화력도 대단하다. 요즘 팬클럽의 위력이 대단하지만 박
스협은 어느 단체 못지않다. 박경림의 스캔들을 내달라고 요청하는 이
메일이 연예부 기자들에게 심심찮게 들어온다. 스캔들이 나면 무조건
쉬쉬하는 다른 연예인들과 달리 박경림은 팬들과 손잡고 오히려 이를
즐긴다.

박경림의 이러한 성격은 넉넉지 않은 가정환경에서 자랐음에도 구
김살 없이 커온 것을 봐도 알 수 있다. 데뷔 초기 박경림은 아버지가
학교 수위라는 사실을 당당히 밝혔고 방송을 통해 아버지를 직접 보
여주기도 했다.

얼마 전 홍진경이 자신의 인터넷 홈페이지에 연예인에 대한 평가를
내렸을 때 '아버지 빚을 갚아야 할 정도로 가난하지만 당당한 그의 모
습이 좋다'고 말한 P 양이 박경림이라고 지목됐다.

당시 박경림은 "우리 집이 잘 살지는 않았지만 빚은 없다. 난 우리
가족이 자랑스럽고 그 누구보다 사랑하지만 이런 식으로 잘못 전달되
는 것은 싫다"라고 분명히 말했다.

박경림의 솔직한 성격은 한때 물의를 일으키기도 했다. 얼마 전 방
송에서 "자신이 모델로 등장했던 화장품 회사가 망했다"는 말로 연예
인으로는 최고액인 30억 원 가까운 소송을 당하기도 했다. 박경림은
"정말 미안하고 내가 잘못했다"는 말로 급히 진화에 나섰다.

가까이서 본 박경림에 대해 말하라면 '그래도 여자'라는 것이다. 지
난 3월 백상예술대상 시상식 때 지난해 수상자로서 참가해야 한다는
걸 알려줬을 때 "어떤 드레스 입고 가요? 저 그런 날은 정말 예쁘게
보이고 싶어요"라고 말했다. 지난해 백상예술대상 코미디 부문 최우수

연기상을 수상했을 때 그는 공주 같은 드레스를 입고 나왔고 올해도 크게 다르지 않았다.

약 3년 동안 쉼 없이 달려온 박경림이 이젠 좀 쉬겠다고 한다. 5~6개의 프로그램을 진행했던 그가 MBC TV만 남기고 거의 정리했다. 단 7월에 시작되는 SBS TV 드라마 '라이벌'에서 감초 같은 배역을 맡아 탤런트로 도전한다.

박경림이 아름다운 건 외고의 핸디캡에도 불구하고 끊임없이 도전하고 정말 열심히 노력하는 모습을 보이기 때문이다.(김가희 일간스포츠 연예부 기자)

9. 김동성 팬클럽 창단식(2002. 05. 20.)

김동성(22)이 19일 성균관대 600주년 기념관에서 공식 팬클럽 '29동성' 창단식을 가졌다.

(주)이스타즈 후원으로 이뤄진 이날 행사에는 고기현과 원혜경 등 동료 쇼트트랙 선수와 가수 이상민이 참석해 우정을 과시했다.

한편 김동성은 10여 편의 CF제의 가운데 2편 정도를 골라 출연할 예정이라고 이날 밝혔다.

10. "팬 관리할 맛 납니다."

한화 조규수(21)는 요즘 PC방을 찾는 재미가 쏠쏠하다. 넘치는 팬 사랑을 직접 눈으로 느끼고 있는 현장. '다음 카페'에 문을 열고 있는 팬클럽 사이트에 연일 격려와 축하의 글이 쇄도, 컴퓨터를 켜는 맛이 그만이다.

초반 2승 덕이다. 지난 14일 삼성전에서 첫 승을 신고한 뒤 20일 현대전에서 2승. 와인드업을 하지 않고 공을 던질 때 축이 되는 오른발을 조금 세운 새 폼이 만들어낸 결과다. 그전보다 체력적인 소모가 적고 컨트롤을 잡기가 훨씬 수월해졌다.

강팀을 상대로 두 번의 승리를 챙겼으니 팬들의 열렬한 성원이 이어지는 것은 당연하다. 답장을 올리고 성적을 설명하는 조규수의 손가락도 피곤함을 잊은 지 오래다. 조규수는 "1년에 한두 번씩 팬들과 만남의 자리를 마련하고 있는데 지금 같아서는 올해 더 북적댈 것 같다"며 미소 짓는다.(스포츠조선 신보순 기자 bsshin@)

11. "배호는 갔어도 노래는 우리 가슴에"(2002. 04. 17.)

10대 고교생에서부터 60대에 이르는 주부 · 경찰 · 약사 · 시인 · 엔지니어⋯⋯. 요절 가수 배호(1942~71)의 팬클럽 '배호를 기념하는 전국모임(www.baehofan.com · 이하 전국모임)'의 회원들이다. '전국모임'의 회장 김헌선 교수(金憲宣 · 40 · 경기대 국어국문과)는 '돌아가는 삼각지' 등의 히트곡을 남긴 배호가 29세에 요절할 당시 10세 소년이었다.

"초등학생이었을 때부터 노래를 자주 들었어요. 당시에는 잘 모르면서 아름답고 애절한 노랫말에 반했습니다." 김 교수는 대학에서 국문학을 전공하게 됐고 판소리와 같이 그 시대 대중들의 공감을 이끌어내는 대중가요의 가치를 깊이 깨달았다. 김 교수는 "배호의 노래가 어린 시절부터 왜 나를 그렇게 사로잡았는지 자꾸만 알고 싶어지고 갈수록 빠져들었다"며 배호를 사랑하는 사람들과 소모임을 가졌다고 했다. 그는 "배호 팬클럽 회장이라고 하면 학생들이 의아한 눈빛으로 쳐다본다"며 웃었다.

김 교수는 지난해 12월 전국에 흩어져 있는 작은 '배호 팬클럽' 회장들과 뜻을 모아 '배호를 기념하는 전국모임'을 발족하고 본격적인 활동에 나섰다. 회원은 200여 명으로 이들은 매달 한 번씩 정기모임을 가지고 배호 기념사업을 구상하고 있다. 김 교수의 머릿속은 배호 일대기 출간, 기념 음반 전집 기획, 노래비 제막 등으로 갖가지 아이디어로 가득하다. 구상 중 하나로 오는 21일 배호 묘소에 '두메산골' 노래비를 세우기로 했다.

김 교수는 "24일은 배호가 살아 있었다면 회갑을 맞이했을 날"이라며 "예전부터 팬들이 꿈꾸어왔던 일인데 지난 1월부터 십시일반으로 500만 원 정도 성금을 모았다"고 말했다.

지난해 11월 서울 용산구 삼각지에 '돌아가는 삼각지' 노래비가 세워졌으나 순수하게 팬들의 성금으로 노래비가 세워지는 것은 이번이 처음이다. 김 교수는 "요즘 팬클럽들은 온라인 등에서 활발하게 활동하지만 시간이 지나면 열기가 식는 것 같다"며 "(스타에) 너무 가까이 다가가지 않고 멀리서 오래 지켜봐주는 아름다움을 지켜주었으면 한다."고 말했다.(金聖喆 기자 enki@chosun.com)

12. 지고 못사는 '승부사' 이천수(2002. 04. 15.)

이천수(21)가 다시 그라운드를 호령할 수 있을까? 스피드와 기술이 뛰어난 그는 지난해 '히딩크 사단'에 합류해 승승장구했다. 그러나 올해는 부상으로 이렇다 할 활약을 보여주지 못했다. 그가 월드컵 본선 무대에서 '한국축구의 희망'으로 다시 주목받을 수 있을지 관심이다.

지고는 못살아

부평초등학교 4년 때 축구를 시작한 이천수는 경기에 지면 분을 이기지 못해 며칠간 말을 하지 않았다. 부평동중 시절 함께한 신호철 코치는 "눈에서 살기까지 느껴질 정도"였다고 한다. 지나친 승부욕은 사소한 일에도 나타났다. 고종수와의 '한판 승부'는 그의 이런 면을 보여주는 일화. 1999년 올림픽대표팀 소집 후 같은 방을 쓰게 된 고종수가 이천수에게 자신의 운동화 끈을 매두라고 한 것이 발단이었다. 군말 없이 일을 처리한 이천수는 다음날 깜찍한 '복수'를 했다. 새벽 훈련을 위해 맞춰둔 자명종 시계가 울렸지만 모른 척하고 잔 것. 결국 시계를 끈 사람은 고종수였다. 임종헌 부평고 감독은 "경기에 지고 나면 혼자 남아 연습을 해 다음 대회에서 반드시 설욕했다"고 말했다. 친구 성은규 씨는 "모든 면에서 지지 않겠다는 성격이 오늘의 천수를 만들었다"고 했다.

"가난이 죽기보다 싫어요"

이천수는 학창시절 친구들을 집에 초대한 적이 거의 없다. 중학교 1학년 때부터 가세가 기울어 전셋집에서 살았기 때문이다. 이천수의 가

난은 아버지 이준만 씨가 다니던 회사가 부도가 나면서부터 시작됐다. 당시 노조위원장이었던 이 씨는 다른 직장을 찾기보다는 동료들의 체불임금을 챙겨주는 일에 매달려 형편은 더 어려웠다. 형 이천석 씨가 고교졸업 후 번 돈으로 네 식구가 근근이 버텼다.

부평고 시절에는 축구부 합숙비를 제때 내지 못한 때가 더 많았다. 가난에 찌들수록 이천수는 축구에 더 매달렸다. 공을 찰 동안은 모든 걸 잊을 수 있었기 때문이다. 그러나 그는 주위에 내색 한 번 한 적 없다. 이천수의 팬클럽 회장인 김철호 씨는 "그렇게 어려운 시절이 있었는지 몰랐을 정도로 그늘 하나 없는 친구"라고 했다.

나를 이기는 자가 진짜 승자

이천수는 연습경기 때도 '욱'하는 성격 때문에 곧 잘 퇴장당했다. 상대팀들이 스트라이커인 그의 기를 꺾어 놓기 위해 거친 태클을 하면 즉각 맞대응을 한 결과이었다. 퇴장을 좀처럼 시키지 않는 초등학교 시절에도 그라운드에서 여러 번 쫓겨났다. 아버지 이준만 씨조차 "참는 것만 좀 배웠으면 나무랄 데 없는 아들"이라고 했다. 고려대 조민국 감독은 "팀이냐 (이)천수냐를 놓고 숱하게 고민했다"고 말했다. 하지만 이천수는 요즘 달라지고 있다. 마음을 다스리는 법을 배우고 있는 것. 이는 종교를 가지면서 시작됐다. 이천수는 지난 1월 미국 골드컵 기간 중 이영표, 송종국의 손에 이끌려 교회를 찾았다. 그는 "마음이 차분해지고 편안해지는 느낌이 좋았다"고 한다. 이천수는 이번 대표팀 대구 전지훈련에도 성경책을 가지고 갔다.(이택진 기자 tjlee@chosun.com)

13. "한번 가입하면 탈퇴 못한다" 팬클럽 약관은 무효
(2002. 04. 11.)

'한 번 팬클럽은 영원한 팬클럽'이어야 한다? 연예인 팬클럽에 한 번 가입하면 탈퇴하기가 까다롭게 돼 있는 약관에 대해 공정거래위원회가 칼을 빼어들었다.

공정위는 11일 "회원 탈퇴 신청은 가입일에서 한 달 이내 해야 하며 한 달이 지나면 탈퇴할 수 없다"는 등의 내용을 담은 그룹 god팬클럽 '팬god'의 약관이 불공정하다고 결정했다. 또 회원에게 사전 통지 없이 일방적으로 계약을 해지하거나 일정 기간 회원 서비스를 중지할 수 있는 조항도 회원에게 불리하다며 이들 조항을 수정하거나 삭제하라는 명령을 내렸다. 공정위의 이 같은 조치는 '팬god'의 한 회원이 작년 11월 "탈퇴하고 싶은데 약관에 금지돼 있다고 탈퇴시켜 주지 않는다"며 신고해 온 데 따른 것이다.

'팬god'는 회원이 3만 8000명에 이르며 연예기획사 사이더스㈜가 관리하고 있다. 대부분의 기획사는 연예인 팬클럽을 운영하면서 6개월이나 1년 단위로 회비를 1만 5000~3만 원씩 받는다. 그러나 이들은 회원이 많이 탈퇴할 경우 관리가 어렵다는 이유를 들어 쉽게 탈퇴할 수 없도록 약관을 정하고 있다. 사이더스 측은 공정위의 이번 결정에 대해 "법무팀에서 내용을 검토한 뒤 곧 입장을 밝히겠다"고 말했다.

공정위는 회원의 자유로운 탈퇴를 막고 있는 연예인 팬클럽 약관이 많을 것으로 보고 다른 연예인 팬클럽들에 대해서도 조사할 계획이라고 밝혔다.(김영진 기자 hellojin@chosun.com)

14. [만물상] 팬덤현상(2002. 04. 10.)

19세기 말 스포츠가 관중을 위한 이벤트로 전환되면서 열광적인 팬(fan)이 나타났다. 20세기 초반 할리우드 영화스타에 대한 팬의 열광은 스포츠의 군중심리 못지않게 뜨거웠다. 당시의 영화팬들은 작품상의 인물과 스타 개인을 혼동할 정도이었다. 1926년 사랑의 화신이던 은막의 스타 루돌프 발렌티노가 사망하자 두 명의 여성 팬이 따라죽는 사건도 발생했다.

한국에 팬클럽이 생긴 것은 70년대 남진·나훈아가 쌍벽을 이루던 때이었다. 80년대 스타 조용필의 팬클럽만 해도 자신들의 우상을 좋아하는 집단에 불과했다. 그런데 90년대 '서태지와 아이들'이 등장한 후 팬클럽은 조직적으로 변모하기 시작했다. 단순한 '오빠부대'에서 스타를 옹호하고 자신들의 권리를 주장하는 '팬덤(fandom)'을 형성한 것이다. 이들 중엔 스타에 대한 자기 동일시뿐 아니라 삶까지 모방하는 중독자도 생겨났다.

인기그룹 공연장에서 발생한 소녀 팬들의 기절소동, 열성팬들의 자살사건 등은 극단적인 경우이며 PC 통신에서 벌어지는 팬클럽 간의 상호비방은 전쟁을 방불케 한다. 인기그룹의 여자가수 얼굴을 다른 사람의 누드사진에 합성시켜 띄우거나 촌스러운 데뷔전 사진을 공개하는 비열한 수법까지 동원한다. 자신들의 스타가 경쟁 상대에게 뒤지면 물불 안 가리고 욕설을 퍼붓고 집단행동도 불사한다.

이런 풍토가 요즘 선거판으로 옮아붙은 양상이다. 특정 정치인을 좋아하는 지지자들이 인터넷을 중심으로 모임을 만들어 경선에서 바람을 일으키자 선관위까지 나설 정도다. 보통사람들의 자발적인 지지운동을 탓할 수는 없다. 경선장에서 환호를 하거나 지지를 호소하는 자원활동은 선진국에서도 일반화되어 있다. 문제는 사이버상에서 펼쳐지는 익명의 선거운동이 연예계 팬덤의 광기를 방불케 한다는 것이다.

상대 후보에 대한 비방과 흑색선전이 난무하고 언론에까지 육두문자로 저주를 퍼붓고 있다. 이는 분명 테러이며 범죄행위인 만큼 발신자를 추적해 응징해야 한다. 팬이란 용어에는 '과도하고 오도된(excessive and mistaken) 열정'이라는 다분히 부정적인 뉘앙스를 띠고 있다. 연예인까지 가세한 정치판의 팬덤현상이나 인터넷 선거열풍은 긍정적이기보다는 부정적인 측면이 강하다.

15. "프로그램 인기는 팬클럽이 말한다"(2002. 03. 26.)

여대생 문여정(24) 씨는 케이블방송 오락채널 NTV에서 평일 밤에 방송하는 미국 드라마 '앨리의 사랑만들기(Ally McBeal)'를 거의 빼놓지 않고 보다가 1년여 전 팬클럽(cafe.daum.net/allymcbeal)에 가입해 운영을 맡았다. 회원 수는 4000여 명. 열성팬들은 한 달에 한 번정도 모인다. 문 씨는 "전국에 있는 취향 비슷한 사람들을 만날 수 있는 마당"이라고 했다. 이들은 "그동안 못 봤는데 중간 스토리 좀 알려주세요" "오늘 노숙자로 나왔던 배우 이름이 뭐죠?" 등등 시청소감, 드라마 대본, 좋아하는 캐릭터 사진 등을 나눈다.

이처럼 인기 연예인들만 팬클럽이 있는 게 아니다. TV와 라디오 프로그램도 팬클럽이 없으면 인기 프로그램이 아니다. 열성팬클럽이 만들어지는 프로그램은 주로 퀴즈, 음악, 외국드라마 등. 매니아들은 '소수의 것'을 더 좋아해서일까? 지상파TV보다는 케이블, 라디오 등에 숨어 있는 '특화된 프로그램'일수록 애호가들의 활동도 활발하다.

외국어채널 아리랑TV의 고교생 퀴즈 프로그램 '퀴즈챔피언'에 출연했던 학생 1500명은 'WATCH(We Are The CHampion)'라는 동호회를 3년째 운영하고 있다. 초기에 프로그램에 출연했다가 이젠 대학생이 된 선배들부터 고교1년인 후배들까지 모여 이제는 대학동아리처럼 성장했다. 그중 영어를 특히 잘하는 30명은 '월드컵 통역봉사단'도 만들었다. 서울 여성영화제, 부천 국제판타스틱영화제 등에서 통역봉사도 했다. KBS 2TV 퀴즈프로그램 '도전! 골든벨'에 출연했던 학생들도 '골맺사(골든벨이 맺어준 사람들)'라는 동호회를 운영하고 있다.

음악채널 m.net 프로그램 '왓츠업 요'의 팬클럽(cafe.daum.net/WUY) 회원 720명은 팬 홈페이지에서 좋아하는 음악을 감상하고 KBS 1FM 라디오 성악프로그램 '노래의 날개 위에' 동호회인 '노날' 회원 250여 명은 매달 한 번씩 음악감상실에 모여 성악곡을 듣기도 한다.

팬클럽을 통한 영어공부 붐도 불고 있다. EBS 라디오 아침 영어 프로그램 '모닝스페셜'의 서울청취자 동호회인 '모닝칼라'(members.tripod.lycos.co.kr/mscolor) 회원 35명은 매주 토요일 모여 그 주에 들은 방송내용과 팝송 등으로 영어공부를 한다. 회원 수가 6000여 명에 이르는 동아TV '프렌드(Friens)' 팬클럽(cafe.daum.net/sitcomfriends)에서는 회원들끼리 게시판에서 드라마 영어대사를 주고받으며 공부하는 코너가 인기를 끌고 있다.(이규현 기자 while@chosun.com)

16. 대표선수들, 팬들 성원에 자신감 회복(2002. 02. 25.)

'오빠! 힘내세요.'

미주전훈에서의 부진으로 잔뜩 풀이 죽었던 대표선수들이 여전한 팬들의 성원에 자신감을 회복하고 있다. 대표선수들은 휴식 기간인 요즘 연이어 벌어지는 팬 사인회-모임 등의 행사에 참석, 직접 팬들의 사랑을 확인하며 그동안 어깨를 짓눌렀던 자괴감을 털어버리고 있다.

이영표(25)와 최태욱(안양)은 지난 23일 서울 송파구의 한 할인점에서 마련한 팬 사인회에 참석했다가 깜짝 놀랐다. 자신들이 도착하기 1시간 전부터 팬들이 장사진을 이루고 있었기 때문.

행사 주최 측에서는 이 행사를 위해 사인용지 3000장을 준비했는데 1시간 30분 만에 모두 동이 나 사진촬영 등으로 대체할 정도로 성황을 이뤘다. 팬들은 이영표와 최태욱의 사인을 받은 후 "국민들이 모두 믿고 있으니 열심히 뛰어달라"는 성원의 말을 아끼지 않았다.

지난해 연말 부상으로 힘든 시간을 보내다 미주전훈서부터 컨디션을 회복하고 있는 이동국(21찹포항) 역시 팬들의 열띤 환호에 힘을 얻었다. 이동국은 23일부터 1박2일 일정으로 열린 팬클럽 '심바'의 팬미팅행사에 참석해 오랫동안 자신을 성원해 준 '골수팬'들로부터 수많은 선물과 팬레터를 받았다. 팬들은 "오빠가 어려울 때 우리가 곁에 있으니 힘을 내라!"며 치열한 포지션 경쟁에 초조해하고 있는 이동국에게 자신감을 심어줬다.

다음 달 대표팀의 유럽전지훈련에 합류하게 된 대표팀의 '맏형' 홍명보(33찹포항)도 팬클럽 '리베로'의 회원들로부터 환송인사를 일찌감치 받았다. 이 자리에 참석한 팬들은 "태극마크를 단 홍명보 선수의 모습을 너무도 오랫동안 기다렸다"며 "한국 월드컵 16강 진출의 대들보 역할을 해 달라"고 주문했다.(스포츠조선 추연구 기자 pot09@)

17. 가수 유승준 입국 거부당해 강제출국(2002. 02. 02.)

미국 시민권 취득에 따른 병역기피 의혹으로 사회적 논란을 불러일으켰던 가수 유승준(26) 씨가 2일 새벽 인천공항에서 법무부출입국관리사무소에 의해 입국이 거부됐다.

인천공항출입국관리사무소는 이날 오전 4시 50분 LA발 대한항공 KE012편으로 인천공항에 도착한 유 씨로부터 '스티브 승준' 명의로 된 미국 여권을 넘겨받아 '출입국규제자 검색'을 실시한 결과 규제대상으로 올라 있어 입국을 금지했다고 밝혔다. 이에 따라 유 씨는 여객터미널 환승지역 내 대한항공 라운지에 대기하다 출입국관리사무소가 지정한 오전 11시 20분 도쿄 경유 LA행 KE001편으로 미국으로 되돌아갔다. 법무부는 지난달 29일 병무청으로부터 유 씨에 대한 입국금지 협조요청서를 접수하고 출입국관리법을 검토. 유 씨가 '대한민국의 이익이나 공공의 안전을 해하는 행동을 할 염려가 있다고 인정할 만한 상당한 이유가 있는 자(제11조 1호 3항)'에 해당한다는 결론을 내린 것으로 알려졌다.

입국금지를 통보받은 유 씨는 당혹감을 감추지 못한 채 "미국 시민권을 취득한 것이 이렇게까지 되리라고는 미처 생각하지 못했다"며 "그러나 시민권 취득 목적이 병역을 회피하기 위한 것은 아니었다"고 말했다.

유 씨는 이어 "팬들에게 진심으로 죄송하다"고 말한 뒤 "앞으로 자숙하는 시간을 갖고 모국인 한국에 보답하기 위해 음악활동을 더 열심히 하겠다"고 덧붙였다. 유 씨는 "미국 시민권 취득은 많은 고민 끝에 내린 최선의 선택이었기 때문에 시민권을 포기할 생각은 없다"면서도 자신은 여전히 한국 사람이라고 강조했다. 입국이 금지되는 바람에 이날 오후 서울 여의도 63빌딩에서 유 씨가 열기로 한 기자회견은 자동적으로 취소됐다.

인천공항 여객터미널 1층 입국장에는 유 씨의 귀국을 환영하기 위해 10-20대 팬클럽 회원 30여 명이 찾아왔으나 유 씨가 입국금지된 사실을 전해 듣고 별다른 소동 없이 귀가했다.(영종도＝연합뉴스 고웅석 기자)

18. 테트리스로 10대 가수 왕중왕 뽑자(2002. 01. 14.)

키보드를 조작하는 팬의 손에 결과가 달려 있는 10대 가수 왕중왕을 뽑는 행사가 진행 중이어서 화제다.

NHN(공동대표 김범수, 이해진)이 운영하는 한게임(www.hangame.com)에서 개최하는 '열전! 팬클럽 테트리스-10대 가수전'이 그것으로 좋아하는 가수의 팬으로 등록, 테트리스를 죽어라 하면 되는 행사. 물론 실력이 중요하다.

이 회사는 2차 대회의 일환으로 '군계일학(10대 가수의 순위 선정)' 편을 진행 중으로, 지난 10일 마감한 1차 대회(50여 명의 가수 중 10명 선발)에서 선정된 가수 중 왕중왕을 뽑게 된다. 25일까지 진행되는 2차 행사는 팬들의 테트리스 점수가 모여 다른 팬클럽과 경쟁하게 된다고 설명했다. 대회 명칭도 '떼로 뭉쳐서 하는 테트리스'라는 의미에서 '테트리스로 하게 됐다는 후문이다.

장나라, GOD, 신화, 문희준, 강타, 서태지, 유승준, S.E.S, 클릭B, 핑클이 테트리스 10대 가수의 주인공으로 팬들의 테트리스 실력에 따라 왕중왕이 결정된다. 단순히 팬의 수가 많은 가수보다는 테트리스 실력이 뛰어난 팬이 많은 쪽이 유리하다.

NHN 측은 지금까지 총 24만여 명의 팬들이 참가했으며 2차 대회가 시작된 11일에는 동시접속자 수만 2만 명을 기록했다그 밝혔다.(박기원 기자 jigi@chosun.com)

19. "팬들 위해 아낌없이 쏜다"(2002. 01. 04.)

'아낌없이 쏜다.' 구랍 9일 광주 호성웨딩문화원. 기아 홍세완은 신랑인 팀동료 장성호가 그렇게 부러울 수가 없었다. 수십 명의 팬들이 몰려와 장성호의 새로운 출발을 축하해 주고 있었던 것. 하지만 이제 홍세완도 남들을 부러워할 것이 없게 됐다. 지난해 6월 인터넷상에 문패를 내건 그의 팬클럽이 5일 오후 8시 광주에서 첫 모임을 열면서 초대장을 보내온 것.

하루하루 약속 날짜가 다가오면서 홍세완은 맞선을 앞둔 처녀처럼 떨리는 가슴을 다독거리고 있다.

서울서 차를 대절해 내려오겠다는 직장인과 한 번 보고 싶어 대구에서 단숨에라도 달려오고 싶다는 대학생. 누구 하나 소홀히 대할 수 없는 소중한 사람들이다.

힘들 때 게시판에 글을 올려 힘이 돼준 팬들이지만 막상 얼굴을 맞댄다고 생각하니 왠지 쑥스러움이 앞섰다. '실수라도 해 스타일을 구기면 어쩐다……. 얼굴이 빨개지면 창피할 텐데…….' 끝도 없이 걱정이 이어졌다. 하지만 홍세완은 약속 날짜를 며칠 앞두고 걱정을 털어냈다. 곰곰이 생각해 보니 모임이 열리는 것 자체가 그렇게 뿌듯할 수가 없었다. 팬클럽 회원들은 지난해 12월 열린 2001골든글러브 시상식장을 찾아와 그를 놀라게 했었다. 수상 가능성이 거의 없는 데도 그가 호명되자 엄청난 환호성을 내질렀다. 유격수 부문 수상자 현대 박진만을 보기가 민망할 정도이었다.

홍세완은 5일 저녁 두둑한 지갑을 챙겨들고 집을 나설 생각이다. 구단 MVP로 선정돼 받은 상금이 200만 원. 이 가운데 장성호와 김상훈, 윤형진의 성화에 못 이겨 '한턱'을 쓰는 데 70만 원이 나갔고 지갑에는 130만 원이 남아 있다.(스포츠조선 민창기 기자 huelva@)

20. "사랑해요 조수미"······ '조·사·모'(2001.11.30.)

'조수미가 서는 무대라면 땅 끝까지 따라간다.'

클래식 음악계에도 '붉은 악마'가 있다. 소프라노 '조수미를 사랑하는 사람들의 모임'(조사모)이다. 정명훈·장한나 등의 후원회가 있긴 하지만 팬클럽으로는 클래식 음악계서 '조사모'가 유일하다. 전국에서 4000명가량 가입, 조직 면에서도 단연 압권이다. 열성 회원 10여 명은 지난 11월 초 조수미가 오페라 '리골레토'의 주역 질다를 노래한 파리 바스티유 오페라극장을 다녀왔다. 1인당 120만 원씩 들여 다녀온 '조수미 투어'다. 오는 6일에는 네덜란드 암스테르담으로 2차 투어에 오른다. 조수미가 그곳 '콘서트헤보우' 홀에서 오페라 '라크메'를 노래하기 때문이다.

"조수미 씨가 출연하는 오페라를 보고 조 씨가 파리에 마련해둔 집에서 밤늦도록 뒤풀이를 했습니다. 수미 씨는 우리를 위해 직접 요리를 하고 술도 한 잔씩 돌렸지요. 이런 기분 아무도 모를 겁니다."

조사모 회장 김성준(23·서울대 컴퓨터공학과 3) 씨는 "조수미 씨의 '온리 러브(Only Love)' CD가 100만 장 가까이 팔린 것을 계기로 그의 팬들이 지난해 2월 모임을 만들었다"고 했다. 회원들은 20대, 10 대 순으로 많고 40대도 느는 추세다. 매주 토요일 모여서 조수미의 노래, 오페라를 CD와 비디오로 즐긴다. 활동은 감상에만 그치지 않는다. 이들은 조 씨가 앞으로 부르면 좋겠다 싶은 곡을 70여 곡 골라서 이를 CD 석장에 '구워서' 조 씨에게 보냈다. 팬들을 위해 앞으로 녹음해 달라는 주문이다. 조수미에게 열광하는 이유는 무얼까.

"조수미의 93년 예술의 전당 연주회는 지금도 잊지 못할 최고의 무대입니다. 카라얀이 '신이 내린 목소리'라 극찬한 조 씨의 소리, 그의 그릇을 너무도 선명히 보여주었어요. 그때 감동을 어떻게 애기할 수 있을까요. 특히 여성팬들은 그 공연이 있고 한 주일 내내 조수미를 화제 삼았습니다."

한양대 병원 임상병리과에 근무하는 장진숙(49) 씨는 "노래만이 아니라 인간적으로 솔직하고 당당하고 화끈한 조 씨의 매력에 반했다"고 했다. 장 씨는 지난달 병원에 휴가를 내고 조수미를 찾아 파리에 다녀왔다. 장 씨만이 아니다. 대학원에서 인터넷 비즈니스를 전공하는 서윤희(26) 씨, 성악도 이동희(21) 씨, 대학 재료공학부에 다니는 서영석(21) 씨, 고교 3년생 김미주(18) 씨, 가정주부 고현숙(고현숙·50) 씨는 사진 촬영을 위해 모이던 날 하나같이 조수미 브로마이드를 들고 왔다. 10대 가요 팬클럽 뺨치는 열정이다. 하나같이 조수미가 언제 어디서 무슨 배역을 한다며 공연일정을 훤히 꿰고 있다.

조사모 회원들은 '조수미 카페'를 내년 2월 문 연다. 회장 김 씨는 "조 씨가 어릴 때 치건 피아노를 비롯해서 그가 낸 음반, 자료를 전시한다"며 "특정 시간대에 조수미 음악만 틀고 나머지 시간에는 일반 클래식음악을 트는 감상실로 운영할 계획"이라고 했다. 조사모의 인터넷 홈페이지는 www.josumi.com 혹은 www.sumijo.com. 오는 15일 내용을 보완해 새로 문을 연다.(김용운 기자 proarte@chosun.com)

21. 소속사의 팬클럽 장삿속(2001. 11. 25.)

며칠 전 서울 올림픽공원에서 인기 댄스그룹 출신 가수의 팬미팅이 열렸다. 지방 팬들에게도 가수를 만날 기회를 준다며 경상도·전라도와 제주도까지 전국에서 초·중·고 여학생 팬들을 끌어 모은 행사이었다. 그런데 이런 팬미팅 행사를 들여다보면 문제투성이다. 우선 지방에서 버스로 단체 이동하는 아이들의 안전이 걱정된다. 팬클럽 임원이 같이 탄다는데 그들이 누구고 나이는 몇 살이고 그런 자격을 갖춘 사람인지, 불안할 따름이다. 행사 참여도 인터넷 팬클럽에서 이뤄져서 부모의 접근이 철저히 막혀 있다. 부모가 반대할까 봐 몰래 신청해 서울로 올라가도 막을 길이 없다. 이번 행사도 토요일엔 밤 9시 넘어 끝났는데 지방 아이들은 몇 시에 집에 들어가라는 건지 어처구니없다. 밤늦도록 어린 딸들의 귀가를 기다리며 가슴 태울 부모 심정은 알 바 없다는 것인가. 적지 않은 행사 참가료는 어떻게 쓰는지, 세금이나 제대로 내는지도 알 길 없다. 이런 전국 규모 행사를 팬클럽 혼자 자발적으로 연다는 것도 믿기 어렵다. 연예회사가 홍보와 장삿속을 위해 팬클럽을 앞세워 꾸미는 상술이 아닌가. 아이들을 상업적으로 이용하는 연예회사들의 반성을 촉구한다.(권대산 48·교사 경북 안동시 송현동)

22. 삼성, 팬클럽 경산볼파크 초청행사(2001. 11. 23.)

삼성이 '두산팬 따라잡기'에 나선다. 올 한국시리즈서 두산 팬들의 열광적인 응원에 혼쭐이 난 삼성은 팬클럽 활성화의 일환으로 25일 '팬클럽 경산볼파크 초청행사'를 갖는다.

이번 행사에서는 '파워라이온즈', '사자사랑', 박한이 김진웅 팬클럽 등 서울과 대구 지역에 있는 삼성 관련 동호회원 200여 명을 초청해 경산볼파크 시설물을 견학하고 선수들의 훈련모습을 볼 수 있는 기회를 준다. 훈련이 끝난 뒤에는 좋아하는 선수들과 함께 사진촬영을 하고 사인회도 가질 예정.

기존 삼성의 팬클럽 관리와는 딴판인 모습이다. '팬클럽 행사를 갖더라도 선수들의 훈련에 방해가 돼서는 안 된다'며 경산볼파크 공개를 꺼렸던 입장에서 개방적인 자세로 탈바꿈한 것. 두산이 16년째 '곰들의 모임'을 통해 지속적인 팬관리를 해 오며 열성팬들을 다수 확보했다는 점을 염두에 두고 일종의 벤치마킹을 하는 셈이다.

삼성은 이번 행사에 참가하는 팬들의 편의를 위해 구단버스를 지원하며 다과회 및 기념품 전달식도 열 예정이다.(스포츠조선 김남형 기자 star@)

23. 히딩크 감독, 한국서 첫 생일 맞아(2001. 11. 08.)

'해피 버스 데이, Mr 히딩크~.'

히딩크 대표팀 감독은 8일 오전 숙소인 전주 리베라호텔에 도착한 소포꾸러미를 받아들고 함박웃음이 절로 터졌다.

　정성스럽게 포장된 소포의 내용물은 목도리와 가죽장갑 등 패션소품과 각양각색의 격려문구가 적힌 팬레터.

　바로 이날 55번째 생일을 맞은 히딩크 감독을 위해 준비한 선물이다.

　생일선물을 마련한 이들은 히딩크 감독의 인터넷 팬클럽(www.2002hiddink.com) 회원들.　팬클럽 회원들은 생일 보름 전부터 '히딩크 감독 생일 대책위원회(?)'를 구성, 자발적으로 한 푼 두 푼 성의껏 모은 돈으로 생일선물 꾸러미를 만들었다.

　쌀쌀한 한국의 겨울날씨를 고려해 방한용품 위주로 생일선물을 포장했다고.

　마침 8일은 전주 월드컵구장 개장기념으로 대표팀과 세네갈의 평가전이 열린 날.

　팬클럽 회원들은 히딩크 감독의 생일을 축하하고 대표팀의 선전을 함께 기원하는 의미에서 선물을 마련했다.

　히딩크 감독이 타향인 한국 땅에서 처음 맞이한 생일이란 상징적 의미도 있어 엔도르핀이 절로 솟는 팬레터 묶음까지 동봉했다.

　히딩크 팬클럽의 한 관계자는 "한국민의 염원인 월드컵 16강 진출 열쇠를 쥔 히딩크 감독의 첫 생일을 어떻게 그냥 보낼 수 있겠냐"며 "히딩크 감독이 우리들의 성원을 잊지 않고 앞으로도 훌륭한 지도력을 발휘해 줬으면 좋겠다"고 말했다.(스포츠조선 이백일 기자 maverick@)

24. 대한민국은 '연예인 공화국'(2001. 10. 16.)

연예인 되기 혈안된 청소년들……
각종 선발대회 수천 명씩 몰리고 '길거리 캐스팅' 인기

"저는 17세이고 무용과를 다니고 있어요. 키는 164~165cm 정도. 몸무게는 보통 나가요. 사진도 함께 올릴 테니 평가 좀 부탁합니다. 연기학원도 1년 다녔어요."(진희·가명)

"고1이고 집은 서울입니다. 이모부 친구께서는 모 기획사에 계시고요. 저희는 강남에서 고깃집을 합니다. 제 끼를 살려 주실 분 그리고 연기자로 성공하게 만들어줄 저의 스승님을 찾습니다. 좋은 기획사에서 저를 캐스팅했으면 합니다. 연락 바랍니다. 제 핸드폰 번호는 011-9089-XXXX. 이름은 OOO라고 합니다."(민수·가명)

"가수도 하고 싶고 시트콤 연기자도 되고 싶어요. 정말 열심히 할 자신 있거든요. 저는 18세 고2 여자고요. 이름은 ○○○, 춘천에 살고 키는 163cm 정도입니다. 너무 작죠? 열심히 우유 먹는 중이에요. 몸무게는 47kg 정도이고 더 뺄 자신 있어요. 특기라기보다는 그냥 춤을 잘 따라 추거든요. 그래서 저희 학교 치어리더예요. 이번에도 예술제 때 춤을 추거든요. 비디오로 찍을 건데 보내드릴 수 있으면 보내드리겠습니다. 노래는 춤보다 조금 더 자신 있어요. 이쁘게 봐주세요. 연락처는 011-9879-XXXX입니다."(성미·가명)

이 글들은 한 연예인 캐스팅업체의 인터넷 사이트 게시판에 올려진 것들이다. 연예인이 되고 싶어 하는 10대들의 간절함이 안쓰러울 정도다. 하지만 이들은 '별난 아이들'이 아니다. '연예인 스타'가 되고자 하는 소망은 이미 '보통 아이들'에게까지 사회의 증후군으로 번지고 있다. 연예기획사의 성업이 그것을 입증하고 있다.

현재 공인된 연예기획사는 20여 개 정도이지만 개인과 군소업체까지 합치면 무려 800여 개에 이른다고 한다. 그중 가장 인기가 높은 MTM은 전속배우만 100여 명에 달하고 아카데미 소속 학생이 400~500명이나 된다.

스타의 '오빠부대' 등 수동적인 소비자로만 여겨져 온 팬들이 인터넷을 통해 집단화하면서 새로운 '연예 권력'으로 떠오른 것도 눈여겨볼 대목이다. 최근 '컴백홈' 패러디를 둘러싼 서태지와 '음치가수' 이재수 측의 법정 다툼이 좋은 예. 서태지가 소송을 낸 직후 서태지 팬클럽은 연일 이메일로 서태지를 옹호하는 여론 공세를 펴면서 음악저작권협회와 문화관광부에 저작권 관리 소홀에 대한 해명을 요구했다. 음악저작권협회는 결국 팬클럽의 끈질긴 항변에 두 손을 들고 말았다.

이처럼 요즘 팬클럽들은 좋아하는 스타가 부당한 대우를 받는다 싶으면 '기존 권력'에 망설임 없이 도전한다. 조용필, 서태지, 이승환 등 유명 가수 팬클럽이 주축으로 벌인 대중음악 개혁운동은 KBS가 '공정성'을 이유로 가요 순위 프로그램을 없애는 데 결정적 역할을 했다고 한다. 스타에게 열광하는 '오빠부대' 열풍은 1960년대 남진·나훈아 시대를 출발로 1980년대 조용필 시대에도 뜨거웠다. 규모도 전성기 조용필의 경우 수만 명을 헤아렸다. 하지만 폭발력과 성격은 확실히 달라졌다. 현재의 팬클럽은 스타의 노래와 스타일을 따라 하던 수동적 입장에서 벗어나 스타의 전위대로 변했다.

25. 서태지 팬클럽 "日진출 성공 비나이다"(2001. 10. 12.)

전국의 서태지 매니아들이 11일 서울 잠실 보조구장에서 팬클럽 축제 '기괴한 태지 사람들'을 가졌다. 오후 5시부터 4시간 동안 유료 행사로 열린 페스티벌엔 6000여 팬들이 모여 '서태지 밴드 일본 활동 대박 기원 고사지내기' '태지 모습 그리기' '코프레스 파티' 등 이벤트를 즐겼다. 일본에 있는 서태지는 이날의 하이라이트로 일본 소극장과 행

사장을 인공위성 연결한 '스크린 라이브 콘서트'를 펼쳤다.(권혁종 기
자 hjkwon@chosun.com)

26. god팬, '박준형 퇴출' 반대 본격화(2001. 09. 11.)

'박준형 퇴출'을 놓고 god팬들의 적극적인 움직임을 보이고 있다.
서울을 중심으로 한 god의 각 팬클럽들은 오는 16일 오후 2시, god의
소속사 싸이더스의 서울 청담동 사무실 앞에서 침묵시위를 벌이기로
했다.

이들은 god 공식 홈페이지를 비롯한 각 홈페이지에 모임 공고와 함
께 "침묵으로 항의하는 것이 목적이니 반드시 마스크를 지참하고 서
명운동 도구를 준비하자"는 내용을 올리고 있다.

또 부산 지역 팬들도 15일 오후 2시 30분부터 해운대 백사장에서
박준형 퇴출반대 서명운동을 벌이겠다고 밝혔다.

부산 지역 팬들은 지리적으로 멀리 떨어진 점을 감안, 각자 엽서를
지참해 항의 서한을 띄우자는 운동도 함께 추진하고 있다.

또 god팬클럽들은 인터넷에 팬사이트 연합(www.herohoi.com)을 개
설, 박준형 퇴출 반대 운동을 펼쳐 나가기로 했다.

지난 2월 god의 서울 콘서트 연기에 대한 대책 논의를 위해 처음
결성됐던 god팬사이트 연합은 이번 박준형 퇴출 발표에 대해서도
"god 3집을 비롯, god팬클럽에서 배부한 우비와 팬시용품, 문구 등을
싸이더스로 반납하자"는 운동을 벌이기로 했다.

한편 일부 팬들은 "다음 달 공개될 god의 4집 불매운동을 통해 박준형
의 퇴출을 막아보자"며 불매운동 사이트(www.godbulmae.wo.to)를 개

설해 서명운동을 벌이고 있다.(스포츠조선 송원섭 기자 *fivecard@ sportschosun.com*)

27. 떠오르는 '제4의 권력' 팬클럽(2001. 08. 26.)

'오빠부대' 넘어서 '대중문화 파수꾼'으로

연예 스타와 기획사와 미디어가 독점해 온 대중문화 권력의 '3두 체제'가 붕괴되고 있다. 그런 변화 중심엔 '오빠부대'로 폄하되던 팬클럽들이 있다. 수동적 소비자로만 여겨져 온 팬들이 인터넷 혁명을 업고 집단화하면서 기존 대중문화 권력을 견제하는 '제4의 권력'으로 떠오르고 있는 것이다.

지난 23일 한국음악저작권협회는 '이재수 음반에 대한 협회 입장'이란 해명문을 홈페이지에 올렸다. '컴백홈' 패러디를 둘러싼 서태지와 '음치가수' 이재수 측의 법정 다툼과 관련, 이재수 측에게 노래 사용을 사전 승인한 적이 없으며 분쟁의 쟁점인 '저작 인격권' 보호를 위한 규정과 관리가 미흡했다고 자인하는 내용이었다. 서태지가 지난달 소송을 낸 직후 서태지 팬클럽은 연일 이메일로 서태지를 옹호하는 여론 공세를 펴면서 협회와 문화관광부엔 저작권 관리 소홀에 대한 해명을 요구했다. 음악저작권협회는 결국 팬클럽의 끈질긴 항변에 두 손을 들고 말았다.

요즘 팬클럽들은 좋아하는 스타가 부당한 대우를 받는다 싶으면 '기존 권력'에 서슴없이 도전한다. 서태지, 조용필, 이승환 등 유명 가수 팬클럽이 주축으로 벌인 대중음악 개혁운동은 KBS가 '공정성'을 이유로 가요 순위 프로그램을 없애는 데 결정적 역할을 했다. 방송국이 프로그램과 관련해 곤욕을 치르는 것은 흔한 일이 됐다. 한 KBS PD는 "팬클럽들은 프로그램 제작에서 무시할 수 없는 '외압'"이라고 말했다.

팬클럽은 자칫 가수와 기획사에도 날을 세우는 '양날의 칼'이다. H.O.T 해체 파동에서 봤듯 분쟁이 생기면 팬들은 기획사를 초토화시킨다. 젝스키스 해체 때는 분노한 팬들의 진정서 공세로 기획사가 세무조사까지 받았다. 연초 g.o.d.팬들은 일방적인 콘서트 장소 변경에 항의하는 운동을 벌였다. 한 가수는 "팬클럽 회원들은 음악은 물론 헤어스타일과 의상까지 조목조목 품평하면서 바꿀 것을 요구하기도 한다"며 "그들 의견을 무시할 수 없다"고 했다.

스타에게 열광하는 '오빠부대' 열풍은 1960년대 남진·나훈아 시대를 출발로 1980년대 조용필 시대에도 뜨거웠다. 규모도 전성기 조용필 경우 이미 수만 명을 헤아렸다. 하지만 폭발력과 성격은 달라졌다. 스타의 노래와 스타일만 따라하던 수동적 객체에서 벗어나 스타의 사회적 동반자이자 행동 전위대로 발돋움했고 그 자체로 거대한 수요를 창출하고 유지한다.

변화의 동력은 '인터넷'과 '자본'이다. 인터넷은 팬들을 결집시키고 집단의식을 생성하고 전파하는 '그들만의 천국'. 익명의 '팬들'은 인터넷을 통해 적의 컴퓨터를 공격하고 쟁점을 생산·유통시키는 '현실 권력'을 거머쥐었다. 유료 회원제 정착은 팬클럽들에게 '총알'도 제공하기 시작했다. 유료 팬클럽 연회비는 1만~1만 5000원. 10000명만 해도 1억 원이 넘으면서 '전업 팬클럽 간부'가 새로운 직종(?)으로 등장했다. '가난한' 팬클럽은 기획사 지원을 받는다. 신인 가수 매니저는 "활동비를 주면 팬클럽을 운영해 준다는 제의가 많다"고 했다.

'아줌마 팬클럽'들이 느는 등 연령층과 활동도 다양해지고 있다. 인

터넷 사이트 '너희가 조용필을 아느냐'를 개설한 조용필 팬클럽과 이
선희 팬클럽 '홍당무'가 대표적이지만 연기자들 경우엔 특히 성인층
팬클럽이 많다. 장동건 팬클럽인 '아도니스' 회원들은 장동건 이름을
앞세워 불우시설 봉사를 벌이는 사회참여 모임으로 승화시켜 화제를
모았다.

　팬클럽은 대중문화산업을 뒷받침할 소비층을 활성화하고 스타·기
획자·미디어가 독점하던 권력을 소비자들이 공유한다는 점에서 긍정
적이다. 그러나 일부 연예인의 비도덕적 행동에 대한 맹목적 편들
기, 팬클럽 간의 극심한 반목, 광신적 청소년들의 일탈 행위 등 빈
곤한 철학과 설익은 열정은 극복해야 할 숙제로 지적된다. 평론가
임진모 씨는 "기획사들이 팬클럽을 상업적으로 이용하려는 욕심에
서 벗어나고 팬클럽들도 순수성을 지켜야 한다"고 말했다.(권혁종 기
자 hjkwon@chosun.com)

28. [만물상] 팬클럽(2001. 08. 17.)

　연예인 팬들은 스타를 만나기 위해 집주위에서 몇 시간씩 기다리거
나 무작정 행선지 주변을 따라다녔다. 열성팬들은 종이학을 수백 마리
씩 접어 보내고 온갖 정성을 쏟아 팬레터를 썼다. 극성팬들은 스타의
머리칼이나 옷깃을 잡아끌며 관심을 보이려고 안간힘을 썼다. 이런 무
모한 기다림이나 극성스러운 행동 때문에 기성세대들의 따가운 눈총
을 받았다.

　최근의 팬들은 다르다. 스스로 팬클럽을 만들어 조직적이고 합리적
으로 운영한다. 스타를 쫓아다니기만 하는 게 아니라 스타를 위해 무

엇을 해줄까를 논의하고 스타가 곤경을 당하면 집단으로 반격하고 보호에 나선다. 몇몇 그룹이나 가수들의 팬클럽은 압력단체 구실도 톡톡히 한다. 공연 주최 측의 서비스가 부실하면 따지고 스타에게 불이익이 발생하면 항의도 서슴지 않는다.

팬들이 '주권'을 행사하고 자율을 발휘하는 시대가 온 것이다. 과거처럼 맹목적이 아니라 잘 놀고 즐기기 위해서 조직을 만들고 아이디어를 짜낸다. 괴성이나 질러대던 '오빠부대'가 아니라 대중문화의 중심세력을 자임하며 문화운동까지 펴는 것이 요즘의 팬클럽이다. 그중에도 서태지 팬들의 조직력이 뛰어난데 주축은 서태지 노래를 듣고 성장한 20대들이다. 이들은 서태지를 '신세대 문화의 상징'으로 추앙한다.

성격도 다양해 '태지매니아 비평클럽'도 있고 '서사모 & 형님안에서' '프리스타일' '서태지문화 바로보기'도 활동 중이다. '대중음악 판바꾸기 위원회' 등은 공중파TV 가요순위 프로그램 폐지운동에 앞장서기도 했다. 서태지는 현재 일본에 체류 중인데 팬들은 자비로 서울 시내 버스에 서태지 광고물을 게시하는가 하면, 서태지 컴백 1주년 기념공연도 열었다고 한다.

서태지 일본공연을 보려는 열성팬들의 요청으로 대한항공이 특별기를 마련해 엊그제 3백여 명이 오사카로 날아갔다. 이들은 '서태지 특별기'로 명명된 전세기에서 서태지 뮤직비디오를 보며 샌드위치와 푸딩까지 먹었다니 기분이 '짱'이었을 것이다. 그러나 자기 좋아서 제 돈 들여 간다 해도 이 시기에 몇 백 명씩 특별기로 갈 형편인지는 곱씹어 볼 일이다.

29. '서태지팬 특별기' 운항(2001. 08. 16.)

일본 오사카에서 18-19일 열리는 '2001 서머소닉페스티벌'에 참가하는 인기가수 서태지의 공연을 보려는 국내 서태지 팬클럽 회원들을 위한 특별기가 운항된다.

대한항공은 17일 오전 인천공항을 출발, 오사카로 가는 전세기 KE8721편(기종 A330-300)과 20일 오전에 오사카를 떠나 인천으로 되돌아오는 복편 KE8722편(기종 747-400)을 운항할 예정이라고 밝혔다.

일본 인기그룹인 '차게 앤 아스카'나 마이클 잭슨 등 외국 유명가수의 내한공연 당시 외국 팬클럽의 요청으로 대한항공 특별기가 운항된 적은 있으나 국내 스타의 해외공연으로 인해 특별기가 뜨게 된 것은 처음이다. 이번 전세기 운항은 일본행 비행기 티켓을 구하지 못한 국내 여러 서태지 팬클럽 회원들이 연대해 대한항공에 요청해 성사됐다.

'서태지팬 엑스트라'로 명명된 전세기에는 서태지의 공연에 참가하려는 팬클럽회원 300여 명만이 탑승하게 되며 운임은 1인당 왕복 30만 원 선인 것으로 알려졌다. 대한항공은 서태지 팬클럽 회원들을 위해 기 내에서 서태지 뮤직비디오를 방영하는 한편 샌드위치와 푸딩류 등 젊은층이 선호하는 음식으로 기 내 식을 제공할 계획이다.(영종도=연합뉴스 고웅석 기자)

30. 소유진, "저도 팬클럽 만들어요"(2001. 08. 16.)

신세대 탤런트 소유진(20세)이 자신의 첫 팬클럽 모임을 갖는다. 소유진은 26일 저녁 2시간 동안 서울 남대문 메사팝콘에서 공식 팬클럽

'유지니아' 창단식을 연다.

현재 최고의 인기를 모으고 있는 소유진의 모임이기에 팬들의 관심은 대단하다. 진작 만들었어야 할 팬클럽이지만 그동안 너무 바빠 미처 첫 모임을 갖지 못했던 것. 늦은 것에 대한 미안함에 소유진은 행사를 성대하게 열 계획이다. 인기 그룹 샤크라, UN을 비롯해 드라마 '맛있는 청혼'에 함께 출연했던 손예진과 소지섭 등 스타들이 기꺼이 참석하겠다고 나섰다. 둥글둥글 좋은 성격에 덧붙여 평소 SBS TV '인기 가요'를 진행하는 등 여러 탤런트‧가수들과 두터운 우정을 쌓아 온 덕을 톡톡히 보는 셈이다. 출연자들이 다양하고 많은 만큼 창단식은 더욱 화려하게 꾸며질 것은 당연하다.

한편 KBS 2TV 드라마 '쿨'에 출연 중인 소유진은 촬영이 끝나는 대로 시력 교정 수술을 받을 예정이다. 그동안 콘택트렌즈를 착용해 피곤하면 눈이 붉어지는 등 어려움을 겪어왔으나 SBS TV 드라마 '루키' 이후 쉴 새 없는 방송 활동으로 수술 받을 짬을 내지 못했다. 수술 후에는 그간의 바빴던 시간을 벗어나 약 보름간 휴가를 떠날 계획도 세워놓고 있다. 소유진은 올 가을 MBC TV 주말극 '선녀'에 주연으로 나선다.(정상영 기자 syjung@chosun.com)

31. 말 많고 탈 많은 '연예인 설문조사'(2001. 08. 05.)

설문조사 홍수 시대다. 연예계도 예외는 아니어서 연예인들은 그 순위에 울고 웃는다. 오늘은 '독자 팬서비스 차원'(?)에서 흥미 있는 연예인 관련 각종 설문조사 결과를 수집해 공개한다. 조금이라도 더위를 잊는 데 도움이 되었으면 좋겠다.

먼저 하리수와 가장 잘 어울리는 남자 연예인은 누구일까. 개그맨 홍록기가 뽑혔다. 이 소식을 들은 홍록기는 "조만간 CF나 드라마 섭외가 들어올 것"이라며 너스레를 떨었다. 경쟁이 치열할 것이라고 예상했던 '최고 중전' 자리에는 SBS '여인천하'의 문정왕후 전인화가 KBS '명성황후' 이미연을 누르고 1위에 올랐다. 여름휴가를 같이 가고 싶은 여자 연예인은 송혜교와 전지현이 각축을 벌였고 남자는 안재욱과 차태현이 1, 2위를 다투고 있다. 그런데 크리스마스는 장동건과 보내고 싶고 발레타인데이는 유지태와, 결혼은 원빈과 하고 싶다니 우리나라 여성 네티즌의 변덕도 죽 끓듯 하다.

짓궂은 설문 조사도 많다. 화장 지우면 못 알아볼 것 같은 연예인 1위에 엄정화가, 전쟁 나면 가장 먼저 군대 갈 것 같은 여자 연예인에 '샤크라'의 황보가 선정되었고 박경림은 변비로 고생할 것 같은 연예인과 중매를 잘 설 것 같은 연예인 부문 등 2관왕에 올랐다.

'제 눈에 안경인' 미모를 순위 매기는 것 자체가 무리라 부위(?)별로 따졌더니 머릿결은 전지현, 눈빛은 정우성, 눈매는 고소영, 입술은 송혜교, 볼은 소유진, 코는 장동건, 목소리는 유지태가 최고로 선정됐다. 엉덩이 부문에서 엽기 가수 싸이가 만년 1위 정선경을 누른 것이 재미있다.(아쉬운 정선경은 '부위'를 옮겨 건치 부문에서 1위를 차지했다.) 제멋대로 옷 입는 부문에는 김혜수와 박진영이, 통일 후에도 가장 인기 있을 것 같은 연예인에 차인표와 최진실이, 외국인들이 뽑은 최고 인기상은 안재욱과 김희선이, 복제해서 애인 삼고픈 연예인은 유지태와 송혜교가 각각 뽑혔다.

하지만 이런 설문결과가 정확한지에 대해선 말들이 많다. 이번 미국 프로야구 올스타 선정과정에서 일본인들이 이치로 스즈키에게 몰표를 던져 논란이 있었던 것처럼 팬클럽이나 작전세력의 몰표가 문제라는 지적이다. 설문조사에 의한 가요 순위 결정에 불만을 품고 S.E.S가 SBS에, 김건모가 MBC에 출연 거부한 적이 있었고 목하 하반기 최고 인기 배우 부문에서 '엽기적인 그녀'의 차태현과 곧 개봉될 '킬러들의 수다'의 원빈 팬들이 서로 1위라고 사이버상에서 한판을 벌이고 있다고 한다.

그러나 저러나 얼마 전 한 설문 조사에서 일반인들 '과반수'가 "연예인을 좋아하지만 그들과 결혼은 하지 않겠다"고 답했다는 것은 또 뭔가?(백현락/방송작가)

32. 서태지 컴백 1주년 기념공연(2001.07.29)

서태지 팬들이 자체 행사르 마련. 서태지의 팬들은 그들 우상의 돌봄이 없어도 스스로 '잘 놀고 잘 즐긴다'. 지난 92년 데뷔곡 '난 알아요'로 가요계에 랩음악 열풍을 몰고 온 서태지는 90년대 신세대 문화의 상징으로 자리잡아 왔다. 그의 노래를 즐기며 성장한 20대 팬들이 최근 대중문화의 중심세력을 자임하며 다양한 문화운동을 벌이고 있음은 주목할 만하다.

서태지 팬클럽 회원들이 주축을 이룬 '태지마니아 매체비평클럽''대중음악판바꾸기 위원회' 등은 공중파 TV 가요순위프로 폐지운동을 벌여 최근 KBS 2TV 「뮤직뱅크」의 순위 매기기 폐지를 이끌어냈다.

또 다른 팬들은 지난 4월 서태지가 일본으로 떠난 뒤 자비를 들여 서울 시내버스에 광고물을 게시해 자신들의 존재를 드러내기도 했다.

서태지 팬들이 이번엔 자발적인 공연행사를 마련해 눈길을 끈다. 서태지의 팬클럽 '서사모 & 형님안에서''프리스타일' 등은 내달 11일 오후 4시 서울 대학로 SH클럽에서 서태지 컴백 1주년 기념공연을 열기로 했다.

팬들이 스스로 여는 행사로 서태지는 출연하지 않는다. 대신 45알피엠, 피아노, 마크, 프레디 하우스, 어비스, 인트로 등 인디밴드들을 초청해 공연을 벌인다. 이날 공연과 더불어 영상 상영회, 타임캡슐 만들기 등 서태지 컴백을 기념하는 행사를 연다.

한편 나우누리 '서태지와 아이들 팬클럽(TNB)'과 '서태지문화 바로보기' 등은 내달 5일 오후 5시 서울 홍대 앞 라이브클럽 슬러거에서 「미리보는 서머소닉」 행사를 마련한다. 이 행사에는 국내 하드코어밴드 투타운, 어비스 등이 출연한다.

서태지는 내달 18-19일 일본 오사카(大阪)와 지바(千葉)에서 열리는 「서머소닉2001 콘서트」에 참가할 예정. 서태지는 이 공연에서 마릴린 맨슨, 지브라헤드 등 해외 뮤지션들과 한 무대에 선다. 이 공연을 보기 위해 서태지 팬 500여 명이 일본으로 건너갈 것으로 알려졌다.

「미리보는 서머소닉」 행사를 주최한 김기보 씨는 "서태지와 비슷한 장르의 음악을 연주하는 인디밴드들을 좋아하는 팬들과 함께 일본에 가기 전 공연 분위기를 익히려고 행사를 마련했다"면서 "서태지의 수많은 팬클럽 가운데 하나가 여는 작은 행사에 불과하다"고 말했다.

33. 서태지 내달 일시 귀국공연(2001. 07. 25.)

서태지는 지난해 8월 말 4년여의 미국 은둔생활을 마치고 귀국, 핌프록 장르의 신곡 '울트라 맨이야'가 수록된 6집 앨범을 발표해 100만 장 이상 판매고를 올리며 국내 가요계에 성공적으로 복귀했다.

그러다가 올 4월 팬클럽 사이트(www.taijizone.com)에 "머리를 식히고 음악공부도 좀 더 하기 위해 잠시 떠난다"는 말을 남기고 일본으로 출국했던 그는 오는 18-19일 오사카(大阪)와 치바(千葉)에서 잇따라 열리는 '서머소닉 2001 콘서트'에 참가할 것으로 전해졌다.

서태지의 귀국공연과 관련해 월드컵 조직위 관계자는 "출연섭외를 했다"고만 말했다. 반면 서태지의 국내활동을 지원하는 양군기획 관계자는 "일본공연 준비 때문에 서태지가 한국에 돌아올 형편이 못 된다"고 귀국설을 부인했다.(서울＝연합뉴스 정천기 기자)

34. 박강조 日 팬클럽 응원(2001. 07. 23.)

히딩크 국가대표팀 감독이 22일 성남종합운동장을 찾아 성남-안양전을 관전했다. 경기 시작 30분 전에 박항서 코치 등 코칭스태프와 함께 도착한 히딩크 감독은 본부석에 앉아 선수들의 플레이를 유심히 지켜봤다. 히딩크 감독은 최근 화제가 되고 있는 성남 샤샤의 귀화 문제에 대해 "현재 대표팀에는 좋은 공격수는 많은 반면 수비수와 미드필더가 부족해 밸런스에 중점을 두고 있다"고 말해 수비수 선발에 중점을 둘 것임을 내비쳤다.

○……성남 박강조의 팬클럽 회원인 일본인 7명이 성남종합운동장을 찾아 눈길. 나란히 박강조의 유니폼을 입고 열렬한 응원을 보낸 이들은 박강조가 가장 좋아한다는 미우라 카즈요시(빗셀 고베)의 100골 기념 시계 등 정성껏 마련한 선물을 전달했다.

○……이날 경기 시작과 함께 조금씩 내리기 시작한 비는 점점 굵어져 20분이 지나자 앞을 제대로 볼 수 없을 만큼의 폭우로 바뀌었다.

선수들은 패스 미스를 남발하는 등 제대로 된 경기를 펼치지 못했고 일부 관중들은 집으로 발걸음을 돌리기도 했다. 김도훈 일본여성팬 생일 선물(2001. 07. 16.)

● "생일 선물을 갖고 현해탄을 건너왔어요." 빗셀 고베 때부터 김도훈의 팬이었던 일본인 여성 다나카 미즈코 씨(30)가 15일 전북-안양전이 열린 전주종합경기장을 찾아와 눈길. 미즈코 씨는 김도훈의 생일(1970년 7월 21일생)을 앞두고 생일선물로 준비한 넥타이를 건네주기 위해 회사로부터 휴가를 얻어 방한.

● 부천의 미드필더 샤리가 갑작스런 할머니상을 당해 15일 홈 대전전에 결장. 종아리 부상에서 벗어나 모처럼 엔트리에 올랐던 샤리는 경기 전날 고국인 우루과이에서 친할머니가 작고했다는 비보를 접한 것. 할머니의 사랑을 한 몸에 입으며 자랐다는 샤리는 그 충격으로 식음까지 전폐하고 앓아눕자 조윤환 감독은 대전전 출전멤버에서 제외시켰다. 부천 이을용 100경기 출전

● 부천의 미드필더 이을용이 15일 홈 대전전에서 98년 데뷔 이후 프로 4시즌 만에 100경기 출전을 달성했다. 이날 부천 구단은 하프타임 때 이을용에게 공로패와 부상 50만 원을 선사했다. 또 부천 이상윤은 지난 4월 29일 조별리그 대전전서 통산 4번째 40-40클럽 가입한 공로를 인정받아 구단으로부터 공로패를 받았다. '안정환 이적' 서명운동

● 인터넷 사이트의 축구 팬클럽인 '미친 매니아'가 수원-부산전이 벌어진 수원종합운동장 펜스에 안정환의 페루자 이적을 주장하는 플래카드를 붙이려다 수원 프런트의 제지를 받았다. 이들은 이와 별도로 관중석을 돌아다니며 안정환의 이적을 지지하는 서명운동을 벌였다. 빙모상 정몽규 회장 불참

◉ 수도권 경기마다 빼놓지 않고 관전해 온 부산 아이콘스의 구단주 정몽규 회장이 빙모상을 당혀 수원에 오지 못했다. 대신 김판곤 부사장이 구장을 찾아 곽동원 단장과 함께 경기를 보며 선수들을 격려했다.

35. 이적 우지원 "오빠부대 계속 와줄까" 걱정
(2001. 07. 06.)

○⋯⋯"정말 큰일이야, 큰일."

삼성 썬더스 '꽃미남' 우지원(28, 1m91)은 요즘 고개를 절레절레 흔들고 다닌다.

구름 같은 소녀팬들을 몰고 올 것이라는 주변의 기대가 너무나 높다는 것을 '알아버렸기' 때문. 이 같은 '기운'을 감지한 첫 번째 사건은 용인 삼성체육관 경비 아저씨의 멘트였다.

지난달 21일 신세기 빅스서 삼성으로 유니폼을 갈아입은 우지원이 체육관에 들어서자마자 경비 아저씨는 "이제 팬들이 우리 체육관을 두 바퀴 돌 만큼 줄 서겠네, 저 바빠지겠어요"라고 말하는 게 아닌가.

우지원은 그런 일 없을 거라며 손사래를 쳤지만 주변서는 고개를 끄덕이며 수긍하는 분위기. 프런트들의 은근한 압력도 만만찮다. 프런트들은 우지원만 만나면 "삼성과 함께 서울에 연고를 튼 SK 나이츠서 오빠부대를 몰고 올 우지원 때문에 비상이 걸렸다고 하더라"며 '그래도 우리는 든든하다'는 식의 눈빛 공격을 보내는 것.

사태가 이쯤 되자 정작 당사자인 우지원은 대책이 안 선다고 하소연이다. 소녀팬을 떼로 몰고 다녔던 것은 옛말, 당시 팬클럽 회원들은 이미 아기를 한두 명쯤 낳거나 결혼을 눈앞에 둘 정도로 나이를 먹어 기동력이나 열정이 떨어진다는 설명이다.

"과거 미스코리아 출신들의 모임인 '녹원회'라는 거 있잖아요, 저도 그런 거 하나 만들까 봐요. 예전 팬클럽 회원들을 한번 소집하던지 해야지"라며 너스레를 떠는 폼이 나름대로 걱정되는 모양이다.(스포츠조선 유아정 기자 poroly@)

36. 이동국 "7일 성남전 응원 부탁해요"(2001. 07. 04.)

"오랜만이네요. 성남전서 좋은 경기할게요."

'라이언킹' 이동국(22)이 3일 자신의 팬클럽 홈페이지(www.simba.co.kr)를 통해 국내 복귀인사를 했다. 이동국은 3일 홈페이지에 올린 글에서 "7일 성남전에서 다시 여러분을 만나게 되니 힘이 난다"면서 "좋은 경기할 테니 응원 많이 해 달라"고 팬들에게 메시지를 띄웠다.

이동국의 메시지를 발견한 소녀팬들의 반응은 폭발적이었다. 한 소녀팬은 "동국 오빠의 글을 읽고나니 기말고사로 매일 밤을 새는 데도 힘이 난다"면서 "시험 잘 보고 오빠 응원가겠다"며 바로 답신을 올렸다. 또 다른 팬은 "성남전에서 그동안 못 본 멋진 플레이를 기대한다"며 "경기장에 꼭 찾아가 응원하겠다"고 밝혔다.

이동국은 현재 컨디션을 80%까지 끌어올린 상태다. 최순호 포항 감독은 "90분 풀타임 기용을 목표로 준비시키고 있다"면서 "그동안 경기에 나서지 않아 감각이 떨어지는 것만 제외하면 충분히 좋은 플레이를 보여줄 것으로 본다"고 밝혔다.

그동안 차분히 진행돼 왔던 이동국의 국내 선수등록 절차도 지난 2일로 마무리됐다. 포항은 선수등록에 필요한 연봉부분에 이동국 측의 동의를 구해 지난해와 같은 1억 5000만 원을 기입했으나 실질적으로는 출전수당 형식으로 400만 원을 지급하기로 했다. 이는 이동국이 완전히 국내 무대로 복귀한 것이 아니기 때문이다.

한편 이동국의 매니지먼트를 맡고 있는 이반스포츠의 이영중 사장은 지난 2일 독일로 출국, 이동국이 이적할 팀을 물색하는 작업에 본격적으로 뛰어들었다. 이반스포츠 측은 이미 이동국의 프로필과 경기 장면이 든 비디오테이프 등을 이탈리아와 스페인 각 구단에 보내놓은 상태로 관심을 보이는 구단을 직접 찾아 협상을 벌일 참이다.(스포츠조선 추연구 기자 pot09@)

37. [북한 어린이] 북한에도 팬클럽, 팬레터가 있을까
(2001. 06. 25.)

- 팬클럽은 없어…… 팬레터는 '성과 편지'라고 불러

'GOD', '핑클', 'HOT', 'SES' 등 요즘 남한 어린이들은 각자 좋아하는 인기 가수가 한두 명씩은 꼭 있다. 아예 좋아하는 가수의 이름으로 이메일 아이디를 만드는 어린이들도 많다. 그렇다면 북한에도 팬클럽, 팬레터 같은 것이 있을까?

결론부터 말하자면 북한에는 팬클럽 같은 것이 없다. 가수 가운데 누구 노래가 좋다는 얘기 정도는 하지만 자발적으로 팬클럽을 만들 정도로 열성적인 것은 아니다. 따라서 팬 사인회나 연예인 스토킹·납치 같은 것도 상상하기 어렵다. 집집마다 TV가 있는 것도 아니며 남한 방송과 비교해 오락 프로그램도 적기 때문에 어린이들 대부분이 연예인 같은 데는 별로 관심이 없다.

이와 관련, 북한에서 온 문해성(17세, 1999. 7 입국) 군은 "북한에는 스타라는 개념이 없으며 오로지 김일성·김정일만이 스타가 될 수 있다."고 설명한다. 노래나 영화의 대부분이 김일성 주석이나 김정일 위원장에 대한 찬양 일색이기 때문이라는 것이다. 참고로 북한의 연예인은 개인적으로 활동할 수 없고 모두 국가에 소속되어 있다.

물론 청소년이나 성인들 중에 개인적으로 특정 연예인을 좋아하는 경우는 있다. 예를 들어 '휘파람'이라는 노래로 남한에도 유명해진 북한 여가수 전혜영이나 인민배우 김광숙, 오미란 등의 사진이 예술 잡지나 화보에 실릴 경우엔 어김없이 오려져 책상 서랍에 고이 모셔지거나 기숙사 방 벽에 붙여진다고 한다.

반면 팬레터와 비슷한 '성과 편지'라는 것은 있다고 한다. 주로 1990년대 이후부터 북한의 신세대들 사이에서 인기 연예인에게 공연 축하 성과 편지를 보내는 일이 잦은 것으로 알려지고 있다. 성과 편지를 가장 많이 받는 연예인으로는 북한에서 최고의 미인이라는 얘기를 듣는 여배우 오미란을 꼽을 수 있다고 한다.(/NKchosun.com 이영환 객원기자 unity21c@chosun.com)

38. HOT 전 멤버 토니 안, 장충체육관서 생일잔치
(2001. 06. 06.)

인기그룹 HOT의 전 멤버이었던 토니 안(안승호. 23)이 6일 오후 3시 서울 장충체육관에서 대규모 생일잔치를 열었다.

국내에서 인기가수의 생일잔치가 대형 체육관에서 열린 것은 처음.

이 행사는 HOT 해체를 반대해 온 HOT 팬클럽 연합회(회장 조미라)가 체육관을 직접 대관해 열었다. 대관료는 400만 원으로 팬클럽은 회원들에게 입장료 1천 원씩을 받아 이를 충당할 것으로 알려졌다.

장충체육관 측 관계자는 "그동안 콘서트 등을 통해 팬들이 자율적으로 질서를 유지하는 것을 봤고 팬클럽 임원들이 현충일인 것을 감안해 행사를 조용히 치르겠다고 약속해 대관했다"고 밝혔다.

HOT의 다섯 멤버 중 장우혁, 이재원, 토니 안은 지난달 13일 기자회견을 갖고 "소속사인 SM엔터테인먼트와 계약이 만료돼 예전미디어와 전속 계약을 체결했다"며 "앞으로 HOT가 아닌 다른 이름으로 활동하겠다"고 밝혔었다. 이후 HOT 팬들은 인터넷 공간 등에서 'HOT 해체 반대' 운동을 펼쳐왔다.

토니 안의 생일은 7일이나 휴일을 이용해 이날 하루 앞당겨 행사가 열렸다. 전국에서 5천여 명의 팬들이 참가했으며 안개꽃 쌓기, 100원짜리 동전 쌓기 등 다양한 축하 이벤트가 열렸다. 서울 중부경찰서는 질서유지를 위해 1개 중대를 배치했다.(서울=연합뉴스 정천기 기자)

39. 현대팬클럽, 선수단 점심 초대(2001. 05. 26.)

◉ 현대 선수들의 팬클럽이 선수단을 점심식사에 초대했다. 박재홍 팬클럽인 '40-40'과 '허니트리(박진만)', '닥터-K(김수경)', '철인23호(신철인)', '준호61(투수 전준호)' 등 6개 팬클럽 연합은 한화전이 열리는 27일 낮 12시 수원구장에서 선수들에게 점심식사를 제공하기로 했다.

◉ 현대 투수 임선동이 45일 만에 선발 출전했다. 임선등은 지난 4

월 10일 수원 두산전 이후 허리에 통증을 느껴 그동안 2군에서 재활을 해 왔다. 대신 왼손투수 김홍집이 2군으로 내려갔다. 한화가 새로 영입한 마무리투수 브라이언 워렌도 25일 1군엔트리에 등록.

◉ 지난 15일 대구 롯데전에서 통산 두 번째 1500탈삼진을 기록한 삼성 이강철이 25일 대구 해태전에 앞서 이상국 KBO(한국야구위원회) 사무총장으로부터 기념트로피를 받았다. 구단은 순금 1냥의 기념메달과 격려금 300만 원을 전달.

◉ 26일 대구 해태전 선발로 예정됐던 삼성 이용훈이 허리통증 때문에 등판이 닷새 후로 미뤄졌다.

40. H.O.T는 누구?(2001. 05. 15.)

잘 생기고 개성 강한 멤버 문희준, 강타, 장우혁, 토니 안, 이재원으로 구성된 남성 5인조 댄스 그룹 H.O.T는 1996년 9월 '전사의 후예'로 처음 등장했다.

이들은 첫선을 보인 뒤 어린이와 청소년을 중심으로 엄청난 인기를 얻어 단숨에 가요계 정상으로 치달았다. 이듬해 여름 '행복' '우리는 미래(We are the Future)'로 다시 인기를 확인한 이들은 1998년 3집부터 멤버들이 직접 작사·작곡에도 나섰다. 이해 연말에는 방송사의 가요 대상을 휩쓸며 최고임을 자랑했다.

1999년 '아이야' '투지' 등이 담긴 4집을 발표했고 지난해에는 중국에서 단독 콘서트를 열며 해외에까지 이름을 떨쳤다.

2000년에 낸 5집 이후부터 해체 소문이 돌았으나 인기는 여전해 지난 2월 서울 잠실올림픽주경기장에서의 대형 콘서트 때는 5만 명이

구름같이 모였다. 이는 국내 최고 관중 기록으로 인정받았다. 공식 팬클럽 '클럽 H.O.T'는 현재 회원이 9만 명을 넘어 최대 규모이고 5집 음반을 뺀 모든 앨범이 100만 장 이상 팔렸다.

41. 팬들 집단항의 소동(2001. 05. 14.)

H.O.T가 멤버 5명 중 토니 안, 장우혁, 이재원의 탈퇴로 사실상 해체되자 팬들이 집단행동에 나서는 등 파장이 일고 있다. 그러나 이들은 탈퇴 전 다른 음반사들과 자신들 이적 문제를 놓고 협상하는 과정에서 잔류 멤버 강타와 문희준이 나중에 합류할 가능성을 내비쳤던 것으로 밝혀져 관심이 쏠리고 있다.

토니 안, 장우혁, 이재원이 13일 기자회견을 갖고 예전미디어와의 계약 사실을 발표한 직후 H.O.T 팬들은 인터넷을 통해 언론사에 배포한 성명서에서 "이들이 SM엔터테인먼트와 재계약하지 못한 것은 회사 측의 부당한 대우 때문"이라고 주장하며 "25만 팬들이 이 회사의 음반 불매운동을 벌이겠다"고 밝혔다.

이날 오후 6시쯤엔 10대 여학생 300여 명이 서울 청담동에 있는 SM엔터테인먼트 사옥 앞에 몰려가 3시간 동안 항의하는 소동을 벌였다. 도로를 점거한 채 'H.O.T 해체 반대'를 외치며 시위를 벌인 이들은 "팬들의 힘을 모아 조직적인 항의 시위를 계속하겠다"고 말했다.

한 가요계 인사는 "지난해 그룹 젝스키스가 소속사와의 불화설과 함께 깨졌을 때도 여학생 팬이 수천 명씩 몰려 시위를 하고 희사를 비방하는 투서를 하는 소동이 있었다"며 "그들보다 훨씬 큰 H.O.T 팬클럽 규모나 열성도를 볼 때 당분간 진통이 불가피할 것"이라고 말했다.

한편 일각에선 벌써 H.O.T 멤버 5명이 내년쯤 재결합할 가능성이 크다는 전망이 나와 주목된다. 음반사 사장 A 씨는 "연초부터 토니 안, 장우혁, 이재원과 비밀리에 전속 협상을 했었다"며 "그들을 만났을 당시 강타와 문희준도 SM엔터테인먼트와의 솔로음반 계약이 끝나는 대로 합류한다는 조건 아래 얘기가 진행됐다"고 밝혔다.

그는 "그들의 제안 내용으로 볼 때 자기들끼리 구체적인 얘기가 끝났다는 느낌을 받았다"고 말했다. 다른 가요 관계자들도 H.O.T의 재결합 가능성을 높게 점치는 분위기. 해체 상황이 서태지 혼자 주도하던 서태지와 아이들이나 인기가 폭락해 깨진 그룹들과 다르기 때문이다. B 씨는 "H.O.T의 이미지와 성격상 따로 찢어져 활동해선 한계가 있다는 걸 그들이 더 잘 안다"며 "서로의 필요 때문에 어떤 형태로든 다시 뭉치게 될 것"이라고 말했다.(권혁종 기자 hjkwon@chosun.com)

42. 설기현 '스타 만들기'(2001. 04. 22.)

'한국의 히바우두' 설기현(22, 벨기에 안트워프)의 공식 홈페이지가 만들어진다. 설기현의 매니지먼트 회사인 스카이콤(Sky Communication Group)의 한 관계자는 21일 "설기현의 홈페이지 제작을 위해 몇몇 다국적 인터넷 기업과 협의 중"이라며 "늦어도 7월 안으로는 홈페이지가 완성돼 팬들에게 선을 보일 것"이라고 말했다.

이 관계자는 또 "지금까지 나왔던 어떤 홈페이지보다도 알차게 꾸미겠다"고 말했다. 국내 신문 기사와 현지 통신원의 기고를 게재하고 스카이콤이 판권을 가지고 있는 '설기현 동영상'을 수시로 띄워 역동적인 사이트를 만든다는 계획이다.

이번 홈페이지 제작은 스카이콤의 '설기현 스타 만들기' 작업의 하나로 추진되는 것. 설기현은 올 시즌 6경기 연속골을 터트리며 벨기에리그서 가장 뛰어난 외국선수 중 한 명으로 자리를 굳혔다. 또 국가대표 선수 중 다음 시즌에 이탈리아, 스페인 등 유럽의 '메이저리그'로 진출할 가능성이 가장 높다는 평가를 받고 있다.

그러나 뛰어난 실력에도 불구하고 대학 졸업 후 바로 벨기에리그로 진출했기 때문에 지명도가 다소 떨어지는 게 사실. 결국 스카이콤에서는 설기현 '지명도 상승'의 제1단계로 인터넷 홈페이지 제작을 생각한 것이다.

이미 고종수(23첩수원), 안정환(25첩이탈리아 페루자), 이동국(22첩독일 브레멘), 홍명보(33첩일본 가시와) 등 스타플레이들이 홈페이지를 개설해 좋은 반응을 얻은 것처럼 설기현도 인터넷을 통해 지명도를 높이겠다는 생각이다.

한편 스카이콤은 인터넷 사이트와 함께 설기현 팬클럽도 운영할 생각이다. 팬클럽 회원들과 설기현의 만남을 주선하고 추첨을 통해 설기현이 뛰는 모습을 직접 볼 수 있도록 관람 티켓과 여행경비를 지급하는 코너도 마련할 예정이다.

현재 LG컵 이집트 4개국대회에 출전 예정인 설기현은 "어제(21일) 스카이콤 관계자로부터 전화로 처음 이야기를 들었다"며 "인터넷을 통해 팬들과 만남의 시간을 갖게 돼 기쁘다"고 말했다.(장원구 기자 playmaker@)

43. "완전히 새 됐어" 김동식(2001. 04. 08.)

가수 '싸이(psy)'를 텔레비전에서 처음 보았을 때 지방 나이트클럽의 질서유지요원(속칭 '기도') 같다는 생각을 했다. 굴곡 없는 몸매를 한껏 드러내는 쫄티와 배바지, "새 됐어"라는 노랫말에 숨어 있는 비속어의 뉘앙스, 웃음을 자아내게 만드는 에로틱 댄스 등에서 배어나는 양아치적인 분위기가 참으로 압권이었다.

싸이의 팬클럽 명칭은 '코'라고 한다. 팬들의 적절한 호응 속에서 완전한 싸이코가 된 셈이다. 싸이가 대중문화의 스타로 급부상한 데에는 많은 이유가 있겠지만 아마도 멍청한 듯한 표정 너머에 숨겨져 있던 학벌이 큰 역할을 했을 것이다. 하지만 싸이의 몸짓 속에는 3류 양아치들의 공동체라는 그만의 독특한 메시지가 있다.

기성문화를 비판하기 위해서는 윤리적인 거리가 필요하다. 서태지는 이별과 재림의 플롯 속에서 스스로를 '언젠가는 돌아올' 메시아로 정립한다. '브로스(Bros)'나 'YG 패밀리'는 덩치에 걸맞게 '힘은 정의이며 부패한 세계와 싸우는 우리는 영웅'이라고 우쭐댄다. '디제이 덕(DJ DOC)'은 '놀다가 죽어보자. 노는 데 간섭하는 경찰들은 싫어'라고 투덜댄다. 이들은 외부세계와 윤리적으로 구별되는 자신들의 자리를 엄격하게 경계 짓는다.

하지만 싸이에게는 그와 같은 거리나 경계가 없다. 그는 말한다. "나 3류야. 나 보고 싸이코라고 하는 너도 3류고 따라서 우리는 다 같은 3류야. 정말 즐겁지 않니?"라고. 즐거우면서도 가슴 아픈 자기모멸이다. 한국사회를 3류 양아치들의 공동체로 감싸 안는 그의 무차별적인 몸짓 속에서 우리들의 일그러진 초상을 보았다면 지나친 과장이 될까. 아닐 것 같다.(문학평론가참'문학과사회' 편집위원)

44. 보호→추종→폭력, 광적인 '팬'(2001. 03. 30.)

"영원히 그들을 사랑하라. 우리의 정신, 우리의 대변자인 그들을 영원히 기억하고 사랑하라." 최근 인기를 끌고 있는 한 연예인 팬클럽의 구호다.

인기 연예인들을 항상 따라다니는 '10대 열성팬'의 규모가 점차 커지고 활동이 다양하고 조직적으로 이뤄지는 현상이 나타나면서 청소년팬들은 자신들이 좋아하는 연예인을 단순히 쫓아다니는 수준을 넘어 새로운 '이익단체'로까지 변모하는 추세다.

이들은 지지하는 연예인의 '보호'와 '위상확립'을 위해서는 '폭력'으로 규정될 수 있는 과격한 집단행동까지 서슴지 않아 기성세대들의 우려를 자아내고 있다.

◎ 팬클럽의 거대화＝지난 17일 오후 3시 서울 강남구 압구정동 모 인기 댄스그룹의 소속사가 있는 건물 앞거리.

이곳에서 열린 '그룹 해체 반대집회'에는 익명의 팬이 인터넷에 올린 '집회 공고문'을 브고 전국 각지에서 무려 3천여 명의 열성팬이 한자리에 모여 주민들을 놀라게 했다. 조직력으로 따지자면 권리나 임금을 쟁취하기 위한 노동운동 조직도 부러워할 만한 응집력이다.

90년대 후반부터 인터넷이 급속히 보급됨에 따라 '10대 열성팬'의 중심은 오프라인상의 팬클럽에서 온라인상의 팬클럽으로 옮겨가 연예인 관련 인터넷 홈페이지는 좋아하는 아이돌 스타의 프로필, 일정, 음악 등 각종 정보를 함께 나누는 한편 '알림장'으로서의 기능도 수행하고 있다.

또한 10대들 사이에 휴대전화가 널리 보급됨에 따라 전화사서함을 이용하는 팬클럽도 급증, 일부 '간부회원'이 사서함에 남긴 '지령'을 듣고 신속하고 일사불란하게 움직이기도 한다.

'팬클럽 결성식' '편지발송' 등 번거로운 절차를 거치지 않고서도 이들 열성팬들은 온라인과 오프라인을 오가며 좋아하는 연예인을 구심점으로 몰려들고 있으며 한 아이돌 스타의 팬은 25만 명에 이르는 것으로 추정되기도 한다.

◎ 그들만의 규율＝점차 거대해지는 '조직'을 관리하기 위해 이들은 자체적으로 각종 규율을 만드는 것은 물론 지역별 회의 및 공채기수 모집 등을 통해 결속력을 다지고 있다.

한 인기 댄스그룹의 팬클럽 회원들은 '주기도문' '10계명' '사랑의 기도' 등을 만들어 놓고 우상이 되어 버린 연예인과의 관계와 자신들의 행동을 규정하는 한편 외부로부터 자신들의 우상을 철저히 보호하고 있다.

'그들의 음악을 평가하지 말라'는 제1계명을 시작으로 '영원히 그들을 사랑하라'는 제10계명으로 이어지는 이들의 '팬 10계명'은 자신들의 염원과 함께 꼭 지켜야 할 '광적인 규율'을 담고 있다.

◎ 이익집단화＝커다란 '조직체'로 움직이기 시작한 '10대 열성팬'들은 일반적으로 기획사와의 계약을 통해 활동하는 아이돌 스타의 계약 갱신 여부 등에 입김을 불어넣는 동시에 소비자인 자신들의 권리를 적극적으로 찾아 나서고 있다. 예컨대 모 댄스그룹의 팬들은 현재 "이 그룹이 벌어들이는 수입이 소속사 수입의 대부분을 차지하지만 실제로 각 멤버들이 CD 한 장 판매에 20원씩밖에 받지 못하는 등 터무니없이 부당한 대우를 받고 있다"며 구체적인 수치까지 내세워 '계약조건의 개선'을 주장했다.

또 다른 그룹의 팬들은 지난 24일 모 일간지에 '그룹 콘서트를 위한 공개 제안서'라는 제목의 광고를 싣고 ▲공연장소 변경 ▲콘서트장 음질 보장 등을 요구하는 '소비자 권리찾기'에 적극적으로 나섰다. 하지만 이 같은 행동들이 단순한 '보호'에서 맹목적인 '추종'으로 변질됨에 따라 '소비자의 권리'를 찾는 수준을 넘어 다양한 유형의 '폭력'으로까지 변질되고 있다.

◎ '폭력'으로의 변질=90년대 초반까지는 주로 연예인의 이권 및 수익금을 두고 '어른'들 사이의 각종 다툼이 발생한 데 비해 90년대 후반에 들어서는 아이돌 스타의 10대 열성팬들이 저지르는 각종 사이버테러와 '폭력'이 끊이지를 않고 있다.

온라인상에서는 한 연예인을 둘러싸고 '팬―안티 팬' 사이에 끊임없는 욕설 공방전을 벌이고 있고 서로 간에 악화된 감정은 오프라인에서 행동으로 옮겨지고 있다. 특히 지난달 한 그룹의 '독극물 테러사건'의 범인을 두고 '혹시 다른 그룹의 팬 아니냐'는 말이 온라인상에 떠돌자 '오프라인에서의 충돌위기'로까지 번졌으며 실제로 작년 12월 한 가요 프로그램에서 순위를 둘러싸고 서로·다른 그룹의 팬들 간에 물리적인 충돌이 빚어지기도 했다.

특히 지난 1월 5일에는 한 남성 그룹의 사무실 앞에서 기다리던 열성팬들이 행사를 마치고 나온 이 그룹 멤버들을 맹목적으로 쫓아가는 과정에서 한 여중생이 압사당하는 사고가 발생했다.

한 연예인의 팬인 A(17.고2) 양은 "아이들이 한데 모여 있을 때 분위기에 휩싸여 울음을 터뜨리거나 격한 행동을 하기도 한다"면서 "조금은 너무한다 싶을 때도 있지만 오빠들을 지키기 위해서는 어쩔 수 없다"고 주장했다.

또 B(15.중2) 양은 "우리들의 행동을 운동을 좋아하는 남학생들과 같이 생각해 달라"면서 "우리들의 순수한 뜻만큼은 인정해 주면 좋겠다"고 말했다.

◎ 전문가 견해=세종대 신문방송학과 허행량(41) 교수는 "10대 팬들의 '이익단체화'는 각종 가요프로그램 등에서 '순위결정'에 이들을 참여시키는 '권력'을 부여한 데다 팬들 스스로도 기획사의 장삿속에 반발, 자생적으로 이 같은 조직을 만들게 된 것"이라며 "따라서 아이들의 이런 움직임은 '이익단체'라기보다는 팬들을 이용해 온 기획사들을 견제할 수 있는 '권리찾기'라고 할 수 있다"고 말했다.

이에 반해 성공회대 신문방송학과 김창남(42) 교수는 "아이들이 기획사의 꼭두각시가 아니라 주체가 되려는 움직임은 긍정적"이라며 "하지만 오늘날 청소년들은 개성적이라는 평가를 받고 있음에도 불구, 욕구를 표현하는 방식은 매우 폐쇄적이고 전체주의적"이라고 지적했다.

그는 "다양성을 인정하는 교육을 받은 적이 없는 아이들이 하나의 스타를 중심으로 모였을 때 배타적이고 맹목적인 모습을 나타내며 폭력성마저 띠고 있다"고 분석했다.(서울=연합뉴스 김범현 기자)

45. 'HOT 해체 반대' 시위(2001. 03. 18.)

"SM엔터테인먼트의 모든 앨범에 대해 불매운동을 벌이겠다!"

H.O.T 열성팬 3천여 명이 'H.O.T 해체반대'를 외치며 목소리를 높였다.

17일 오후 3시 서울 강남구 압구정동에 위치한 H.O.T의 소속사

SM엔터테인먼트사 앞에 모인 H.O.T 팬들은 일제히 흰 풍선을 흔들며 'H.O.T 해체반대' 시위를 가졌다.

이날 시위에 참석한 10대 팬들은 "H.O.T 해체를 반대하는 우리의 뜻을 전달하기 위해 이곳을 찾았다"며 "SM은 'H.O.T. 해체설'에 대한 정확한 입장을 밝히라"고 촉구했다.

이들은 전단을 통해 "H.O.T가 소속사 수입에 크게 기여하고 있는 만큼 정당한 대우를 받아야 하며 멤버들 간에 공평한 대우가 이뤄져야 한다"며 "이러한 요구가 실현되지 않을 경우 SM엔터테인먼트의 모든 앨범에 대해 불매운동을 벌일 것"이라고 밝혔다.

이들은 H.O.T의 히트곡 3곡을 합창한 뒤 1시간 30분 만에 자진 해산했다.

이날 시위에는 경찰 3개 중대가 출동, 만일의 사태에 대비했으나 우려했던 돌발상황이나 교통혼잡 등은 없었다.

SM엔터테인먼트는 "팬들의 요구에 일일이 대응할 수 없는 노릇 아니냐"며 "팬클럽 사서함을 통해 극단적인 행동을 자제해 달라고 부탁했다"고 입장을 밝혔다.(스포츠조선 김소라 기자 soda@sportschosun.com)

46. 히딩크 "한국팬 사랑에 코끝이 찡~"(2001. 03. 07.)

"Thank you very much!(정말 고맙습니다)"

네덜란드에서 휴식 중인 히딩크 감독(55)이 '거스 히딩크'란 팬클럽 회원들의 정성에 눈시울을 적시었다.

6일 오후(한국시간) 네덜란드의 동부도시 아른헴 근교 두팅햄에 위치한 히딩크 감독의 자택. 히딩크 감독은 얀 룰프스 기술분석관으로부터 홈페이지가 생겼다는 말을 전해 듣고 컴퓨터 자판에 홈페이지 주소(www.bangga.com/hiddink/)를 차근차근 입력했다. 그리고 '엔터 키'를 살짝 누르는 순간 외마디 비명을 지르고 말았다. 군복을 입고 완전무장한 자신의 모습이 '짠~'하고 나타난 것.

홍명보(32첩가시와 레이솔)와 고종수(23첩수원 삼성), 최용수(28첩 제프 유나이티드 이치하라)까지 군인 모습으로 바꿔 놓은 것도 기발 했지만 영화 제목인 'Saving Private Ryan(라이언 일병 구하기)' 대신 'Saving Korean Soccer(한국축구 구하기)'란 문구를 새겨 넣은 것이 그럴듯했다.

"한국축구팬들의 감각이 대단합니다. 이렇게 많은 성원을 보내줄지 미처 몰랐습니다."

히딩크 감독은 차근차근 홈페이지를 살펴보며 탄성을 질렀다. 사진 들을 모아놓은 '갤러리'에도 가보고 '대화방'도 두들겨 보았다. 게시판 에 잔뜩 올라온 글이 무슨 뜻인지 알 수는 없었지만 한글로 '히딩크' 란 단어가 많은 걸로 보아 자신에 대해 쓴 게 분명했다. 마침 '팬레터' 코너엔 직접 영문으로 올린 편지들이 있었다. 지난달 21일 암스테르담 에서 무릎 수술을 한 사실을 알고 '빨리 회복하라'는 격려와 함께 '축 구대표팀을 강팀으로 만들어 달라'는 편지를 인상 깊게 읽었다.

히딩크 감독은 홈페이지를 살펴본 뒤 얀 룰프스 기술분석관에게 "정말 재미있게 잘 만든 홈페이지다. 팬들의 성의가 고맙다"며 한국팬 들에게 감사의 뜻을 전해 달라고 했다.

한편 대한축구협회는 히딩크 감독이 귀국하는 대로 적당한 날을 잡아 팬클럽 회원들과 만남의 시간을 주선하기로 했다. 조중연 전무는 "팬클 럽 회원들이 히딩크 감독의 사기를 높여 주고 있다"며 "대표팀 일정에 지장을 주지 않는 날을 골라 팬들이 팬레터를 모아 전달할 수 있도록 하

겠다"고 말했다.(스포츠조선 신향식 기자 shin@sportschosun.com)

47. 방송사 홈페이지, 유해 게시물로 몸살(2001. 02. 25.)

KBS, MBC, SBS 등 방송 3사가 시청자들의 의견을 듣기 위해 마련한 인터넷 홈페이지의 시청자 게시판이 관리 소홀로 인해 음란, 음해, 광고, 비방성 게시물로 넘쳐나고 있다.

특정 가수에 대한 인신 공격성 글이나 '돈 버는 사이트를 알려 준다'와 같은 광고물이 대부분인 이런 게시물들은 제때 삭제되지 않은 채 게시판을 메우고 있어 의견을 올리려고 이곳을 찾은 사람들에게 불쾌감을 주고 있다.

SBS 「뮤직엔터」와 「SBS 생방송 인기가요」, KBS 2TV 「뮤직뱅크」의 게시판에는 '연예인 누가 누구와 사귄다'와 같은 수천 건의 근거 없는 내용의 글들이 동일한 제목으로 게시판을 채우고 있다.

또 선정적인 제목과 함께 '이 글을 읽고 그대로 복사해 20번 올리세요, 그렇지 않으면 3시간 안에 죽습니다'와 같은 글도 곳곳에서 발견된다.

MBC 홈페이지의 「생방송 음악캠프」는 '일부 팬들의 도배성 글로 정상적인 게시판 운영을 할 수 없다'는 공지와 함께 아예 게시판을 잠정 폐쇄했다. 특정 가수 팬클럽 회원들이 이 게시판을 자신들의 전용 채팅방으로 이용했기 때문.

다른 장르의 프로그램 역시 사정은 크게 다르지 않다.

KBS 1TV의 「TV 내무반 신고합니다」 「시청자칼럼」은 '음란, 음해성 게시물에 대해 더 이상 방조하지 않겠다'는 내용의 '경고문'을 담은

팝업창을 띄어 놓았다.

이 경고문은 '조직적인 게시판 공격, 근거 없는 비방, 특정인을 집요하게 괴롭히는 스토킹, 음란성 글, 돈버는 사이트에 대한 광고에 대해 삭제 조치할 것이며 업무방해(형법 제314조) 및 명예훼손(307조) 등 관련 조항을 엄격하게 적용해 형사고발과 함께 민사상 손해배상 청구도 병행할 방침'이라고 엄포를 놓았다.

이 게시판을 관리하는 KBS교양국 오수성 차장은 '몇 가지 글들은 외울 정도로 많이 올라와 노이로제에 걸릴 정도'라며 '삭제하면 오히려 수백 건의 보복성 글을 다시 올리기 때문에 고육지책으로 경고문을 띄워 놨다'고 고충을 털어놨다.

사정이 이렇다 보니 아예 게시판 관리를 포기한 곳도 있어 건전한 시청자들의 의견마저 사장될 수 있다는 우려를 낳고 있다.

「SBS 생방송 인기가요」의 게시판의 경우, 2명의 전담 관리자가 있음에도 전혀 관리가 이뤄지고 있지 않다.

SBS의 한 관계자는 '방송 직후에는 많게는 1만여 건의 글이 올라오는 통에 서버가 마비될 정도여서 일일이 손으로 삭제할 수도 없다'고 말했다.

특히 KBS는 각 프로그램 별로 전담 관리자를 두지 않고 CP나 PD, 방송 작가들이 틈틈이 게시판을 관리하거나 아예 방치하고 있어 좀 더 효율적인 시청자게시판 관리가 필요하다는 의견이 내부에서도 나오고 있는 형편이다.

한 시청자는 '네티즌들이 함부로 글을 올리는 것도 잘못이지만 관리가 제대로 이뤄지지 않아 게시판에 들어가 보면 불쾌할 때가 많다'고 말했다.(서울＝연합뉴스 조재영 기자)

48. 서태지 은퇴 번복 어떻게 생각하나?

청소년들은 서태지의 은퇴 번복에 대해 어떻게 생각하고 있을까. 한국청소년방송국(www.kybc.org)이 청소년 616명을 상대로 조사한 결과 '찬성한다'는 의견이 332명으로 전체의 54.0%를 차지했다.

◎ 서태지 패션, 대학 교재에 실리다.(보도매체 머니투데이 날짜 2002-05-30)

서태지 패션이 90년대를 대표하는 스타 패션으로 대학 의류학과 전공 교재에 실린다. 얼마 전 고교 음악교과서에 '발해를 꿈꾸며'의 악보가 실린 데 이어 이번엔 대학 교재를 통해 '서태지 패션학'이 등장하게 됐다. 국내 의류학과 교수진(서울대 김민자 교수, 연세대 김영인 교수, 이화여대 배천범 교수, 경희대 박민여 교수, 건국대 박명희 교수, 홍익대 금기숙 교수, 국제패션디자인연구원 신혜순 원장 등 국내 패션 교육계의 10명)이 공저한 '현대패션 100년'이란 의류학과 전공 교재에 90년대를 대표라는 패션 리더로 실리게 된 것이다. 3년의 기획 끝에 (주)교문사에서 오는 6월 중 출판할 예정인 이 교재는 2002년 가을 학기부터 국내 10개 대학 의류학과에서 현대 복식사를 강의하는 교재로 활용될 예정이다. 한편 2000년대에도 서태지는 퍼션리더로서 활약 중이다. 2001년에는 광고모델로 법정관리 중이던 국제상사의 프로스펙스 매출 상승을 통해 국제상사의 정상화에 기여했으며 일본 섬머소닉 공연에서 무대 의상으로 입었던 a#(알파누메릭)의 반팔 티셔츠는 국내에서 품귀 현상을 일으켜 재생산에 들어가기도 했었다.(문병환 기자 moon@moneytoday.co.kr)

49. 팬들의 힘

그들에게 있어 중요한 것은 서태지와 아이들이 자신들의 눈앞에 있는 것이 아니라 그들이 서태지와 아이들을 기억한다는 것 그리고 그곳에 함께 모여 그런 감정을 공유하고 발산할 수 있다는 사실이었다. 그들은 공연이 잠시 쉴 때마다 서태지, 양현석, 이주노를 연호하곤 했는데 그것 역시 서태지와 아이들이 나오길 바란다기보다는 함께 모여 그런 행위를 한다는 것 자체에 기쁨을 느끼는 것 같았다. 또한 누가 시킨 것도 아닌데 축구 경기장에서나 나올 법한 파도타기까지 하면서 행사 자체를 철저히 즐겼다. 행사의 주체이자 주인공은 바로 서태지와 아이들의 팬들이었던 것이다.

50. 소녀팬들 '김남일 열병'(2002. 07. 10.)

전남과 안양의 경기가 벌어진 10일 오후 3시 광양구장 앞. 경기 시작까지 4시간이나 남았는데도 수십 명의 여학생들이 진을 치고 있었다. 월드컵이 배출한 최고 스타 김남일의 팬들이었다. 김남일은 이날 경기 출전자 명단에도 빠져 있었지만 이들은 요지부동이었다.

"왜 하필 김남일이냐"고 여학생들에게 물어봤다. "멋있잖아요. 잘생겼고 말도 거침없이 솔직하게 하고 축구도 잘하잖아요" 하는 대답이 속사포처럼 돌아왔다. 요즘 인기 있는 '꽃미남'과는 거리가 있지 않느냐고 물었다. 여학생들은 "꽃미남은 느끼해서 싫다. 남자다운 카리스마가 있다"고 강조했다. 한 여학생은 "김남일을 제대로 모르면 학교에서 완전히 왕따당한다"고 목소리를 높였다.

한 여고생은 학원 간다며 일찌감치 학교를 빠져 나왔고 또 다른 여학생은 집에 제사가 있다는 핑계로 야간 학습을 빼먹고 왔다고 했다. "제발 김남일 선수에게 전해 달라"면서 팬레터를 건네주는 여학생도 있었다.

전남 구단 측은 경호요원 30명을 배치해서 소녀팬들 저지에 진땀을 흘렸다. 경기 시작 후 벤치에 앉아 있던 김남일이 잠시 일어서기만 해도 관중석에선 비명이 터졌다. '진공청소기로 나를 빨아들여 줘', '남일아 나이트 가자'는 호소문도 보였다. 구단 측은 인터뷰 요청이 워낙 쇄도해서 경기 후 운동장에서 김남일 미니 인터뷰를 갖기도 했다. 인터넷 팬클럽만 1000개가 넘는다는 '김남일 신드롬'이 실감나는 광양구장이었다.(광양＝김동석 기자 ds-kim@chosun.com)

제6부

청소년 상담

1. 팬클럽에 심취한 청소년 상담 사례
- 현실요법을 중심으로

김건용

♡ 팬클럽을 통해 진정으로 원하는 게 무엇입니까?

학생: 친한 친구들과 함께 좋아하는 스타의 팬클럽에 가입하여 스
트레스를 날리고 싶습니다.

상담: 그렇군요. 스트레스도 날리고 생활에 활력도 얻을 수 있겠군
요. 그러나 시간이 아깝다는 생각은 들지 않았나요?

♡ 팬클럽에서 지금 하고 있는 게 무엇입니까?

학생: 콘서트에 참가하여 신나게 성원하면서 맘껏 소리도 지르고
나면 일체감을 느끼며 기분이 상쾌해집니다. 상담: 그렇겠군
요. 처음에는 수줍어 하다가 여러 번 참여하면서 적극적으로
참여하고 가까운 친구에게 자랑도 했겠군요.

상담: 콘서트 참가 후에는 힘이 들거나 돈이 아깝다는 등 허전한
마음은 들지 않았나요?

♡ 팬클럽에서 활동하고 있는 것에 대해 어떻게 생각하며 도움이 되고
있습니까?

학생: 우선 재미있고 친구들이 함께해 주고 학교에서 대화가 통하
고 소속되어 있는 포근한 느낌이 도움이 되고 있습니다.

상담: 부모님의 걱정은 생각해 봤나요? 성적은 어떻습니까? 학생

자신은 좋아지고 있지만 주위의 사람들의 기분도 헤아려 보았나요? 돈도 많이 필요할 텐데?

♡ **앞으로 팬클럽 활동에 대하여 계획을 세워 봅시다.**

① 간단하게 – 지금까지 부모님보다는 친구를 더 생각한 것이 미안했습니다. 참가하는 시간을 즐이겠습니다.

② 구체적으로 – 한 달에 한 번씩 모임이 가던 것을 친구에게 양해를 구하고 1학기에 한 번, 2학기에 한 번만 참가하겠습니다.

③ 즉각적으로 – 직접 참가를 못해도 인터넷을 통하여 성원하겠으며 하루에 한 시간은 잠을 줄이며 부모님께서 원하시는 공부도 열심히 하여 성적도 올리도록 하는 것이 스타 오빠를 위한 길이라 생각이 듭니다.

④ 진지하게 – 상담을 통해 나보다는 우리를 생각하게 되었습니다. 팬클럽에 빠져 성적이 계속 떨어지고 용돈이 모자라 거짓말을 하거나 아르바이트로 고생하는 친구들도 상담을 받았으면 좋겠습니다.

♡ **결 론**

1) 학생상담 – 팬클럽 활동을 통하여 청소년의 자기 정체감을 확립할 수 있도록 학생과 부모님께 모두 상담이 필요합니다. 고2 학생으로 입시를 준비해야 하기 때문에 팬클럽에만 전념하기는 시간이 모자라며 성적이 그렇게 많이 떨어지지는 않았지만 부모님께서 걱정을 하고 계시니 적절히 활동을 스스로 조절할 필요가 있습니다. 가족의 한 일원으로 낳아주시고 길러주신 부모님의 은혜에 조금씩은 보답해야 할 시기입니다. 사랑하는 부모님이 항상 학생의 곁에만 계시는 것은 아니니까

요. 가까이 계실 때 최선을 다하여 효도를 해야 할 것입니다. 스타 오빠도 짧은 시간에 성원할 수 있는 방법을 선배나 학교 상담선생님과 상의할 수도 있습니다. 친구들의 협조도 필요합니다. 항상 웃으며 친절하게 형편과 사정을 정겨운 대화로 풀어 나가면 친구들이 도와줄 것입니다. 또 친구를 섬기는 자세도 필요합니다. 그러면 팬클럽 활동을 같이하지 않았다고 서운하게 말하지는 않을 것입니다. 지혜가 필요합니다. 물론 생각도 필요하고요. 학생 주위에는 학생을 도와줄 사랑하는 가족과 학교 선생님, 상담기관과 친구들도 있습니다. 지금처럼 즐겁게 학교생활을 하시고 가족과 친절하게 지내며 팬클럽 활동도 조금은 관심을 갖고 온유 겸손하게 승리하는 학생이 되시기를 기원합니다.

2) 부모님 및 가족 상담 - 청소년들에게 '팬'이라는 말은 단순히 누구의 노래를 좋아한다는 것 이상의 의미를 지닙니다. 누구의 '팬'이 된다는 것은 스타의 이미지로 홍보된 도덕이나 가치관에 대한 이해와 이상적인 인물과의 인간적 교감, 스타를 통해 만나는 사람들과 함께 형성하는 동일시와 정체성 형성, 학교에 매인 스스로의 경험을 뛰어넘어 다양한 간접체험을 실감나게 느끼고 생각하게 해 주는 계기와 대리인을 선택한다는 것을 의미합니다. 청소년들에게 팬클럽은 자발적 의지로 결의한 약속과 능동적인 활동으로 내용을 구성해 가는 개방적인 곳이며 그들이 가진 가능성을 실험하고 가정과 학교를 통해 얻지 못한 것을 채워가는 의미 있는 공간입니다. 가정의 평안과 합력하여 선을 이루어 나가는 하루가 되시기를 바랍니다.

2. 모든 일에 자신감이 없습니다.

Question

저는 고1 남학생입니다. 제가 상담하고자 하는 문제는 별 것 아닐 수도 있겠지만 저에게는 중요합니다. 한마디로 저는 모든 일에 자신감이 없습니다. 학교에서 발표를 하려고 해도 옆의 아이의 눈이 무섭고 말을 걸려도 해도 눈치만 보게 됩니다. 조용히 공부만 하려 해도 누가 쳐다보고만 있는 것 같고 남의 눈을 똑바로 쳐다볼 수가 없습니다. 눈이 마주치면 제가 피해 버립니다. 말할 때도 남의 관심이 조그만 없어지는 것을 느끼면 말하기가 싫어집니다.

Answer

우리가 무엇을 하든 소신을 가지고 자신 있게 처리하는 것이 중요한데 자신감이 없다니 참으로 걱정이 되는 경우를 세밀하게 생각해 볼 필요가 있습니다. 내담자에 의하면 발표를 할 때 옆의 학생이 신경이 쓰이고 말을 걸려고 해도 눈이 마주치는 것이 두렵다고 하였습니다. 이런 행동의 공통점은 필요 이상으로 다른 사람을 의식하는 것이라고 할 수 있습니다. 내담자는 어떤 행동을 할 때 내담자의 생각이나 감정은 상관없이 다른 사람들이 어떻게 생각하나 하는 것에만 신경을 쓰고 있습니다. 내담자는 친구들이 내담자의 잘못을 끄집어내려고만 한다고 생각하고 있습니다. 내담자는 친구가 발표를 하면 그렇지 않겠어요.

그러면 왜 다른 사람들만 그럴 것이라고 생각합니까? 혹시 내담자 혼자의 생각이 아닐까요? 가장 확실한 방법은 옆의 친구에게 물어서 확인하는 것입니다. 또 발표할 때 친구의 눈이 무섭다고 했는데 생각을 해보면 아마 상대방이 무섭게 내담자를 주시하기보다는 내담자가 그렇게 느끼는 경우가 많을 것입니다. 이런 원인이 내담자가 자신감이 없기 때문이라고 했습니다. 이는 너무 막연합니다. 우선 발표를 하거나 다른 사람과 이야기를 할 때 또 눈이 마주칠 때 내담자가 무엇을 정확하게 두려워하는지 생각해 보십시오. 실수를 하면 옆의 친구가 내담자를 싫어하거나 바보 취급을 하는 것이 두렵습니까? 아니면 그런 실수를 한 내담자 자신의 자존심이 상하는 겁니까?

만일 그 친구가 내담자가 발표하는 것을 못마땅하게 생각했더라도 그 친구의 판단이 옳을까요? 그런 판단은 그 친구보다는 선생님께서 더 잘하시겠지요. 내담자는 내담자의 행동에 옆의 아이를 비롯해서 많은 친구들이 혹시 내담자가 잘못하는 것이 없나 찾아내려고 하지 않은 것처럼 옆의 아이도 내담자를 책망하거나 잘못을 끄집어내려고 하지 않습니다. 그렇기 때문에 옆의 아이의 눈초리를 무섭게 생각할 필요가 없습니다.

내담자가 자신감을 가지도록 하려면 우선 내담자 자신을 긍정적으로 봐야 합니다. 사람은 각기 다른 사람과는 구별되는 자기만이 가진 고유성 또는 개성을 가지고 있습니다. 이러한 개성은 사실 좋고 나쁜 것이 없습니다. 단지 사람들이 좋다, 나쁘다 하고 평가를 하는 것은 내담자의 경우도 마찬가지입니다. 즉 '내가 발표를 하다가 실수를 하게 될지 모르고 실수를 하게 되면 친구가 나를 비웃을 것이다. 그리고 내가 다른 아이의 눈을 빤히 쳐다보면 그 친구가 나를 싫어하거나 나를 해칠지도 모른다'고 추측하는 것입니다. 이러한 추측이나 생각은 아무 근거도 없는 내담자 스스로 만든 함정입니다. 이러한 함정에서 벗어나는 최상의 방법은 내담자가 가지고 있는 모든 개성의 긍정적인 면을 찾는 것입니다.

내담자가 다른 사람과 눈이 마주치는 것을 두려워하고 발표를 할 때도 옆의 아이의 눈이 무섭게 느껴지는 것은 그만큼 자신이 독단적으로 행동하는 것이 아니고 다른 사람을 배려한다는 좋은 성격의 표현이기도 합니다. 이는 내담자가 다른 사람들을 배려하는 고운 마음씨를 가지고 있다는 것을 의미합니다. 그러나 내담자가 몇 가지 오해를 푸는 것이 필요합니다. 즉 다른 사람 위주로 행동해야 그 사람이 내담자를 좋아한다는 생각입니다. 이러한 생각은 잘못입니다. 내담자가 하고 싶은 행동을 떳떳하게 한다고 다른 사람들이 내담자를 싫어하지 않습니다.

그리고 우리가 상대방에 대해서 관심을 가지고 있을 때 상대방의 눈을 마주보게 됩니다. 상대방의 눈과 마주치는 것은 서로 관심이 있다는 표시입니다. 따라서 내담자가 다른 아이의 눈을 똑바로 쳐다보는 것에 대해서 미안하게 생각하거나 두려워서 피할 필요가 없습니다. 이는 어디까지나 상대방에 대한 관심의 표현이기 때문입니다. 이러한 행동이 부자연스럽게 용기가 나지 않으면 우선 편안한 대상, 즉 어머니나 가까운 친구부터 시작해 브십시오.

그러면 눈이 마주치는 것이 어떤 의미를 갖는 것인지 알게 되고 내담자도 자연스럽게 다른 친구들과 아무 두려움 없이 눈을 마주칠 수 있을 것입니다. 그래도 어려우면 학교나 청소년 관련 단체에서 싫어하는 자기표현 훈련이라는 프로그램에 참여해 보십시오. 그러면 다른 사람 앞에서 자신의 생각이나 감정을 자신 있게 표현할 수 있을 것입니다. 건투를 빕니다.

3. 친구들과 어울리는 게 힘들어요.

Question

저는 지금 고1 학생이에요. 주위에 친구들이 저를 잘 따르지 않는 것 같아요. 어떤 것을 해도 친구들이 저한테 붙지 않고 딴 애들한테 붙어서 저도 할 수 없이 그 친구한테 붙어서 지내지만 만약 떨어지게 되면 저를 부르거나 같이하자는 말이 별로 없어요. 자주 웃는 편인데. 그리고 저하고 친한 친구가 저하고 별로 안 친한 친구하고만 놀려고 해요. 선생님, 어떻게 하면 리더십을 가지고 자신감 있게 살 수 있을까요?

Answer

고등학교 1학년이면 한참 친구하고 어울리면서 생활을 할 때입니다. 이때는 생활의 대부분이 친구와 관련된 일이고 친구와 어울리는 일이라고 해도 과언이 아닐 것입니다. 그런데 학생이 아무리 노력을 해도 친구들이 다른 친구들 대하는 것처럼 대해 주지 않아 실망이 많겠습니다. 학생처럼 청소년기에는 친구들과 어울리며 친구들로부터 인정을 받는 것이 매우 중요합니다. 선생님이나 부모로부터 칭찬이나 인정을 받는 것보다 친한 친구로부터 인정을 받는 것이 훨씬 더 중요하게 생각이 듭니다. 따라서 학생 또래의 청소년들은 같은 또래와 어울리며 인정을 받으려고 합니다. 만약에 그렇지 못하면 지금 학생과 같이 매우 실망을 하게 됩니다. 어떻게 하면 다른 친구들과 잘 어울리고 인기를 끌 수 있을까요? 선생님하고 같이 생각해 보기로 하지요.

우선 학생과 다른 친구들이 좋아하는 친구들은 어떤 친구들인지 생각해 보세요. 학생은 그 친구의 어떤 점이 좋아서 같이 지내려고 하는지, 또 다른 친구들은 그 친구의 어떤 점 때문에 가까이 지내려고 하는지 물어보세요. 그러면 학생의 생각과 다른 친구들의 생각이 거의 비슷할 것입니다. 그리고 학생을 보세요. 학생은 그 학생과 어떤 점이 같고 또 어떤 점이 다른지, 학생이 생각하기에 고칠 점이 있다면 고치도록 노력해 보세요. 또 가까운 친구가 있으면 물어보세요. 내가 어떠냐고. 어떤 점 때문에 다른 친구들이 같이 어울리기를 꺼리는지. 그러나 이런 것들은 어디까지나 참고로 알아보는 것이고 정말로 리더십을 가지고 다른 친구들과 잘 어울리려면 다음과 같은 점에 노력하기를 바랍니다.

첫째 학생 자신에 대해서 자신감을 가져야 합니다. 학생은 자신만의 개성을 가지고 있는 사람입니다. 이 세상에 어느 누구도 학생과 같은 사람은 없습니다. 외모는 물른이지만 생각하는 것, 다른 재주 등 학생과 같은 사람은 없습니다. 물론 어떤 일은 다른 친구들이 잘하지만 또 어떤 것은 학생이 더 잘합니다. 우리 인간은 누구나 자신만의 독특한 특성을 가지고 있습니다. 그래서 사람마다 다른 사람과 비교해서 더 잘하는 것이 있고 그렇지 않은 것이 있습니다. 그러나 대부분의 사람은 자신의 나은 점보다는 못한 점만을 들어서 자신을 열등하게 생각하는 경향이 있습니다. 그래서 다른 사람 앞에서 기가 죽습니다. 기가 죽으면 자신이 없어서 자기가 하고 싶은 말도 제대로 못하고 행동도 부자연스럽게 됩니다. 이런 부자연스러운 모습은 다른 사람에게도 부담을 주어서 그 사람을 불편하게 만듭니다. 그러니까 그 사람은 자기를 불편하게 만드는 사람과 어울리는 것을 피하게 되는 것입니다. 그렇게 때문에 다른 친구들을 부러워하지 말고 우선 자신에 대해서 자신감을 가져야 합니다. 자신감을 가지려면 자신의 모든 것을 그래도 인정하고 사랑해야 합니다. 즉 학생 자신을 사랑해야 합니다. 학생의 외모, 학생의 생각, 학생의 행동 모두를 사랑해야 합니다. 그러면 학생 자신도 모르는 사이에 다른 사람 앞에서 자신 있게 당당하게 행동할 것입니다. 그러면 다른 친구들도 학생과 어울리는 것이 불편하지 않고 재미있게 느껴질 것입니다. 그러면 자연히 친구들이 학생과 어울리게 될 것입니다.

둘째 다른 친구들도 진심으로 존중하고 아끼는 마음을 갖도록 해야 합니다. 내가 나만의 개성을 가진 소중한 존재인 것과 같이 다른 친구들도 그들 나름대로의 특성을 가진 귀한 존재입니다. 따라서 그 친구 나름대로 생각하고 행동할 권리가 있습니다. 그런 행동들이 그 친구에게는 소중한 것입니다. 그래서 친구가 어떤 생각을 하고, 말을 하고, 행동을 하면 그 친구의 그런 모습을 이해하고 받아들이는 노력을 해야 합니다. 이런 것이 상대방을 관심을 가지고 배려하는 자세입니다. 이런 모습을 친구에게 보이면 친구들은 자연히 학생을 좋아하고 학생과 같이 어울리고 싶어 할 것입니다.

셋째 학생이 적극적인 자세를 보이는 것이 필요합니다. 누가 먼저 와서 말을 걸기를 기다리지 말고 학생이 원하면 먼저 하고 싶은 말을 하도록 노력하십시오. 대부분의 사람들은 학생같이 다른 사람이 먼저 와서 말을 걸기를 기다리고 있습니다. 학생이 싫어서가 아니고 소극적인 성격을 가진 사람이 많기 때문입니다. 그렇기 때문에 학생이 적극적인 자세를 취하는 것이 필요합니다.

넷째 자신의 생각이나 감정을 정확하게 상대방에게 전달하는 의사소통의 기법 등을 익히는 것도 많이 도움이 되리라 생각합니다. 우리는 대부분 우리의 생각을 정확하게 표현하는 훈련이 되어 있지 않습니다. 그래서 서로 오해를 하는 경우도 많이 있습니다. 이는 우리가 적절한 대화기법을 사용하는 능력이 없기 때문입니다. 이런 대화의 기법은 자신의 생각을 정확하게 말로 표현하는 데서부터 시작됩니다. 또한 말뿐만 아니라 얼굴 표정이든지 몸의 자세 등을 통해서 우리의 감정을 표현하기도 합니다. 이런 말과 몸을 통한 의사소통의 기법을 익히는 것이 필요합니다. 이런 방법은 학교의 상담실이나 외부 사회기관에서 실시하는 인간관계 훈련이나 심성계발 그리고 자기표현 훈련과 같은 집단 프로그램에 참여하면 배울 수 있습니다. 힘내십시오.

4. 애들의 따돌림이 심해 학교 다니기가 싫어요.

Question

저는 고1 여학생입니다. 너무 심각한 고민이 있어서 이렇게 편지를 쓰고 있어요. 애들이 저를 모두 따돌려요. 제가 뭐 특별하게 잘못하는 것도 없는데 그래요. 물론 제가 공부를 잘하는 것도 아니고 얼굴이 예쁜 것도 아니고 뚱뚱하고 그렇지만 그래도 너무하는 것 같아요. 전 애들의 신임을 받으려고 애들을 웃겨보기도 하고 요즘 최신 유행곡이나 패션에 대해서 공부도 하고 있지만 아무 소용이 없어요. 늘 혼자 밥 먹고 늘 혼자 집에 간답니다. 너무 외로운데 반 친구들은 절 이상한 눈으로 쳐다보고 자기네들끼리 키득키득거리고 괜히 못살게 굴고 그래요. 이렇게 못난 제가 너무 싫어요. 제가 공부도 잘하고 예쁘고 날씬했으면 이런 일이 없을 텐데 왜 저는 이렇게 태어나서 이런 대접을 받아야 하는지 모르겠어요. 학교 다니고 싶지 않아요.

Answer

내담자와 같이 청소년기에 있는 학생들에게 가장 의미 있는 일은 친구들과 어울리면서 친구들로부터 인정을 받는 것일 것입니다. 그런데 내담자는 친구들이 잘 어울려주지도 않고 오히려 따돌리고 있으니 그 실망감이란 이루 말할 수 없을 것입니다.

요즈음 이런 따돌림 현상이 유행처럼 각 학교에 번지고 있어 따돌림을 당하는 학생은 물론 학교 선생님이나 학부모들 그리고 모든 교육관계자들의 걱정을 사고 있습니다. 따라서 내담자가 특히 따돌림을 당할 특별한 이유가 있어서 따돌림을 당하고 있기보다는 이러한 유행의 한 희생자가 되었다고 할 수 있습니다. 그렇기 때문에 특히 내담자가 어디가 못났다든지 특별히 다른 아이들에게 잘못해서 따돌림을 당한다기보다는 아이들이 우연히 장난을 걸었는데 내담자의 민감한 반응이 재미가 있어서 계속해서 내담자에게 같은 장난, 즉 따돌리는 행위를 하는 것입니다.

가만히 생각해 보십시오. 언제 어떤 계기로 아이들이 내담자를 따돌리기 시작했는지. 아마 처음에는 내담자를 겨냥하고 하기보다는 우연히 하찮은 장난을 걸었을 것입니다. 그런데 이에 내담자가 민감한 반응을 보이자 아이들은 재미있게 된 것입니다. 그 순간부터 내담자는 그들의 놀이의 대상이 되었다고 할 수 있습니다.

더구나 내담자는 이런 친구들에게 잘 보이려고 갖은 노력을 다했습니다. 그러나 그럴수록 아이들이 내담자를 좋아하는 것이 아니고 계속해서 따돌리고 있습니다. 왜냐하면 내담자의 이러한 노력은 다른 아이들의 따돌림의 결과로 나타난 것이기 때문에 따돌림의 효과를 본 것으로 생각하고 있습니다. 그렇기 때문에 내담자가 이러한 노력을 하면 할수록 사태가 더 나아지는 것이 아니고 당분간은 더 계속될 것으로 보입니다.

내담자는 친구들의 이러한 행동에 초연해져야 합니다. 그러면 친구들은 더 이상 내담자를 따돌리는 데서 재미를 느낄 수가 없습니다. 왜냐하면 내담자를 따돌리는 이유가 내담자가 겁을 내고 당황하는 것을 보기 위한 것인데 내담자가 더 이상 그런 재미를 주지 않으니 내담자를 따돌려 봤자 얻는 것이 없게 되는 것입니다. 친구들의 따돌림으로부터 초연해지려면 다음과 같은 점에 유의해서 노력해야 합니다.

첫째 자신감을 가져야 합니다. 내담자가 자신에 대해서 부정적인 태도를 가지면 이런 것이 다른 친구들에게 그대로 보여서 더 우습게 보이게 됩니다. 내담자는 절대로 다른 사람의 웃음거리가 될 정도로 못난 것도 잘못한 것도 없습니다. 내담자가 자신에 대해서 이런 확신을 가지면 다른 친구들의 장난도 별로 신경이 쓰이지 않을 것이며 다른 학생들도 내담자를 괴롭히려 들지 않을 것입니다.

둘째 주위의 친구들을 의식하지 말고 내담자가 할 일만 열심히 해 보십시오. 이런 행동들을 자신 있게 하십시오. 그러면 다른 친구들은 내담자의 이러한 당당한 행동을 보고 감히 놀리거나 딴 짓을 하지 못할 것입니다.

셋째 반의 친구들이 내담자가 미워서 혹은 내담자가 못나서 따돌린다고 생각하지 마십시오. 이는 철이 덜난 아이들의 일시적인 장난에 불과합니다. 따라서 이런 장난으로 인해 상처를 받지 않도록 해야 할 것입니다. 그래도 내담자 혼자의 힘으로는 견뎌내기 어려우면 학교의 상담 선생님을 찾아가서 의논해 보십시오. 그러면 그 선생님은 더 좋은 방법을 가르쳐 주실 것입니다. 용기를 내십시오.

5. 왕따를 당하고 있어요

Question

전 고등학교 2학년 여학생입니다. 저는 함께 몰려다니는 친구들이 많은 편인데 단짝이 아니라 여럿이서 멤버를 만들어서 그룹이 됩니다. 그 사이엔 단짝인 애들도 일부 있지만 저는 단짝이 없이 여기 끼었다 저기 끼었다 하는 식이었어요. 처음에는 그 애들 사이에서 제가 리더 같은 역할을 했었는데 친구들이 처음에는 동조하는 듯하더니 얼마 지나지 않아 절 완전히 무시해 버리기 시작하는 거예요. 전부터 맘에 안 드는 점이 많았다나요. 때문에 저는 자존심도 상하고 해서 슬슬 겉돌기 시작했습니다. 다른 그 친구들은 쉬는 시간이나 체육시간, 방가 후, 소풍 때 뭉쳐서 몰려다니는데 전 그 자리에 끼질 못해요. 모든 일을 저희들끼리만 하고 제가 있으면 완전히 무시해 버립니다. 저도 그 친구들이 맘에 들지 않지만 그래도 어쩐지 서글프고 맘이 편치가 않아요.

Answer

사람이 살아가는 데 있어서 참기 어려운 일들이 많이 있지만 그중에서도 가장 괴롭고 모독감을 느끼는 일이 바로 의도적으로 고립당하는 것입니다. 이런 따돌림 현상이 요즈음 우리나라 학교에서 유행처럼 일어나고 있습니다. 지금 내담자가 경험하고 있는 것도 바로 이런 따돌림 현상인 것 같습니다. 유명한 철학자 아리스토텔레스가 말했듯이 인간은 사회적 동물입니다. 이 말은 인간은 혼자서 생활할 수 없고 언제나 집단 속에서 다른 사람들과 더불어서 사는 존재라는 의미이지요. 그래서 언제나 집단과 조직을 만들어서 그 속에서 서로 인간관계를 형성해서 생활하는 것입니다. 따라서 내가 하는 모든 일들은 다 내가 속한 집단이나 다른 집단 구성원들과 어떤 형태로든 관계를 맺게 되는 것입니다. 그래서 우리가 기쁠 때나 슬플 때 집단을 통해서 이런 감정을 표현하게 됩니다. 내가 아무리 기쁜 일이 있어도 이런 기쁨을 자랑할 대상이 없다면 나는 기쁨을 느낄 수 없습니다.

내담자와 같은 청소년들에게 있어 이런 집단은 생활의 전부라고 할 수 있습니다. 왜냐하면 청소년들은 모든 것을 다른 친구들, 즉 집단원들로부터 인정받기를 원하고 있기 때문입니다. 이렇게 청소년들에게 있어서 집단에 끼어서 인정을 받는 것은 매우 중요한 일입니다. 그런데 친구들이 내담자를 더 이상 끼어주지를 않고 있습니다. 참으로 서글프고 참기 어려운 일입니다. 요즘 '왕따'는 되지 않았는지 걱정이 됩니다.

우선 왜 친구들이 내담자를 따돌리는지 그 이유를 생각해 보십시오. 단짝이 없어서 그런 건지, 여기 끼었다 저기 끼었다 하니까 다른 친구들이 내담자를 서로 다른 편으로 생각하게 만든 건지, 내담자가 리더 같은 역할을 했었다는 데 리더 역할을 하면서 다른 친구들을 기분 나쁘게 한 적은 없었는지, 그리고 정확하게 언제부터 다른 친구들이 내담자를 피하기 시작했는지, 무슨 일로 그렇게 되었는지 생각해 보십시오. 학생들이 따돌리는 학생들을 보면 잘난 척하고 다른 친구들을 무시하는 학생, 고자질 잘하는 학생, 공부만 하고 똑똑한 척하는 학생, 멍청해 보이는 학생, 이런 학생들이 많습니다. 혹시 내담자가 이 중 하나에 해당하는지요.

혹은 다른 학생을 따돌리던 학생이 따돌림을 당하는 경우도 있습니다. 혹시 내담자가 다른 친구들과 어울려 다닐 때 다른 학생을 따돌린 적이 있었는지요. 그다음에는 친구들에게 무엇이 맘에 들지 않는지 물어보세요. 정말로 내담자는 친구들하고 그전처럼 같이 지내고 싶다는 마음을 전하십시오. 친구들이 마음에 안 드는 이유가 내담자가 보기에 이해하기 어렵더라도 한번 친구들의 요구에 따르도록 노력해 보십시오. 친구들의 입장에서 생각해 보도록 하십시오. 내담자 자신이 다른 친구들을 애하고 받아들일 수 있는 개방적인 자세를 가지십시오.

가장 중요한 것은 내담자가 자신에 대해서 자신감을 갖는 것입니다. 상대방에게 교만하거나 건방지게 보이는 것이 아니고 떳떳하게 살아가는 것입니다. 이렇게 하면 다른 친구들도 내담자를 그전처럼 받아들이고 함께 어울릴 것입니다. 내담자 혼자서 해결하기 어려우면 학교의 상담선생님이나 이부 상담기관의 상담선생님과 의논하면 많은 도움을 얻을 수 있을 것입니다. 용기를 내십시오.

6. 맘에 맞는 친구를 사귀고 싶어요

Ｑuetion

저는 고등학교를 다니는 여학생입니다. 주변에 함께 다닐 친구가 없는 소위 날라리라고 분류되는 애와 친해지게 되었어요. 처음에는 그 애처럼 되고 싶은 마음에 제가 먼저 다가갔지만 요즘은 그 애가 너무 싫어요. 그 친구는 말끝마다 항상 욕을 하며 주로 남자 얘기만 하며 남의 흉보기를 좋아하고 가끔씩 물건을 훔칩니다. 전 그 애가 싫어서 괜히 화를 내지만 그때마다 그 애는 미안하다고 사과합니다. 그 애가 함께 다니지 않으면 달리 친구도 없을 뿐만 아니라 솔직히 그 애가 무서워요. 전 그 애랑 어울리며 성적도 많이 떨어졌는데 그 애는 자꾸 놀러가자고 합니다. 거절하지도 못하겠고 어떻게 하면 그 애와 헤어지고 맘에 맞는 다른 친구를 사귈 수 있을까요?

𝒜nswer

모처럼 마음에 드는 친구를 만나서 친하게 지내고 있는데 그 친구가 지금은 싫어지고 헤어지려고 해도 쉽게 헤어질 수 없어 고민이군요. 청소년들은 부모의 가치관을 따르고 부모의 말을 듣기보다는 친구들의 의견을 따르고 친구로부터 인정받기를 원하고 있습니다. 물론 대부분의 시간을 친구들과 어울리는 데 보내는 것을 말할 것도 없습니다. 청소년들에게 있어서 친구의 영향력은 절대적입니다. 어떤 친구를 사귀느냐에 따라서 그 사람의 인간관계는 물론 모든 생활이 좌우된다고 할 수 있습니다. 따라서 친구를 선택하는 데 신중을 기해야 하는 것입니다.

그러나 문제는 대부분의 청소년들이 아직 인간관계에 대한 경험이 부족하고 판단 능력이 덜 발달되었기 때문에 정말로 자기에게 맞는 친구를 가려내는 것이 어렵다는 것입니다. 더구나 청소년들은 어른들과는 다른 가치관이나 생활태도를 가지고 있기 때문에 공부 잘하는 모범생보다는 선생님께 반항도 하고 대담한 행동을 하는 학생들이 멋있어 보이기도 합니다. 학생드 친구의 그런 모습에 끌려서 그 친구에게 접근했던 것 같습니다. 그러나 그 친구의 모습이 별것이 아니고 오히려 학생에게 나쁜 영향을 준다는 것을 발견하게 된 것입니다.

학생의 인생은 학생이 결정하고 만들어 가는 것입니다. 이 말은 그 친구가 싫으면 더 이상 만나지 않으면 된다는 것입니다. 나는 싫은데 억지로 끌려 다닐 필요가 없는 것입니다. 가장 쉬운 방법은 학생 나름대로 하루의 일과표를 만들어서 그 친구와 어울릴 시간이 없도록 하는 것입니다. 그 친구가 어딜 놀러가자고 하면 단호하게 거절을 해 보십시오.

많은 사람들이 상대방에게 "아니오"라는 말을 못해서 심리적인 문제를 갖는 경우가 있습니다. 즉 나의 주장. 나의 의견을 분명히 전달하지 못하기 때문에 상대방이나 나의 의견을 묵살하고 자기 본위로 나에게 행동하고 나는 그 사람에게 끌려 다니게 되는 것입니다. 이렇게 되면 끌려 다니는 자신이 더 한심하게 느껴지기도 합니다. 그 친구를 무서워할 필요가 없습니다. 자신 있게 싫다고 거절하는 모습을 보이십시오.

또 하나의 방법은 그 친구를 학생이 좀 이해하려고 하는 것입니다. 학생이 그 친구가 싫어진 것은 그 친구 자신이 아니라 그 친구의 행동입니다. 다른 사람 흉을 보고, 욕을 하고, 물건도 훔치는 그 친구의 행동이 싫은 것입니다. 그 친구가 그런 행동만 하지 않으면 싫어할 이유가 없겠지요. 그런 의미에서 왜 그 친구가 그런 행동을 하게 되었는가, 내가 그 친구를 도와서 그런 행동을 하지 않게 할 수는 없는가 하는 생각을 하면서 그 친구에게 내가 끌려 다니는 것이 아니고 오히려 내가 그 친구를 바른길로 이끌 수 있는 방법은 없을까 생각해 보십시오. 그러기 위해서는 그 친구와 정말로 가슴을 터놓고 그 친구에 대한 학생의 마음을 솔직하게 표현해 보는 것도 좋은 방법이 되리라 생각합니다.

7. 어떻게 진실한 친구라는 걸 알 수 있을까요?

Question

전 고등학생입니다. 원래 내성적이었지만 고등학교 진학 이후 성격을 바꾸어 보기로 마음먹고 노력을 계속한 끝에 어느 정도 활발해졌고 친구들도 많아졌습니다. 그런데 친구와 만나면 그 애의 분위기나 성격을 파악한 뒤에 거기에 맞게 응해 주는 식으로 친구들을 사귀다 보니 친구들의 취미나 성격에 나도 동화되려고 하는 줏대 없는 성격이 되어 버린 것 같아요. 그리고 그중에서도 제일 슬픈 건 제 마음을 털어놓을 만한 진정한 친구가 아직 없다는 것입니다. 그냥 만나서 즐거운 친구는 많지만 그들에게는 제 가슴속에 있는 고민이나 관심을 털어놓을 수가 없습니다. 괜히 제가 먼저 말을 꺼내서 그들이 원하지도 않는 약한 모습을 보이기도 싫고요. 하지만 이제 저도 진정한 친구를 얻고 싶습니다. 단순하게 즐기는 것만 같이하는 친구가 아니라 제 어려움까지도 함께할 수 있는 그런 친구를 말입니다. 어떻게 하면 제 마음을 보여줄 수 있는 진정한 친구를 얻을 수 있을까요? 어떤 눈으로 봐야 그 사람이 진실한 친구라는 걸 알 수 있을까요?

🅰nswer

우리가 인생을 살아가는 데 있어서 가장 소중한 것 가운데 하나가 친구라고 할 수 있습니다. 그래서 진정 믿을 만한 친구가 한 사람이라도 있으면 그 사람은 성공한 사람이라고 하지 않습니까? 이 말의 뜻은 그만큼 우리 인생에서 친구가 중요하다는 것을 의미하는 것입니다. 동시에 정말 믿을 만한 친구는 귀하다는 의미하기도 합니다. 이런 친구야말로 어떤 때는 가족보다 더 가깝게 느껴지기도 합니다. 그래서 우리가 보모나 형제에게는 비밀로 하는 것을 친구에게는 털어놓기도 하는 것입니다. 친구는 나의 분신과도 같은 존재입니다. 그래서 나의 기쁨이나 슬픔 모든 것을 같이 나누게 됩니다.

우리는 누구나 이런 친구를 갖기 위하고 얼마나 이런 친구를 가지고 있느냐에 따라 그 사람이 인생에서 얼마나 성공했느냐를 평가하기도 합니다. 더구나 내담자와 같은 청소년기에는 이런 친구의 역할이 더 절대적입니다. 모든 것을 친구를 통해서 인정을 받아야 합니다. 아무리 부모가 칭찬을 해도 친구로부터 칭찬을 받지 못하면 그것은 의미가 없습니다. 왜냐하면 이때는 자기가 속한 또래집단, 즉 친구집단의 규범에 따르려고 하기 때문입니다. 그렇기 때문에 그 어느 때보다 친구의 영향이 절대적입니다. 그러나 같이 어울린다고 다 친구가 되는 것은 아니지요. 정말로 내가 믿을 수 있고 나의 모든 것을 같이 나눌 수 있는 이런 친구를 원하는 것입니다. 그러나 이런 친구는 찾기가 쉽지 않습니다. 지금 내담자가 고민하는 것도 바로 이런 믿을 수 있는 진정한 친구가 없기 때문입니다. 이런 친구가 없기 때문에 내담자는 외롭고 괴로운 것입니다.

그러나 이런 친구가 하늘에서 뚝 떨어지는 것이 아닙니다. 우리가 이 세상에서 얻는 모든 것은 본인의 노력이 결과입니다. 친구도 마찬가지입니다. 즉 그런 친구가 저절로 나타나기를 기다리는 것이 아니고 내담자가 적극적으로 찾아 나서던지 만들어야 합니다. 우리가 매일 사용하는 모든 물건들도 우리가 원하는 대로 만들어져 있는 것은 아무것도 없습니다. 우리가 우리의 필요에 맞게 만든 것입니다. 친구도 마찬가지입니다. 내가 원하는 대로 친구가 만들어져서 내 앞에 나타나지 않습니다. 내가 나의 좋은 친구로 만들어야 합니다. 그러면 어떻게 믿을 수 있고 기쁨과 슬픔을 같이 나눌 수 있는 진정한 친구를 만들 수 있을까요?

첫째 내가 노력을 해야 합니다. 상대방이 내가 원하는 친구로 되기를 바라는 것은 산에 있는 바위덩어리가 내가 원하는 비너스 상이 되기를 바라는 것이나 같습니다. 상대방이 나에게 접근해서 내가 원하는 대로 해 줄 때만을 바라고 가만히 있으면 암만 기다려도 내가 원하는 친구로 되지 않습니다. 그렇기 때문에 내가 원하는 친구가 내 앞에 저절로 나타나기를 기다리거나 상대방이 먼저 나에게 접근해 오기를 기다리지 말고 내가 먼저 상대방의 친구가 되도록 노력해야 합니다. 즉 내가 먼저 나서야 합니다. 우리는 흔히 기회는 잡으려고 노력하는 사람의 것이라고 합니다. 아무리 기회가 와도 기회를 잡도록 노력을 하지 않으면 그 기회를 잡을 수 없습니다. 인간관계도 마찬가지입니다. 상대방이 아무리 내 마음에 들어도 그 사람이 먼저 다가올 때만 기다리고 내가 접근하지 않으면 그 사람과 친구가 될 기회는 생기지 않습니다. "하늘은 스스로 돕는 사람을 돕는다"는 속담을 알 것입니다. 내담자가 좀 더 적극적인 자세로 친구를 만들도록 노력해야 합니다.

둘째 진정한 친구를 만들기 위해서는 상대방을 잘 이해해서 받아들여야 합니다. 상대방의 기분이 어떤지, 어떤 생각을 하고 있는지, 지금 고민하고 있는 것은 무엇인지 등을 잘 파악해서 적절히 대응해야 합니다. 내담자는 이 부분은 잘하고 있는 것 같습니다. 내담자는 "친구를 만나면 그 애의 분위기나 성격을 파악한 다음에 거기에 맞게 응해 주는 식으로 친구를 사귄다"고 했습니다. 그러나 문제는 이러다 보니 내담자가 상대방의 취미나 성격에 동화되어 자신의 주체성을 잃어버리는 것 같습니다. 내담자는 우선 좋은 친구를 만들 수 있는 소질이 있습니다. 가장 큰 장점은 상대방의 분위기나 성격을 파악해서 거기에 맞게 응해 주는 것입니다. 이는 바로 상대방의 생각과 감정에 매우 민감한 것을 의미합니다. 이러한 민감성은 모든 인간관계의 기초가 됩니다. 내담자는 이를 단점으로 생각하고 있지만 이는 아주 중요한 장점입니다. 이러한 장점을 살려서 자신감을 가지고 친구들을 대하도록 하십시오.

셋째 내담자가 적극적으로 내담자의 생각을 표현하도록 해야 합니다. 즉 사귀고 싶은 친구가 있으면 이런 내담자의 마음을 솔직하게 상대방에게 전달하는 것입니다. 이쪽에서 가만히 있으면 상대방은 내가 무엇을 원하는지 알 수 없습니다. 입장을 바꾸어 생각해 보십시오. 상대방이 가만히 있으면 내담자는 상대방이 무엇을 원하는지 어떻게 알겠습니까? 내담자는 내담자가 먼저 말을 꺼내면 약한 모습을 보인다고 했는데 이는 잘못된 생각입니다. 상대방이 먼저 말을 건다고 내담자가 그 친구를 약하다고 보지 않을 것입니다. 오히려 용기 있는 사람들이 먼저 말을 겁니다. 인간관계의 시작은 자신을 상대방에게 먼저 공개함으로써 시작됩니다. 이런 개방을 통해서 서로를 이해하게 되는 것입니다. 자신의 생각을 털어놓는 것을 절대로 두려워하지 마십시오.

넷째 상대방을 존경하는 태도를 가져야 합니다. 우리는 나름대로 취향이 다르기 때문에 편견을 가지고 상대방을 대할 때가 많이 있습니다. 자신도 모르게 이런 편견이 친구를 사귀는 데 나타납니다. 이런 편견을 가지고 사람을 대하면 진실 된 인간관계를 맺을 수가 없습니다. 내담자가 귀하듯이 모든 사람은 다 귀한 존재입니다. 또 겉만 보고 사람들 판단할 수 없습니다. 겉모습은 마음에 드는데 사귈수록 점점 더 마음에 들지 않는 친구가 있고 또 어떤 친구는 처음에는 별로였는데 사귈수록 마음에 드는 친구가 있습니다. 이렇게 겉모습만 보고 사람을 알아볼 수 없습니다. 그렇기 때문에 편견을 갖지 말고 누구에게나 내담자가 진실 되게 좋은 친구가 되도록 노력하면 상대방은 저절로 내담자가 기쁨과 고통을 같이 나눌 수 있는 진정한 친구가 될 것입니다. 자신감을 가지십시오.

냉철하게 생각해 보십시오. 왜 내담자가 학교를 자퇴하려고 하는지, 만약 자퇴를 한다면 내담자 스스로 대학입시 준비를 제대로 할 수 있겠는지, 지금 학교 다니는 것보다 훨씬 더 어려울 것입니다. 이 세상에 쉬운 일은 없습니다. 우리가 부러워하는 성공한 사람들도 다 지금 내담자와 같은 어려운 과정을 극복한 사람들입니다. 다른 친구들도 다 어려운 여건을 이겨내고 열심히 공부를 하고 있습니다. 내담자는 더구나 좋은 대학에 진학해서 훌륭한 사람이 되기를 원하고 있습니다. 내담자는 옆에 있는 친구보다 하나도 부족할 게 없습니다. 모든 것은 마음먹기에 달린 것입니다. 내가 좋다고 생각하면 좋아지고 나쁘다고 생각하면 나빠집니다. 내가 할 수 있다고 생각하면 할 수 있습니다. 앞으로 내담자가 되고 싶은 내담자의 모습을 머릿속에 그려보십시오. 그리고 힘들 때마다 그 모습을 머리에 떠올리십시오. 그러면 내담자도 모르게 어려운 상황을 이겨낼 수 있을 것입니다. 인내를 가지십시오.

8. 할 줄 아는 게 아무것도 없는 고3입니다.

Question

저는 공고를 다니는 고3 남학생입니다. 다음 달이면 취업을 나가는데 집에서는 대학에 진학하라고 야단이십니다. 제 성격으로는 대학에 들어갈 수 없습니다. 그렇지만 좋은 곳에 취직하려면 성적이 좋아야 합니다. 이런 문제로 무려 5개월째 고민하고 있습니다. 졸업하면 무엇을 해야 할까요? 전 잘하는 것이 하나도 없습니다. 공부를 못하면 운동이라도 잘 해야 하는 거 아닌가요? 모든 일에 비관적이고 평소에 소심한 편이라서. 여태껏 여자친구 하나 없습니다. 제 성격 때문이 것입니다. 왜 이렇게 사는 것이 힘든지, 요즘은 담배를 핍니다. 차라리 태어나지 말 것을. 인생의 후회를 느낍니다. 지난 19년간 살아오면서 해놓은 것이 하나도 없는 것 같습니다.

Answer

참으로 안타깝습니다. 한참 꿈과 희망에 부풀어 있어야 할 나이에 태어난 것을 후회할 정도로 고민을 하고 있으니 정말로 무어라 위로의 말을 해야 할지 모르겠습니다. 우선 내담자는 대학에 갈 정도로 성적이 뛰어나지 않은데 부모님은 대학에 진학하기를 희망하고 계십니다. 우리나라의 부모치고 자식이 대학에 가기를 원하지 않는 부모는 없을 것입니다. 엄청난 과소비를 하면서도 자식을 대학에 보내려고 하는 부모들의 필사적인 노력은 자타가 공인하는 현실입니다. 내담자의 부모도 예외일 수 없습니다. 왜냐하면 이러한 일이 바로 오늘 우리 사회의 현실이기 때문입니다. 따라서 내담자가 대학에 가기를 강요하시는 부모님을 너무 원망하는 것은 옳지 않습니다. 세상에 자식 잘못되기를 바라는 부모가 어디 있겠습니까?

문제는 현실적으로 내담자가 부모님이 원하는 대로 대학에 갈 형편이 못된다는 것입니다. 가장 큰 원인은 성적인 것 같습니다. 부모님은 대학에 가라고 성화시고 내담자는 자신이 없고 이러한 갈등상황에서 내담자는 자포자기하고 있습니다. 다음엔 또 어떤 행동을 취할지 모릅니다. 가장 위험한 것은 될 대로 되라 하는 자포자기식의 태도입니다. 이런 태도를 가지고 살면 그 결과는 뻔합니다.

내담자는 될 대로 되라 하며 살기에는 너무나 앞길이 창창합니다. 내담자보다 훨씬 어려운 상황에서도 열심히 살아가고 있는 젊은이들을 얼마든지 볼 수 있습니다. 이들은 자기뿐만 아니라 가정을 책임져야 합니다. 이들에 비하면 내담자의 입장은 얼마나 행복합니까?

내담자가 지금 할 일을 남은 기간 열심히 공부해서 취업을 하는 것입니다. 다음 달에는 취업을 나간다고 했습니다. 다행히 내담자는 공고에 재학 중이기 때문에 취업이 용이하리라고 생각됩니다. 처음에는 마음에 드는 직장을 얻기가 어렵더라도 열심히 하다 보면 자신이 원하는 직장을 얻을 수 있게 될 것입니다.

앞으로는 대학 간판이나 졸업장보다는 실제 기술과 능력 또는 자격증이 인정을 받는 시대가 옵니다. 요즈음도 벌써 일부 대기업에서는 학력파괴니 해서 대학의 졸업장보다 그 사람의 실제 능력과 인성을 기준으로 해서 신입사원을 선발하고 있습니다. 이러한 추세는 점차로 확산될 것입니다.

또한 정부의 교육개혁안에 의하면 지금처럼 고등학교를 졸업하고 바로 대학에 진학하지 않더라도 언제든지 원하면 대학에 진학해서 하고 싶은 공부를 할 수 있을 것이라고 합니다. 꼭 대학 강의실에서만 공부를 하는 것이 아니고 산업체 현장도 얼마든지 학교가 될 수 있습니다. 지금도 이미 직장인들이 다닐 수 있는 개방대학과 방송대학 등이 있습니다. 지금도 이미 직장인들이 다닐 수 있는 개방대학과 방송대학 등이 있습니다. 이 외에 다양한 기관에서 받은 훈련이나 연수 등도 다 학점으로 인정이 되어서 학위를 받는 데 포함이 됩니다. 이러한 사회의 변화 추세를 보아도 내담자가 지금 바로 대학에 진학하지 못한다고 해서 실망하고 자포자기할 필요가 전혀 없습니다.

내담자는 젊습니다. 마음먹기에 따라 무엇이든지 원하는 대로 될 수 있습니다. 지금은 인생의 출발점에 지나지 않습니다. 출발도 하기 전에 인생을 포기해서는 안 됩니다. 뚜렷한 목표를 가지고 자신 있게 추진해 나가십시오. 이런 자신단만한 모습을 부모님께서 보시면 내담자를 믿고 내담자의 의견에 절대로 동의하실 것입니다. 건투를 빕니다.

9. 외박하는 딸

저는 대학생 아들과 고등학교 2학년인 딸을 둔 주부입니다. 그런데 딸아이가 얼마 전부터 친구들과 어울려 외박하기를 예사로 합니다. 초

저녁이면 호출을 받고 제 맘대로 나가곤 하는데 일찍 들어오겠다는 다짐을 받아도 소용이 없어요. 새벽 한두 시에 들어오는 경우는 그나마 다행일 정도예요. 혼내기도 하고 달래고 애원도 해봤지만 엄마 말엔 무조건 반항적으로 나옵니다. 아버지 없이 제가 가게를 하면서 아이들을 남부럽지 않게 키우려고 노력해 왔는데…… 이젠 딸아이 때문에 아들이나 저나 마음 편할 날이 없습니다. 억지로 집에 붙들어 두려 하면 아예 나가 버릴까 봐 두렵고, 학교에 간다고는 하지만 빠지지 않고 다니는지 확신할 수가 없습니다. 담임선생님께 전화를 해볼까 했지만 공연히 아이를 의심하게 만들까 봐 망설이고 있습니다. 딸아이의 방황을 막을 방법이 없을까요?

Answer

고등학교 2학년이면 한창 대학 입시준비를 하느라고 바쁠 때인데 입시준비는 고사하고 늦게 귀가하거나 외박까지 하니 어머니의 걱정이 이만저만이 아니겠습니다. 이런 문제는 요즈음의 청소년들에게서 흔히 발생하는 문제 중의 하나입니다.

어린 청소년이 더구나 여학생이 늦게 들어오고 또 외박까지 하고 들어오는 것은 아무리 요즈음의 청소년들이 자유분방해졌다고 해도 도를 지나친 행위입니다. 이렇게 바람직하지 못한 행동을 고치는 방법은 있습니다. 우선 그 행동의 원인을 찾아서 원인을 제거하는 것이고 다음으로 이러한 행동이 다시 발생하지 않도록 적절한 조치를 취하는 것입니다. 먼저 딸아이의 이런 행동의 원인이 어디 있는지 어머니 나름대로 알아보도록 노력해야 할 것입니다. 딸아이는 지금 고등학교 2학년 학생입니다.

따라서 이런 상황이 내담자에게 심한 불안감과 스트레스를 초래했을지도 모릅니다. 딸아이는 이런 불안한 상황으로부터 탈피하고 싶을 것입니다. 이런 도피수단의 하나로 친구와 어울릴 수 있습니다. 딸아이에게는 친구와 만나는 시간이 유일한 위안의 시간이 될 수 있습니다. 이렇게 현재의 상황에 대한 불안 해소방법으로 친구와 늦게까지 어울리는 것이라면 이런 걱정과 불안으로부터 딸아이를 해방시켜야 할 것입니다. 그렇게 하려면 딸아이의 문제의 원인이 이런 불안상태에 기인하는 것인지를 먼저 밝혀야 할 것입니다. 그러기 위해서는 딸아이가 무엇 때문에 그렇게 늦게까지 친구와 어울리는지 또 친구들과 어울리는 것이 어떤 보상을 가져다주는지를 허심탄회하게 말할 수 있는 기회를 가져야 합니다.

다음에 취할 수 있는 방법은 보상과 처벌을 사용하는 방법입니다. 약속한 대로 일찍 들어오면 딸아이가 원하는 산을 베풀고 그렇지 않으면 벌을 주는 것입니다. 이런 상과 벌의 내용은 어머니와 딸아이와 합의에 의해서 결정하는 것이 바람직합니다. 이와 아울러 어머니의 대화기법을 바꾸는 것도 필요합니다. 대개 아이가 잘못을 하면 부모님들은 "너 왜 밤낮 이렇게 늦니? 지금까지 누구 만나고 왔니? 무엇하고 왔니? 너 그래 가지고 어떻게 대학 가려고 그러니?" 이런 식으로 나무라기 일쑤입니다. 이런 질문과 대화의 형식은 다 "너 잘못했다"는 식입니다. 이런 경우에는 아이들은 자신이 잘못한 것을 알아도 이런 식으로 이야기하고 나무라는 사람에게는 반발하게 되는 것입니다.

이런 경우에 효과적인 방법은 어머니의 심정을 딸아이에게 솔직하게 전달하는 것입니다. 즉 "네가 이렇게 늦게 들어오면 엄마는 걱정이 돼서 한잠도 잘 수 없다" "엄마는 아버지도 없이 오직 네 오빠와 네가 자라는 것을 보면서 이를 유일한 보람과 희망으로 알고 살아왔는데 너의 이런 행동을 보니 엄마의 가슴이 메어질 것 같다" 등과 같이 어머니가 딸아이의 행동으로 인해 받고 있는 상처와 고통을 그대로 솔직하게 전달하는 것입니다. 이렇게 하면 딸아이가 미처 깨닫지 못했던 어머니의 고통을 이해할 수도 있을 것입니다.

　마지막으로 학교 담임선생님과 의논하는 것도 필요합니다. 담임선생님이 부담이 되면 학교의 상담선생님과 상의해 보는 것도 좋은 방법입니다. 어머니가 상담을 받을 수도 있고 딸아이가 눈치 채지 않게 상담선생님이 딸아이를 상담할 수도 있을 것입니다. 너무 어머니 혼자 끙끙 앓지 마시고 관계되는 모든 사람과 의논하십시오. 그러면 좋은 해결방안이 나올 것입니다. 좋은 결과를 기대합니다.

[참고문헌]
이재창(2001), 이재창 교수의 e-카운슬링, 사랑의 전화 출판부.

제 7 부

팬클럽 연구물

차 례	논문명	연구자
1	미디어의 스포츠 스타 만들기와 팬클럽의 스타 수용(fandom)에 관한 연구	장갑선
2	중·고생의 연예인 팬글럽 활동에 관한 연구	황완덕
3	팬클럽 활동을 통한 청소년의 자기정체성 형성	현지영
4	문화산업의 스타시스템에 관한 연구	金鎬碩
5	청소년집단의 대중문화 수용과정에 관한 연구	양재영
6	뮤직비디오 수용자들의 포스트모던 청소년문화에 대한 현장기술지/김형곤	김형곤

1. 미디어의 스포츠 스타 만들기와 팬클럽의 스타 수용(fandom)에 관한 연구

제1장 서 론

제1절 문제제기 및 연구목적

제2절 연구문제 및 연구방법

　1. 연구문제

　2. 연구방법

　　(1) 「연구문제 1」을 위한 연구방법

　　(2) 「연구문제 2」를 위한 연구방법

제3절 논문의 구성

제2장 이론적 배경

제1절 미디어의 재현과 해독

　1. 미디어의 재현에 관한 연구

제4장 스포츠 스타 팬클럽 연구

제1절 분석대상

제2절 팬클럽(축구사랑 동국나라) 분석

　1. (축구사랑 동국나라)(http://cafe.daum.net/donggook/)

　2. 팬클럽 분석

　　(1) 스포츠 스타에 대한 개인적 수용

　　(2) 집합적 수용 현상－팬클럽 활동

　　(3) 텍스트 해석

　3. 소결론

제5장 결론 및 논의

본 연구는 스포츠 스타를 만들어 내는 가장 중요한 요소를 미디어로 보고 미디어가 스포츠 스타를 어떻게 재현하고 있으며 이러한 미디어의 재현을 팬들은 어떻게 해독하고 있는가를 사례분석을 통해 살펴보았다.

이를 위해 두 가지 연구문제를 설정하였다. 첫째 스포츠 뉴스의 스타 재현에 관한 것으로 스포츠 뉴스의 텍스트적 특징과 영상적 구성이 어떠한가를 살펴보고자 했다. 이를 통해 스포츠 선수의 스타화가 어떻게 이루어지고 있는가를 살펴보았다. 둘째 팬의 스포츠 스타 수용과 관련하여 개인적인 팬으로서의 스포츠 스타 수용방식과 조직화된 집단으로서의 팬클럽의 스포츠 스타 텍스트 수용을 나누어 살펴보려고 했다.

그 결과를 다음과 같이 요약할 수 있다.

첫째 스포츠 뉴스의 영상과 텍스트의 공통된 특징은 사실주의적 보도와 인물 중심적 보도이다. 소극적인 평가적 진술문이나 전문가 인용, 자막 및 보도화면 등의 수사적 기제들은 뉴스가 선택과 배제의 원칙에 따라 만들어진 것임에드 불구하고 스포츠 뉴스가 재현하는 것이 마치 현실 그대로인 것처럼 보이게 한다.

둘째 수용자들이 스포츠 스타를 접하게 되는 공간이 바로 텔레비전이다. 팬들은 텔레비전에 나타난 스포츠 스타 이미지에 따라 자신의 팬덤 대상을 찾게 된다. 개인적인 수용 측면에서의 팬들은 미디어의 스타 이미지를 그대로 수용하며 또 모방하려고 한다. 하지만 조직화된 팬클럽은 미디어를 적절히 이용하기도 하고 자신들의 지식을 통해 미디어의 내용을 비판하며 나름대로 의견을 제시하기도 한다.

본 연구는 10대뿐만 아니라 20대 이상에서 이루어지는 스타 수용 현상을 다루었다. 따라서 팬들이 일방적으로 문화산업의 논리에 들어 있다는 기존 연구와는 달리 팬클럽 나름대로 적극적으로 텍스트를 해독하고 있다는 것을 알아낼 수 있었다.

2. 중 · 고생의 연예인 팬클럽 활동에 관한 연구

I. 서 론
  1. 문제제기 및 연구의 목적
  2. 연구문제

II. 이론적 배경
  1. 대중문화의 개념과 특징
  2. 대중문화의 수용에 대한 이론적 접근
  3. 청소년 문화에 대한 이론적 논의
   (1) 청소년 문화의 개념과 다양한 시각

　(1) 팬클럽 활동에 소티하는 시간

　(2) 팬클럽에 대한 만족도

2. 소　결

VII. 학교생활과 인간관계에 대한 영향

1. 학교생활에 대한 영향

2. 교우 및 여가관계에 대한 영향

3. 가족관계에 대한 영향

4. 소　결

VIII. 심리적 만족감과 동일시

1. 동일시와 대리만족

2. 또래집단의 정체성

3. 문화 상품의 수용

4. 성(性)적 대상으로서의 스타

5. 소　결

IX. 요약 및 결론

본 연구의 목적은 입시의 중압감에서 자신을 상실해 가고 있는 학생들이 팬클럽 활동을 통해 얻고 있는 심리적 만족감을 분석하는 데 있다. 따라서 일상생활 속에서 제약을 받고 있는 학생들이 어떠한 과정을 거쳐 팬클럽에 가입하며 그 활동들이 주변 환경과 청소년 자신의 정서적 안정에 어떠한 영향을 주고 있는지를 밝혀내는 데 초점을 두었다.

본 연구에서는 청소년의 하위문화 성격을 잘 드러내 줄 수 있는 팬클럽에 가입한 중·고등학교 여학생을 연구대상으로 선정하였고 심층면접의 방법을 통해 그들의 생각을 읽어 냈으며 얻어진 결론은 다음과 같다.

첫째 청소년들이 형성하는 팬클럽의 성격은 자발적이고 능동적인 모임으로 통제된 학교생활로부터 벗어날 수 있게 해 주는 공동체이다.

둘째 H.O.T팬클럽을 수용하고 있는 청소년들은 종합적인 H.O.T의 이미지에 매료되어 팬클럽에 가입하게 되었으며 팬클럽 활동은 단순히 스타의 이미지에 몰입하는 데 머물지 않고 오히려 그 스타의 이미지를 넘어서 한 가족이라는 집단 정체성을 형성하는 데 도움을 주고 있다.

셋째 팬클럽은 학교생활과 친구 관계에 있어서 적잖은 영향을 미친다는 것을 발견할 수 있다. 그러나 이것은 팬클럽 성원의 열성 정도에 따라 다르게 나타난다. 뚜렷이 구분될 수 있는 현상으로는 중학생보다 고등학생이 학교와 친구에 더 큰 변화를 보였다는 것이다.

넷째 팬클럽 회원들은 문화 상품의 선택적 수용과 스타와의 동일시를 통한 대리 만족을 통해 집단 정체감을 형성하고 있다.

3. 팬클럽 활동을 통한 청소년의 자기정체성 형성

제1장 서 론
제1절 문제제기와 연구목적
제2절 연구대상과 연구방법
  (1) 연구대상의 성격
  (2) 연구방법과 자료

제2장 청소년의 일상과 팬클럽
제1절 한국의 문화산업과 스타시스템

(1) 문화산업의 양상과 스타시스템

(2) 음반산업의 실태와 대중음악

제2절 학교를 중심으로 구성된 청소년의 일상과 팬클럽

(1) 입시위주 학교체제에 묶인 청소년의 일상

(2) '같은 스타를 좋아하는 것'이 학교생활에 의미하는 것

제3절 학교체제와 문화산업 틈새의 청소년

제3장 팬클럽의 활동 - 서태지와 아이들 기념사인회

제1절 서태지와 아이들의 가요계 은퇴와 기념사업회의 형성과정

제2절 서태지와 아이들 기념사업회의 활동

제3절 서태지 솔로음반 발매 수용

제4장 팬클럽을 통한 청소년의 자기정체성 형성

제1절 공유된 스타일을 통한 정체성 형성

(1) '태지팬은 태지팬을 알아본다'를 가능하게 하는 상징들

(2) '서태지와 아이들 팬답게'가 의미하는 것

제2절 문화적 실험이 가능한 조직활동을 통한 정체성 형성

(1) 팬클럽을 통한 다양한 의사소통 방식의 경험

(2) 주변 환경을 재구성하는 문화적 감수성

제5장 결 론

이 연구는 청소년 스스로 자신의 삶을 어떻게 의미화하는가 하는
관심과 대중음악 팬클럽 내에서 일어나는 일들을 어떻게 이해해야 하
는가 하는 물음에서 출발하였다. 학교나 가정에서와 달리 또래들이 자
발적으로 무리를 형성하고 집단행동을 하는 팬클럽 내에서 청소년은

어떻게 영향을 받고 누구에게 영향력을 행사하는가 하는 물음은 팬클럽을 바라보는 걱정스러운 시선의 정당성을 검증하는 것이기도 하였다. 이런 문제의식 속에서 서태지와 아이들의 팬들을 중심으로 한 대중음악 팬클럽의 활동과 문화에 대한 연구를 통해 청소년 팬클럽 활동의 구체적인 모습과 의미를 살펴보았다. 이 연구는 청소년이 가진 가능성에 대한 기대와 그들을 능동적인 주체로 보는 시각을 전제한 것이다.

다양한 욕망을 가진 청소년들이 자신의 삶을 어떻게 의미화하고 무엇으로 자기 정체성을 구성해 갈지는 매우 중요한 문제이며 앞으로 이 연구가 더욱 발전시켜 가야 할 방향이기도 하다.

4. 문화산업의 스타시스템에 관한 연구

제1장 서 론
제1절 문제의 제기
제2절 기존의 연구
제3절 연구문제와 관점
제4절 분석모델과 연구방법

제2장 문화산업의 불확실성과 스타의 활용
제1절 문화상품의 특성과 불확실성
  1. 문화상품의 공공재적 특성과 위험의 크기
  2. 문화상품에 대한 소비자의 효용과 수요의 불확실성
  3. 문화상품의 경험재적 특성과 소비의 비반복성

이 연구는 대중문화를 심층적으로 이해하려는 목적하에 시장원리를 기초로 스타시스템을 체계적으로 설명하였다. '상품으로서의 스타'와

'제도로서의 스타시스템'에 초점을 맞추어 진행한 구체적인 연구문제는 다음과 같다. 연구문제 ① 생산자는 왜 스타를 전략적으로 활용하는가? 연구문제 ② 스타의 시장가격은 왜 높은가? 연구문제 ③ 스타시스템이 전속제로부터 자유계약제로 변화한 이유는 무엇인가? 연구문제 ④ 이러한 제도와 팬클럽의 경제적 기능은 무엇인가? 연구의 결과는 다음과 같다. ① 스타시스템 형성에 있어서 가장 본질적인 문제는 스타를 전략적으로 활용하는 이유에 놓여 있다. ② 스타상품의 중요한 특성 중 하나는 무엇보다도 대단히 높은 시장가격이다. ③ 스타시스템의 조직적 특성은 할리우드나 한국, 모두 전속제로부터 자유계약제로 단 한 차례 중요한 변화가 이루어졌다. ④ 스타시스템은 정보의 측면에서 바라보면 불확실한 환경에 대처하기 위한 정보체계로서 규정지을 수 있다. 결론적으로 스타시스템은 문화상품이 야기하는 불확실성에 따라 생산자와 소비자 사이에 현존하는 오직 흥행만을 고려하며 고안된 산물이다. 스타시스템은 현재 문화산업의 지속적인 성장으로 인하여 보다 정교하게 진화 중이다. 따라서 스타시스템은 완성태가 아니라 미완의 현실태라고 할 수 있다.

5. 청소년집단의 대중문화 수용과정에 관한 연구

I. 서 론
  1. 연구의 배경과 목적
  2. 연구대상 선정 및 연구방법

II. 연구대상 개관
  1. 국내 팬클럽의 형성과정과 현황
  2. 팬클럽 영성 개관
  (1) 영성의 조직과 운영체계
  (2) 영성의 활동과 연망

III. 문화산업과의 관계와 반응양상
  1. 문화산업체의 관계
  (1) 음반기업과의 관계
  (2) 잡지사와의 관계
  2. 스타시스템과 소비

IV. 대중문화의 변형된 수용과정
  1. 문화상품의 변형된 수용
  2. 집단정체성의 형성
  (1) 스타일의 이용
  (2) 집단정체성의 형성과정
  3. 여가활동으로서의 팬클럽

V. 요약 및 결론

본 연구는 특정한 하위집단의 대중문화 수용과정에 대한 미시적 접근을 통해 문화산업의 논리가 대중문화 수용집단에 어떻게 실제적으로 접근하고 있으며 이에 대해 대중문화 수용집단은 어떻게 반응하고 대중문화를 수용하고 있는가를 고찰하는 것을 목적으로 하였다. 대중문화를 가장 선호하는 집단이며 동시에 문화산업의 가장 중요한 이윤

대상이 되는 집단이 청소년이라는 전제 아래 청소년 집단 중에서도 대중문화를 직접적으로 수용하며 문화산업체와 가시적인 접촉상황하에 있는 팬클럽을 조사 대상으로 선정하여 연구를 행하였다.

첫째 문화산업의 논리가 팬클럽 청소년을 대상으로 직접적으로 관철되고 있으며 그 결과 팬클럽 회원들은 다른 청소년들에 비해 상대적으로 과다하게 문화 상품을 구매하며 소비하고 있다.

둘째 문화산업의 논리가 일방적으로 팬클럽 청소년들에게 적용되는 것은 아니다. 실제로 청소년들은 나름의 방식으로 대중문화를 수용하고 변형시키며 그 과정에서 자신들의 욕구를 만족시키고 있다. 팬클럽의 활동은 청소년들이 대중문화를 수용하는 과정에서 제도교육과 지배적 가치에서 만족될 수 없는 욕구를 성취하는 데 대중문화를 이용하고 있음을 보여준다.

6. 뮤직비디오 수용자들의 포스트모던 청소년문화에 대한 현장기술지

I. 들어가는 글
  1. 문제제기
  2. 연구문제
  3. 연구방법

II. 이론적 틀: 포스트모더니즘과 일상성
  1. 포스트모더니즘의 특징
  2. 일상성에의 주목

Ⅲ. 뮤직비디오의 분석
  1. 뮤직비디오의 일반적 성격
  2. 'New Kids on the Block'의 (스텝 바이 스텝)

Ⅳ. 뮤직비디오의 수용자 집단 -「뉴키즈 팬클럽」에 대한 연구
  1. 기존의 청소년문화 연구에 대한 고찰
  2. 「뉴키즈 팬클럽」의 현황
  3. 포스트모던 미디어 수용자로서의 팬클럽
  4. 뮤직비디오 수용자들의 '저항'

V. 마치는 글
  현재의 청소년 집단과 기성세대 사이의 의사소통 노력은 혹은 어떤 고통, 외과 수술과 아주 유사하다. 한쪽은 수술자요, 사형집행인이요, 상대는 수술용 환자요, 희생물이다. 이러한 일방적인 관계 설정이 사회 전반에 걸쳐 일반적인 것으로 받아들여지고 있는 것이다. 청소년들의 자율적인 문화, 주변적인 특성들을 인정하지 않으려는 오래된 관습이 존재한다. 그러나 단지 다르기 때문에 나쁜 것은 아니다. 관심을 얻지 못하는 하찮은 것들도 그 나름의 존재이유를 가진다. 청소년들이 자신들의 문화를 형성하는 데에는 특정하고 상이한 그들의 생활양식에 기반을 둔 것이고 그 나름의 존재이유를 가지는 것이다.
  이 연구는 그러한 일상적인 청소년 문화의 한 모습에 대하여 포스트모더니즘의 시각에서 그 존재이유를 밝히려는 것이었다.

· 저자 ·

김건용
(金健勇)

·약 력·

군산교육대학교 교육학과 졸업
건국대학교 교육대학원 교육학석사
명지대학교 대학원 교육학박사
한국청소년학회정회원
국제영재교육연구회 회장
국제문화대학원대학교 사회교육학과 주임교수

·주요논저·

「청소년 발명동아리 운영을 통한 창의성 향상 프로그램에 관한 연구」
「청소년조직행등에 관한 연구」
『영재교육과정른』
『영재교육발전른』
『청소년조직행등론』(공저)
『청소년리더십론』(공저)
『여러나라 영재교육』(공저)
『발명교육을 통한 창의성 효과』
외 다수

청소년 필독도서

팬클럽이 보인다

· 초판 인쇄	2007년 10월 31일
· 초판 발행	2007년 10월 31일
· 지 은 이	김건용
· 펴 낸 이	채종준
· 펴 낸 곳	한국학술정보㈜
	경기도 파주시 교하읍 문발리 526-2
	파주출판문화정보산업단지
	전화 031) 908-3181(대표) · 팩스 031) 908-3189
	홈페이지 http://www.kstudy.com
	e-mail(출판사업부) publish@kstudy.com
· 등 록	제일산-115호(2000. 6. 19)
· 가 격	29,000원

ISBN   978-89-534-7753-7 93370 (Paper Book)
            978-89-534-7754-4 98370 (e-Book)